大学生创新创业概论

罗建国　主编

煤 炭 工 业 出 版 社

·北　京·

图书在版编目（CIP）数据

大学生创新创业概论/罗建国主编．--北京：煤炭工业出版社，2018

ISBN 978-7-5020-6536-2

Ⅰ．①大…　Ⅱ．①罗…　Ⅲ．①大学生—创业—高等学校—教材　Ⅳ．①G647.38

中国版本图书馆 CIP 数据核字（2018）第 045651 号

大学生创新创业概论

主　　编　罗建国
责任编辑　曲光宇
编　　辑　孟　楠
责任校对　孔青青
封面设计　尚乃茹

出版发行　煤炭工业出版社（北京市朝阳区芍药居 35 号　100029）
电　　话　010-84657898（总编室）
　　　　　　010-64018321（发行部）　010-84657880（读者服务部）
电子信箱　cciph612@126.com
网　　址　www.cciph.com.cn
印　　刷　北京建宏印刷有限公司
经　　销　全国新华书店

开　　本　880mm×1230mm 1/32　**印张**　9　**字数**　241 千字
版　　次　2018 年 7 月第 1 版　2018 年 7 月第 1 次印刷
社内编号　9416　**定价**　36.00 元

前　言

创新创业是国家发展之根，是民族振兴之魂。今天的中国，大众创业、万众创新的时代潮流正在蓬勃涌动。这就要求各高校找准高等教育改革发展定位，切实增强深入推进高校创新创业教育改革的责任感、紧迫感，全面提高人才培养质量，努力造就大众创业、万众创新的生力军。

教育部、国家发展改革委、财政部《关于引导部分地方普通本科高校向应用型转变的指导意见》指出："当前，我国已经建成了世界上最大规模的高等教育体系，为现代化建设作出了巨大贡献。但随着经济发展进入新常态，人才供给与需求关系深刻变化，面对经济结构深刻调整、产业升级加快步伐、社会文化建设不断推进特别是创新驱动发展战略的实施，高等教育结构性矛盾更加突出，同质化倾向严重，毕业生就业难和就业质量低的问题仍未有效缓解，生产服务一线紧缺的应用型、复合型、创新型人才培养机制尚未完全建立，人才培养结构和质量尚不适应经济结构调整和产业升级的要求。"

"贯彻党中央、国务院重大决策，主动适应我国经济发展新常态，主动融入产业转型升级和创新驱动发展，坚持试点引领、示范推动，转变发展理念，增强改革动力，强化评价引导，推动转型发展高校把办学思路真正转到服务地方经济社会发展上来，转到产教融合校企合作上来，转到培养应用型技术技能型人才上来，转到增强学生就业创业能力上来，全面提高学校服务区域经济社会发展和创新驱动发展的能力。"

高校转型的核心是人才培养模式，因为应用型人才和学术型人才是有所不同的。应用型技术技能型人才培养模式，就是要建立以提高实践能力为引领的人才培养流程，建立产教融合、协同育人的人才培养模式，实现专业链与产业链、课程内容与职业标准、教学过程与生产过程对接。

“面向全体、分类施教”的创新创业教育是一种全新的教育理念和模式。整体包括四个层面的体系架构：一是“通识型”创新创业启蒙教育；二是“嵌入型”创新创业整合教育；三是“专业型”创新创业管理教育；四是“职业型”创新创业继续教育。本教材适用于第一个层次的“通识型”创新创业启蒙教育。

本书主要包括创新教育和创业教育两部分内容。

创新教育主要培养大学生的创新能力，而创新能力的提升又必须从创新思维的培养入手。因此，本教材创新教育的内容主要包括创新思维原理和创新方法。在内容选取上避免了“全”而“浅”的面面俱到，而是以必要、够用为尺度，力求把基础理论的阐述与实践操作内容有机结合，从而促使学生增强创新意识，打破思维定式的框框，学会创新思维，挖掘创新潜能。

大学生创业教育是素质教育的一部分，在创业教育的实践中我们深刻体会到：创业是一种能力，是可以学习和提高的。诚然，我们的创业教育不应该也不可能使每一位大学生都去创办实业，但若把创业看作一种精神，这种精神就是一种积极进取的人生态度，是一种意志力的体现。因此，本书按照创业准备、创业筹划、创业启动与风险管理的顺序进行编排。在内容选取上，只包括了“启蒙型”创业教育的基本内容，从而避免与下一步开展的“专业型”创新创业管理教育重复。

编者积十余年研究和教学的经验，编写了此书。为兼顾不同专业和不同层次读者的需要，本书的编写力求简单明了、通俗易懂并注重实际应用，在对基本知识进行系统、全面介绍的同时，列举了大量生动实例，以便让读者将这些理论知识应用到实际工作与生产实践中。

因所涉及的知识领域十分广泛，全书难以尽善；再者，由于编者水平有限，难免有许多不足与错误之处，敬请读者对书中疏漏、差错之处给予指正。

目　录

第一章　创新创业教育

第一节　创 新 教 育

一、创新教育的概念

创新成为世界经济增长的发动机，创新教育是随着知识经济兴起而出现的一种新的教育理念。创新教育是以培养创新意识、创新精神、创新思维、创新能力或创新性人格等创新素质及创新人才为目的的教育活动。创新教育就是以培养人的创新精神和创新能力为基本价值取向，通过创新的教学活动来培养学生的创新能力；在这当中，创新能力的培养是创新教育的核心。围绕这个核心，教育工作者可以从创新意识的培养、创新思维的培养、创新技能的培养和创新人格的培养这四个方面来理解和实施创新教育。通过创新教育使学生对自己的能力自信，行动上独立，能较好地控制自己情绪，成就动机水平高，善于自我激励，具有高度的挫折容忍力，不盲从，喜欢用自己的观点来判断问题，对事物有持久的探究欲。

创新教育的本质就是培养创新人才，所谓的创新人才应具备全面的、综合的素质，既包括能以释放个人的生命本质力量为基点，以全面提高个人的社会效能为最终目的所养成的科学意识、科学态度、科学精神、科学观念、科学知识、科学技能，还包括由爱国主义精神、修身之道、思想政治灵魂、人格道德理念、人文能力组成的人文素质以及健全的身体心理素质。创新人才的鲜明特征应是：

1. 知识广博

创新不是无源之水，也不能单靠创新精神和热情就可以做到，它必须以丰足的能源为基础。所以，拥有创新素质的人才应具有广博的知识，不仅掌握本学科的基本理论、基本知识、基本技能，还通晓其他学科的知识，并且形成综合性的知识结构体系，为自己的可持续发展提供基础和可能。

2. 思维敏锐

思维能力强，具有创业者和企业家所需要的开拓精神，能站在整体的角度以多向思维甚至是批判性思维方式，分析和处理问题。

3. 突破能力强

具有超越现代的意识，能在一定领域在前人研究成就的基础上实现突破性、前所未有的进展，及时或在他人之前创新一种社会经济发展所需要的新观点、新理论、新产品、新工艺、新技术、新方法等。

4. 思想和心理素质好

事业心和责任感强，对自己所从事的事业怀有执着的追求，具有锲而不舍的精神；人格心理品质优异，心理承受能力强，能从容应付变化与挫折，较好地处理各种压力；交际能力强，有合作精神，能意识到自己同他人的依存关系，在尊重与维护自己利益的同时，尊重他人利益，以公平的心态、互惠的原则处理事务，谋求共同发展。

二、创新教育的特征

基于以上对创新教育的描述，可以概括出创新教育的基本特征。

1. 创新教育是一种旨在培养创新人才的教育

教育的根本目的说到底是培养全面发展的人，而在人的全面发展中，最重要的是人的创新精神、创新思维与创新能力。高等学校培养创新人才，首先要培养学生鲜明的创新个性，要以人为本，因材施教；其次要做到学校社会化，要加强学生的实践环节，提高学生解决实际问题的能力；第三要使学生兼具人文精神与科学精神；第四要使学生具有国际竞争与国际合作能力。

2. 创新教育是一种超越式教育

传统教育强调的是如何学习和积累前人的知识，从本质上来说，这种教育方式只是在发挥“复制”前人知识的功能，并无深刻且内涵独特的创新意义可言。创新本身就意味着超越，相对于传统教育，创新教育强调的是在积累前人知识的基础之上，不断创新，超越前人。创新教育就是要培养学生以积极主动的精神去丰富、创新和发展前人的知识。因此，可以说创新教育是一种超越式教育。

3. 创新教育是一种主体式教育

教育理论早就倡导学生是教育的主体，但传统教育模式却以学科和专业为中心，学校按专业来安排课程，教师以学科知识的系统性和连续性进行讲课，学生则以学校安排好的专业和课程进行学习。这种教育模式强调的是作为教育客体的学科，而不是作为教育主体的学生，其教育方式是呆板、僵化，学生缺乏充分的自主选择权，是一种客体式教育。与传统教育相比，创新教育培养的是创新人才，追求人格发展的特异性与和谐性相统一。创新意味着尊重个性。创新教育以学生为中心，坚持从学生个性出发，注重学生个性的培养和发展，给学生以充分的自主选择权，以最大限度地激发学生的积极性、主动性和创造性为目标。在传统教育中，学生是分数和书本的奴隶；在创新教育中，学生则是学习的主人。

4. 创新教育是高层次的素质教育

素质教育是现代教育思想的体现，其内涵是面向全体学生，全面培植学生的基本素质，培养学生的创新意识和创新能力。创新是一个综合的素质，从这个角度上说，素质教育是创新教育的基础，因为只有在素质全面发展的基础之上，才能形成创新精神和创新能力。而从教育模式的角度来看，创新教育则是高层次的。

第二节 创 业 教 育

创业教育作为一种实践活动由来已久，但是作为一种教育理念首先是由柯林·博尔正式提出的。创业教育最先在美国开展，之后迅速扩展到世界各地。我国创业教育开始于 20 世纪 90 年代，1991 年开始在基础教育阶段试点。2002 年初，教育部高教司在清华大学等 9 所高校开展了创业教育试点工作。2008 年，教育部通过“质量工程”项目建设了 30 个创新创业教育类人才培养模式创新实验区。经过 20 年的努力，我国创业教育得到了较快的发展。如今，越来越多的大学生通过接受创业教育走上了创业道路，实现了创业梦想。

创业教育狭义上理解是一种培养学生开创精神的、能够从事商业活动的综合能力的教育，广义上理解是培养具有开拓精神的个人，其重点在于培养个体的创业精神，侧重于培养创新创业型人才。创业其实就是创造价值，创业教育本质是引导学生找到一种创造价值的思维和方法。

创业教育是培养人的创业意识、创业思维、创业技能等各种创业综合素质，并最终使被教育者具有一定的创业能力的教育。创业教育并不等于创建企业的教育。南开大学研究生院副院长，南开大学创业管理研究中心主任张玉利教授指出：“不要把创业教育片面理解为引导学生创办企业。”对此，英国人有着独特的认识。他们认为，创业是指在混乱无序、变化和不确定的环境中勇于承担责任，积极主动地寻求与把握机会，高效地整合与利用资源，明智地决策，创造性地解决问题，创新并创造价值的过程。创业既指向目标达成，有时也指向“创造性的破坏”。创业首先不能仅仅被当作一种纯粹的、以营利为唯一目的的商业活动，而是渗透于人们生活中的一种思维方式和行为模式。创业活动要求大学生具备自主、自信、勤奋、坚毅、果敢、诚信等品格与创新精神，要求大学培养未来创业者与领导者的成就动机、开拓精神、分析问题与解决问题的能力。创业教育的宗旨在于培养学生的创业技能与开拓精神，以适应全球化的挑战，并将创业作为未来职业的一种选择，转变就业观念。它不仅传授关于创业的知识与能力，更重要的是，要让学生学会像企业家一样去思考。也就是说，创业教育有两层目标：

第一层目标，创业教育的主要任务是培养大学生的进取、开拓精神，使所有大学生成为高素质创新人才。这种精神是做任何事都必须具备的。所以说，即便没有创业意向的同学，也应该积极接受创业教育。

第二层目标，培养学生形成创业所必需的领导力，包括商业谈判技巧、市场评估与预测、启动资金募集方式、新创企业申办、新创企业的风险防范和战略管理等，并使学生具备关于金融、财务、人事、市场、法规等方面的基本知识，从而推动大学生自主创业。

第三节　创新创业教育

一、一种新教育理念的创新创业教育

从前面的分析可以看出，创新教育与创业教育的目标取向是一致的，都旨在培养学生的创新精神和创业能力。尽管两者提出问题的时间先后与角度不同，但都是新时代提出的历史性课题，都是我国大力推动实施素质教育的核心内容。创新创业教育应该是一个统一的系统。将我国高等学校在改革过程中先后出现的创新与创业教育活动统一整合为创新创业教育的新视角、新实践，更能科学引领高等教育未来的改革与发展方向。

创新创业教育作为我国提出的一种新的教育理念，并不是创新教育与创业教育的简单叠加，而是在理念和内容上实现了对创新教育或创业教育的超越。在理解创新创业教育时，有的研究者将创新与创业割裂开来，偏离了创新创业教育的内涵。创新创业

教育不是两个概念的交集，而是一个新的完整的概念。创新创业教育的核心是培养大学生创新精神、创业意识和创业能力，引导高等学校不断更新教育观念、改革人才培养模式、教育内容和教学方法，将人才培养、科学研究、社会服务紧密结合，实现从注重知识传授向更加重视能力和素质培养的转变，提高人才培养质量。在创新创业教育中，创新与创业相互作用、相互影响、贯穿始终，共同构成了创新创业教育的核心。

发达国家的经验表明，创新创业教育是适应新环境的教育形态。中国教育要实现向创新创业形态的大转变，就必须改革传统不相适应的教育观念、课程、制度与方法。用新的目标、新的视野、新的理念、新的举措大力推进创新创业教育，培养一大批具有社会责任感、创新精神和创业能力，善于将创新成果转化为现实生产力的高素质人才，为建设现代化国家提供有力的人才和智力支持。

大学生是最具创新、创业潜力的群体之一。通过推进高等学校创新创业教育和大学生自主创业工作，使更多大学生实现自主创业并为社会提供更多的社会就业岗位，能够促进我国当前和长远的经济发展以及社会大局稳定。创新创业教育尽管不等于创办企业的教育，也不主张所有接受创新创业教育的大学生都去创业，但通过教育，推进一大批学生实现自主创业是创新创业教育的一个重要目的。

二、国内创新创业教育

从20世纪90年代开始，一些高校就开始了创新创业教育的实践探索。2002年4月，教育部在清华大学等9所大学开展创新创业教育试点工作，标志着我国高校创业教育由自发探索阶段进入到教育行政部门引导下的多元探索阶段。目前，我国不少高校都开设了大学生创业或类似的选修课程，在开展创业教育的实践中积累了工作经验，形成了三种创业教育模式——以课堂教学为主导开展创新创业教育的模式；以提高学生创业意识、创业技能为重点的创新创业教育模式；以创新教育为基础，为学生创业提供实习基地、政策支持和指导服务等综合式创新创业教育模式。教育行政部门在积极引导高校开展大学生创新创业教育的同时，人力资源和社会保障部（原劳动和社会保障部）积极引进英国的“创办你的企业”（Start Your Business，SYB），共青团中央积极引进国际劳工组织的（Know About Business，KAB）创业教育，并取得了积极的成效。受益于创业教育，不少大学生走上了创业之路。上述试点和试验的成功经验，为在全国高校全面推进创新创业教育起到了重要的示范作用。

但是由于我国创新创业教育起步较晚，发展还很不完善。天津大学的张玉利教授曾带领团队对沈阳、天津、北京、武汉、杭州、广州、成都和西安等创业活动比较活跃的城市作了随机调查。结果发现，“211”高校中仅有40多所高校开设了与创业相关的课程。开课类型单一，且以选修课为主，多数院校开设了创业导论性的课程，创业教育以入门知识为主。在创业教育方面存在观念和行动的巨大反差，由于一些创业成功的案例在企业中属于商业机密，教材中很难获得。师资力量缺乏、实践机会少、学生对创业的恐惧心理等都可能是制约创业教育开展的原因，但根本的原因还在于创业教育的内在动力不足，对创业教育的重视更多来自就业压力和政策等环境及外界的因素。创业教育与专业教育的融合存在问题，创业教育并没有融入专业教育之中。针对这种情况，教育部下发了《关于大力推进高等学校创新创业教育和大学生自主创业工作的意见》，整合创新教育和创业教育，提出创新创业教育的新概念。意见强调：大力推进高等学校创新创业教育工作；加强创业基地建设，打造全方位创业支撑平台；进一步落实和完善大学生自主创业扶持政策，加强创业指导和服务工作；加强领导，形成推进高校创业教育和大学生自主创业的工作合力。随着这些政策的贯彻落实，创新创业教育将惠及每一个大学生。

近年来，高校创新创业教育不断加强，取得了积极进展，但也存在受众面较窄、针对性不强等不容忽视的突出问题。当前，高校创新创业教育实践过程中存在着两个极端：一个极端认为创新创业教育就是教生创业，把创新创业教育“狭化”为职业教育；另一个极端认为创新创业教育就是培养学生的创业意识，把创新创业教育“泛化”为素质教育。这就使当前中国高校实施的创新创业教育要么片面注重教育的覆盖面而忽略了创新创业教育与学科教育的紧密结合；要么更多关注教少数学生如何创办企业的“单纯的创业性教育”而忘记了对多数学生创业精神、创业意识的培养。“全覆盖”与“个性化”“多数”与“少数”“广谱”与“专业”“在校时”与“离校后”成为多数高校创新创业教育无法破解的矛盾。

“面向全体、分类施教”的创新创业教育就是要解决现存教育体系存在的不分阶段、不分层次所导致的目标不清、方向不明，教育的性质、对象、途径、方法不正确等突出问题。“面向全体”就是要将创新创业教育纳入教学主渠道，贯穿人才培养全过程，着眼于创新创业教育的广泛性和普及性，使之惠及每一个学生；“分类施教”就是要面向“各个学科专业的学生”“有明确创业愿望的学生”和“初创企业者”，开展不同内容的教育。

“面向全体、分类施教”的创新创业教育是一种全新的教育理念和模式，突出特点是既考虑大多数，也不忽略极少数。为达到此目标，既需要从整体上进行顶层设计，更需要分层次、分阶段、分群体具体推进，整体包括四个层面的体系架构。

一是“通识型”创新创业启蒙教育。教育对象是全体在校学生。教育内容以教授创新创业知识为基础，以锻炼创新创业能力为关键，以培养创新创业精神为核心。教育目标是激发学生的创新创业意识，提高学生的社会责任感、创新精神和创业能力，使大学生成为高素质创新型人才。教育方法是将课堂教学与实践教育相结合，搭建起供大学生边干边学、做学结合、以学促做的“实践导向”教育培养体系。

二是“嵌入型”创新创业整合教育。教育对象是各个学科专业的学生，主要目标是根据不同学科特点，引导学生根据专业特长进行创新创业。当前，高校通行的创新创业教育课程存在的共同缺点就是与各学科专业教育存在疏离。为了切实解决这一难题，通过将创新创业教育的理念和思想“嵌入”各个学科专业，开发多样化的学科创新创业课程，从而实现创新创业教育与专业教育的“捆携式发展”，以此来达到面向全体学生开展创新创业教育的“全覆盖”和“个性化”目标。

三是“专业型”创新创业管理教育。教育对象是不同专业有创业意向的学生。教育内容是开展“创业企业管理”的知识与技能教育。教育目标是通过系统的创新创业教育，使学生掌握创办和管理中小企业的知识和技能，提高学生创业的实战技能。在教育方式上多通过“创业先锋班”进行，这是目前国内外高校针对不同专业有创业意向同学开展创业教育的普遍模式，所有入选成员都要经过严格的筛选，学校为其创设良好的学习条件，配备专业的师资队伍，开设系统的专业课程。

四是“职业型”创新创业继续教育。教育对象是选择创业的大学毕业生。教育内容是对毕业生创业提供“继续教育和援助”。教育目标是通过对初期创业者的支持和援助，协助新创企业顺利渡过企业初创期，快速走向正轨。

本门课程属于第一个层次的创新创业启蒙教育，主要内容是通过加强创新思维的学习与训练，增强大学生创新创业能力。

三、国外创新创业教育

创新创业教育是我国的创造，但是作为其主要来源的创业教育，则源自美国。发达国家的创业教育起步早，发展快，积累了不少经验，形成了创业教育的异域风景线。这道风景线，构成了我国提出创新创业教育的重要基础，也为我们大力推进创新创业教育提供了借鉴。

1. 大学生创业教育在国外的发展

国外创业教育的发展历程长，且特征各异。大体上看，可以划分为三个阶段：

——起步阶段：以传授创业知识为主要内容、课堂教学为主要方式的谋生型创业教育。高中历史教科书告诉我们：19 世纪末至 20 世纪初，美、英、法、德、日主要资本主义国家相继完成了第二次工业革命。这个经济飞速发展的时期，为教育的发展提供了不可缺少的物质条件，同时也对教育提出了新的要求——传统的师徒传授方式已经不能满足日益扩大的生产的需要，社会急需教育部门培养出大批具有专门知识、技能的人才。于是乎，教育机构开足马力，实现了技术劳动力的“量产”。俗话说“物极必反”，随着技能工人数量越来越多，不仅劳动力缺口得到了弥补，还产生了剩余劳动力，就业一下子成了大问题。在这种背景下，高等教育拉开了创业教育的序幕，帮助这部分剩余劳动力自谋生路。由于创业教育的初衷是为了解决就业问题，所在创业教育出现的初期，各国主要是针对剩余劳动力或小型私营企业进行培训。严格地讲，这时的创业教育只是作为一种“谋生型”的创业教育。这一阶段的创业教育由于刚刚起步，教育家们也还没有太多太好的教育方式，主要是以传授知识为主要内容的课堂教学。从实践来看，1919 年美国开始设立创业教育类课程，以缓解一战结束后陡然增加的就业压力。直到 1947 年，哈佛商学院才开设了一门专门性的创业课程——《新创企业管理》，当时共有 188 名 MBA 学生参加了该门课程的学习。在随后的 20 多年中，高校创业教育并没有得到很快的发展，甚至在率先开设创业课程的哈佛商学院，教授们由于担心创业领域没有足够的学术发展前景，而把研究注意力转向大企业的董事会问题上去，以至于直到 1968 年，美国只有 4 所大学开设创业方面的课程。

——发展阶段：以培养综合能力主要内容的实践型创业教育。20 世纪 70 年代兴起了第三次科技革命，微型计算机的诞生和广泛应用使得创业机会大大增加、创业门槛大大下降，激发了人们的创业激情。特别是第三次科技革命完成以后的生产力水平，使社会对人才的需求与高等教育培养的人才再次出现距离。

进入20世纪80年代，资本主义经济进入了所谓的“滞涨”时期。随着经济增长大幅放缓，教育家和经济学家们对教育发展的总体设想，从量的发展转向质的提高和充实。这一特殊的时代背景，使高校开始认识到创业教育既是一种教育理念，也是一种教育实践。以1983年美国德州大学奥斯汀分校举办的首届大学生创业竞赛为标志，创业教育出现了新的形式。创业大赛为创业教育提供了一个非常好的模式，更有利于学生毕业后的自主创业。此后，包括麻省理工学院、斯坦福大学等世界一流大学在内的十多所大学，每年都举办这一类的竞赛，并逐渐波及世界其他国家的大学。在美国，经济由于创业发生了巨大的变化，创业者们正在创造出前所未有的巨大财富。北京航空航天大学创业教育中心张林主任在一次讲演中说，美国现有的财富中，有95%是1980年后创造出来的。难怪一些经济学家认为，创业者和创新者们已经彻底改变了美国和世界的经济。在英国，1987年政府发起“高等教育创业”计划，旨在培养大学生的可迁移性创业能力，要求将与工作相关的学习纳入课程之中，并鼓励学生为自己的学习负责。大学为此进行一系列的改革，如教师培训、课程改革、雇主合作以及学生的直接参与等。在澳大利亚，政府积极实行课程结构的改革与调整，开发出了四套模块化教材，即综合性介绍类教材、工业类教材、商业发展类教材和远程教育教材。每套教材分别有管理自己，即对创业者和经营者个人素质的评估开发和培训；管理他人，即策划、创建、经营与运行、财经与保险、市场；教学评估等，可以独立地着重培养学生创业能力的教学模块，及按学生的兴趣和要求选学30~200课时。

——成熟阶段：转而注重培养学生的事业心和开拓精神。这个阶段，是以柯林·博尔创提出未来人应获得三本“教育护照”为起点的。1989年召开的“面向21世纪教育国际研讨会”根据柯林·博尔提交的报告，提出了“事业心和开拓教育”的概念，后被译成“创业教育”，标志着创业教育进入了成熟阶段。1995年对于创业教育的历史来说是重要的一年，较为完整的创业教育概念由联合国教科文组织在这一年发表的《关于高等教育的变革与发展的政策性文件》（简称《文件》）中得到全面阐述。该《文件》指出："在'学位 = 工作'这个公式不再成立的时代，人们希望高等教育的毕业生不仅是求职者，而且也是成功的企业家和工作岗位的创造者"。在这里，创业教育包括两个方面的内容，即"求职"和"创造新的就业岗位"。1998 年 10 月 5 日，联合国教科文组织召开了自该组织成立以来首次由 115 个国家和地区的教育部长、2800 多名高等学校校长、教育专家参加的世界高等教育会议。大会发表了《21 世纪的高等教育：展望与行动世界宣言》（简称《宣言》）及《高等教育改革和发展的优先行动框架》，明确提出：必须把培养学生的创业技能和创业精神作为高等教育的基本目标。《宣言》说，为方便毕业生就业，培养创业技能与主动精神，应成为高等教育主要关心的问题；毕业生不仅仅是求职者，首先应成为工作岗位的创造者。创业教育从此更加重视"以事业心和开拓精神为核心的创业意识"的培养。创业教育不再只是向学生灌输创业的专业知识及培养操作性能力，而是把创业教育看作一个培养大学生个性品质、心理意识、创业技能、专业知识等全方位、多领域素质的"系统整合"性教育活动。这一点与我国的创新创业教育不谋而合，这也是我们吸收借鉴国外创业教育经验的原因。在这一时期，主要资本主义国家的高校创业教育迅速发展。在美国，从 1990 年开始，每年都有 5 ~ 6 家新的企业从创业大赛中诞生，并有相当数量的创业项目被看中的企业高价买走。这些由创业计划直接孵化出来的企业中，有的短短几年就成长为了年营业额达数十亿美元的大公司。美国表现最优秀的 50 家高新技术公司有 4 个出于创业计划大赛。在德国，1999 年 6 月，政府联手高校和企业在德国斯图加特市召开了主题为"创业家的独立性——欧洲教育的一个目标"的欧洲大会。大会形成了加强创业教育的几点共识，一是必须在中小学时期就开始鼓励创业家式的思维；二是学生和教师必须更好地了解创业家的独立性，与此同时，学生和教师也应有更多的机会创办企业；三是学生最好通过创业的实例来进行实习。在法国，创业教育被视为增强国家竞争实力的一项重要活动。法国专门成立了创业计划培训中心（CEPAC）。在培训方式上，充分体现个人自主学习、课堂传统教学、生产实习操作、教师个别辅导等多形式的结合。教学内容以最大限度满足学员办企业的需要为出发点。CEPAC 中心要求每位学员从入学开始就要制作创业计划书，培训的过程就是创业计划完善的过程。理论培训结束后被 CEPAC 认可的创业计划书，可作为学员向政府有关部门、基金会、银行申请贷款的有效依据之一。在日本，高校于1994 年创设的“综合学科”的课程结构由必修科目、选修科目和自由科目组成，其中《产业社会与人》作为学生的必修创业课程。1998 年由国会通过了《大学技术转移促进法》，在高校倡导创业教育。随后从大学到国家层次的各种创业竞赛方兴未艾，而且通过把创业竞赛中的经验加以总结提炼融入高校开设的创业教育“综合课程”中，把创业竞赛和课程体系建设较好地结合起来。在印度，创业教育可谓异军突起。2006 年 2 月 19 日，印度理工学院罗克分校与创新公司（手机软件供应商）合作组织了一场全国性的创业大赛，以激发学生的创业热情，营造浓厚的大学创业氛围。印度政府还通过建立教育园区、科技园、科技企业孵化器、企业集群等方式促进创业型大学的形成。目前，印度的大学已经拥有大约 50 个创业发展中心，15 个技术创业园。

2. 国外大学生创业教育的主要模式

“模式”是现代科学技术中普遍使用的一个术语，在社会学研究的领域中常常被理解为研究自然现象和社会现象的理论图式和解释框架。据此，所谓创业教育模式，是指在一定的思想、理论的指导下，在某种环境中建立起来的相对稳定的创业教育活动程序及方法的策略体系。国外大学生创业教育的模式，可以概括为以下三种：

1）以课堂教育为主的专业化教育模式

这种模式是一种传统的模式，要求对学生经过严格筛选，课程内容呈现出高度系统化和专业化的特征。通俗地说，就是创业教育活动在商学院和管理学院进行，目的是为了培养专业化的创业人才。在专业化创业教育模式中，课程教学是人才培养最基本的途径，自然也是加强创业教育的重点。这种模式的创业教育，一般由商学院和管理学院负责日常管理、经费筹措、师资培养、课程设置、学生来源等所有环节。这种纯粹性决定了专业化的创业教育能够系统地进行创业方面的教学，其毕业生真正进行创业的可能性及比例非常高。该模式的创业教育也促使创业学作为一门独立的学科在商学院和管理学院获得发展。采用这种创业教育模式的国家有两种，一种是创业教育起步较早，教育体系比较完善的国家，如美国和英国；另一种是经济社会欠发展，只能以课堂教育为主，如印度。以课堂教育为主的专业化创业教育模式可以有效地深化创业教育理论，推动创业学科建设。然而，采用这种专业化的创业教育模式，需要有雄厚的创业教育理论根基。这种精英教育不适合一般的创业者，不利于创业知识和创业精神的推广，所以应用范围有限。

2）高校、企业、社会相结合的合作教育模式

在这种创作教育模式中，高校、企业、社会相互合作，共同推动创业教育的发展。这种创业教育模式把创业看作是一种实践活动，而不是一个学科，因此，十分重视对学生实践能力的培养，而把理论学习摆在次要位置。这一点突出的表现在创业教育体系与社会各个部门建立了广泛的外部联系，充分利用社会资源来服务高校创业教育，提高大学生创业的成功率。这种创业教育模式的应用范围较广，欧美主要的发达资本主义都采用这种创业教育模式，美国斯坦福大学则是采用这种模式的典型代表。

3）高校、企业、政府相结合的合作教育模式

这种模式与第二种模式比较相似，只不过合作的主体是高校、企业和政府。这种模式的诞生有一个前提，必须有政府在资金和政策上的支持，否则仅靠学校和企业的力量无法为创业教育的发展提供足够的推动力。

3. 国外大学生创业教育的基本做法

1）构建完整的创业教育教学体系

美国的创业教育已经形成了一个相当完备的体系，涵盖了从小学、初中、高中、大学专科、本科直至研究生的正规教育。在学科建设方面，美国已经建立了创业学专业，并可以授予相应的学士、硕士、博士学位。在课程开设方面，美国大多数院校均将创业作为一个专业或研究方向，因而具有完整而系统的教学计划与教育体系，其课程涉及创业意识类、创业知识类、创业能力类、创业心理素质类和创业实务操作等。在管理体制上，90% 以上的美国大学是将创业学专业纳入商学院来管理，并成立专门的创业中心。澳大利亚政府积极实行创业教育课程结构的改革与调整，开发出了四套模块化教材，即综合性介绍类教材、工业类教材、商业发展类教材和远程教育教材。每套教材分别有管理自己，即对创业者和经营者个人素质的评估、开发和培训；管理他人，即策划、创建、经营与运行、财经与保险、市场；教学评估等，可以独立地着重培养学生创业能力的教学模块，即按学生的兴趣和要求选学 30 ~ 200 课时。英国高等教育学会为大学提供创业技能教学的材料，利用学会的各种小组以及各个学科中心的工作为高校创业教育提供学术支持。学会在全国发起了“大学生创业技能”计划，目的是在各个专业的本科生课程中嵌入有关创业技能的内容。这个以学科为核心的项目在 10 个学科中心展开，学会的高级顾问和项目官员做一些协调和支持的工作。

2）通过创业竞赛和创业项目开展大学生创业教育

1983 年美国奥斯汀得州大学举办的首届大学生创业竞赛（商业计划竞赛）拉开了大学生创业活动的帷幕。这项比赛的举办使高校开始认识到，创新创业教育既是一种教育理念，也是一种教育实践，并开始以战略性的创业教育理念指导具体的教育改革活动。此后，包括麻省理工学院、斯坦福大学等世界一流大学在内的十多所大学，每年都举办这一类的竞赛，并逐渐推广到世界其他国家的大学。英国政府 1998 年启动鼓励大学生创业项目，该项目是专门为18岁至25岁在校大学生设计的。项目分两部分内容：一是开办公司。学生自己设计商业构思，组建创业团队，筹集资金，开拓市场，开发产品或提供服务，从而获得创建企业整个过程的经验。在开办企业过程中学生可得到志愿企业顾问和创业导师的咨询指导。二是创业课堂。课堂通常为半天或一天的研讨班，学生与企业家聚集一堂，听创业者演讲，参与一些活动和讨论，获得与创业者进行面对面交流的机会。2002—2003年度参与此项目的大学生有13154人，比上一年度增加了3000人；参与该项目的高校从第一年的17所增加到30多所，从中产生了很多大学生创办的企业。1998年，日本由国会通过了《大学技术转移促进法》，在高校倡导创业教育。

3）建立一个有力的创业教育组织机构

英国政府拨款建立了英国科学创业中心，后又建立了全国大学生创业委员会，全面负责国内的创业教育。英国科学创业中心是1999年在贸工部的科学创业挑战基金赞助下成立的，当时有8个创业中心，后来发展到13个，涉及英国60多所高校，其任务是将创业融入大学传统教学之中，实现大学文化的革新。每一个创业中心主要在四个领域开展活动：第一，开展创业教育。创业教育以科学和技术专业的学生为主要对象，并将创业学作为辅修课推广到其他专业中，也开设一些非学分的创业课程。第二，加强与产业界的联系。利用企业提升大学的竞争力，让企业为大学提供资金，为大学生创业提供咨询指导，赞助商业计划竞赛等。第三，支持创办企业，并鼓励新企业成长，主要支持大学师生创办的知识衍生型企业。第四，鼓励技术转化。创业中心为大学技术转化提供种子基金、天使资本、创业孵化和科学区的服务等。在美国，创业教育已形成了一个有力的组织支撑网络。如美国中小企业管理局为准备创业和在创业中的小企业提供低收费，甚至免费的技术支援。设在大学内的中小企业发展中心随时为准备创业的个人提供咨询，并通过举办研讨会为创业提供服务。退休主管服务队是一个由具有多年经营和管理经验的退休人员组成的志愿者咨询团，他们通过网络和实地考察为创业者出谋划策、排忧解难，每年参加咨询超过 30 万次，具有良好的社会声誉。法国把创业教育视为增强国家竞争实力的一项重要活动，专门成立了创业计划培训中心。创业计划培训中心要求每位学员从入学开始就要作创业计划书，培训的过程就是创业计划完善的过程。理论培训结束后被中心认可的创业计划书，可作为学员向政府有关部门、基金会、银行申请贷款的有效依据之一。法国在学员结束集中培训，开始实施创业计划时，中心一般提供 6 个月至 1 年时间的后续扶持。在这一阶段，安排专家对学员进行指导，包括场地选择、布置装饰、贷款申请、财会计算、法律合同等。而且，学员开办企业后，在经营中有问题、有困难也可随时到中心寻求帮助。

◆ 思考题

1. 如何理解创新创业教育是一种新的教育理念。
2. 大力推进大学生创新创业教育的背后有什么样的时代背景？
3. 大学生创业教育的异域风景独特在哪里？
4. 根据本课程的框架内容，谈谈如何学习这门新课程。

第二章　创新思维基本知识

第一节　思维的概念

一、思维

狭义的思维定义，是脑对知识、信息进行加工、处理的活动。广义的思维定义中的脑可以指人脑，也可以指电脑和动物脑。但目前人们对机器和动物的“思维”能否算作思维还存在着争议，因此我们采用了狭义的思维定义。本教程所指的创新思维训练也是针对人的思维进行的。一般把思维活动看做人的理性认识，是指人们在获得对事物的感性认识之后所进行的思维活动。但思维活动不等同于对感性材料进行加工的认识活动，还包括对已经形成的理性知识进行加工处理的活动以及对感性材料与理性知识混合在一起进行加工处理的活动。

思维原属于哲学研究的范畴，后来又成为逻辑学、心理学、美学、生理学等多门学科研究的内容。1984 年以来，有些学者开始倡导思维科学，专门把人的思维问题作为研究的对象。由于各学科研究思维的角度、方面和侧重点不同，人们往往从不同的意义上来理解和使用思维的概念。

哲学上所讲的思维，一种是相对于存在（物质）而言，即意识或精神；另一种是指理性认识，即思想，或指理性认识过程，即思考。一般把思维活动看做人的理性认识，是指人们在获得对事物的感性认识之后所进行的思维活动。哲学讲思维时通常是指抽象思维。

逻辑学专门研究人的思维形式及规律，为人们提供认识事物、论证思想的工具。逻辑学所研究的思维形式是指抽象思维所形成的概念、判断和推理。所以，逻辑学所讲的思维是指抽象思维，而且更多的是从运用概念进行判断和推理上来理解思维的意义。

心理学是把人的思维当做心理活动的自然过程来研究的，它重在揭示思维的发生、发展及思维在人的各个不同的生理发展阶段上的活动特征和规律。心理学讲思维，通常指的也是抽象思维，并把概括性和间接性看做是思维最基本的特征。心理学一般不讲形象思维，但在思维之外还讲想象。随着心理学的发展，一些心理学家正在把想象和形象思维联系起来考察，认为“想象的过程，在一定程度上就是形象思维的过程”，形象思维是“一种完全独立的思维活动”，它应该是思维的一个类型。

美学是研究人对对象的审美关系的科学，因而必然地要研究审美过程的思维问题。但美学中所讲的思维不同于哲学、逻辑学和心理学所指的抽象思维或逻辑思维，而是指形象思维或艺术思维。美学中把人的审美心理因素分为感知、想象、理解和情感，审美过程中的形象思维正是在这四种心理因素的统一中所进行的一种既理性、形象，又带有情感性的思维活动。

二、思维的两种基本形式

德国近代哲学家莱布尼兹说，人们的推理是建立在两大原则之上的，一是矛盾原则，二是充足理由原则。我们认为，任何一件事如果是真实的，“凭着这个（充足理由）原则，我们认为，任何一个陈述如果是真实的，就必须有一个为什么这样而不那样的充足理由，虽然这些理由常常是不能为我们所知的。”后人根据莱布尼兹的这些论述逐渐发展成为逻辑思维的第四条基本规律——充足理由律。充足理由律的基本内容：在思维过程中，一个思想被确定为真，总是有充足理由的。充足理由律是区分逻辑思维和非逻辑思维的根本标准，是逻辑思维的一个基本规律。

莱布尼兹提出的充足理由原则是就推理而言的，也是对逻辑思维而言的。只要仔细考察一下任一具体的思维过程，我们就会发现：如果思维活动是建立在理由充足的基础上，我们就把它称为逻辑思维；反之，如果思维活动是建立在理由不充足或很不充足的基础上的，我们就不会称它为逻辑思维，而会说它不是逻辑思维，或说它是非逻辑思维。

任何思想和论断，只有当它具有充分的根据，也就是具有充足的理由时，才能被认为是正确的，是合乎逻辑的。如某判决书陈述了被告人的诸多犯罪事实和诸多证据，然后作出正确的结论："本案事实清楚，证据确凿，被告人犯有某某罪。"那么，我们会说，这份判决书是符合充足理由律的，运用了逻辑思维，逻辑性强。

下面，我们再举两例，这两个具体思维活动的过程都是建立在理由不充足或很不充足的基础上的，都违背了充足理由律的要求，属于非逻辑思维。

例一：某一天，魏格纳在看地图时，注意到大西洋两岸的海岸线十分吻合，非洲方面有一个凹进去的海湾，对应的巴西海岸就有一个凸起的地方，两边几乎可以完全拼合到一起。这就引起了他的猜想：大西洋两岸原来是连接在一起的。

例二：某老师用白粉笔在黑板上画了个圆点，要某学生回答它代表什么，某学生根据圆点的外形轮廓和太阳的外形轮廓相似，认为它代表太阳。

以上魏格纳和某学生的思维活动都不是逻辑思维，而是非逻辑思维，因为他们的思维活动是建立在理由不充足或很不充足的基础上的：大西洋两岸的海岸线十分吻合不是大西洋两岸曾经连接在一起的充足理由，圆点的外形轮廓和太阳的外形轮廓相似也不是它代表太阳的充足理由。

我们还可以举出许多例子来说明，一个具体的思维活动，如果是建立在理由充足的基础上，符合充足理由律，人们就会称之为逻辑思维；反之，一个具体的思维活动，如果是建立在理由不充足或很不充足的基础上，违背了充足理由律，人们就会称之为非逻辑思维。人们不会把一个建立在理由充足基础上的具体思维过程称为非逻辑思维，也不会把一个建立在理由不充足或很不充足的基础上的具体思维过程称为逻辑思维。实际上人们已经在把充足理由律当做区分逻辑思维和非逻辑思维的根本标准了。人们常说某某论述逻辑性强，通常指的是某某论述的事实清楚，理由充足，材料能充分地支持观点（或称之为材料和观点之间有内在的逻辑联系），而这两点正是充足理由律的两个原则要求。

关于逻辑思维必须符合充足理由的原则这一点，还比较容易理解和接受。一个不是建立在理由充足基础上的思维活动，我们不能称之为逻辑思维。一个判断、思想、观点，如果有充足的理由支持，我们就会认为它具有逻辑性，也会认为这样的思维活动是逻辑思维。

相反，一个判断、思想、观点，如果没有充足的理由支持，我们就会认为它没有逻辑性，也会认为这样的思维活动不是逻辑思维，而是非逻辑思维。关于非逻辑思维都具有没有充足理由这个共同的本质特征，人们难以接受。因为非逻辑思维包括多种不同的思维形式，如直觉、灵感、猜想、顿悟、假设、横向思维等等。难道这么多的非逻辑思维形式都具有不符合充足理由律这个共同的本质特征吗？答案是肯定的。人们在论述各种非逻辑思维活动的现象时，就已经或多或少地提及。看下面几个例子。

有人在论述直觉思维这种非逻辑思维时说："直觉思维是创造的根源……可以帮助个体在有关事实和证据不十分充分的情况下作出正确的预见和提出创造性假说。"

有人在论述猜想这种非逻辑思维活动时说："什么是科学的方法？如果用一句话来回答，那么，它该是'猜测和检验'。在自然科学研究中，新的科学理论总是为了试图解决原有理论不能解决的问题而提出来的，在这种情况下，人们要根据不完全的知识背景和不充分的数据进行工作，这样就必须猜想。"

德波诺把思维活动分为两类，即纵向思维（逻辑思维）和横向思维（非逻辑思维），并一再强调横向思维这种非逻辑思维的重要性。在论述横向思维的特征时，他说："如果说纵向思维是可能性较大的思维，那么横向思维就是可能性较小的思维。"纵向思维之所以是"可能性较大的思维"，就是因为它是建立在理由充足的基础之上的，"在纵向思维中，人们按部就班地前进，其每一步都必须有充分的根据。"横向思维之所以是"可能性较小的思维"，就是因为它是建立在理由不充足或很不充足的基础之上的。

类似的论述还有很多，我们列举这些论述是想说明，尽管非逻辑思维的表现形式各异，但它们都有一个共同之处，即都是一种建立在理由不充足或很不充足基础上的思维活动。否则，就不是非逻辑思维了，而是逻辑思维了。下面我们再来分析一下创造性思维和形象思维这两种比较特殊的情况。

创造性思维是一种产生新思想的思维活动。产生新思想主要依赖的是非逻辑思维，不过，新思想产生之前的酝酿过程以及新思想产生之后的论证过程都离不开逻辑思维的作用。因此，人们大都认为创造性思维是非逻辑思维和逻辑思维的融合和互补，但是也大都认为非逻辑思维是创造性思维的关键和核心，在创造性思维过程中起着决定性的作用。

创造性思维不仅要"创"，而且要"造"，先创而后造。无论是创造一个新思想，创造性地解决问题，还是创造一个新的事物，都必须先在思想上进行创新，然后再用逻辑思维把它造成一个逻辑系统。如果是要创造一个新事物，就还要将之付诸实践。我们认为，创造性思维的"造"不是指制造一个新事物的活动，而是指把一个新的思想造成一个逻辑系统。在创造性思维活动中，"创"是关键，也是最难之处，"造"是次要的，也是较为容易之处，所以，有的人干脆就把创造性思维等同于非逻辑思维，这是可以理解的，也确实说明了非逻辑思维在创造性思维中的地位和作用，但却有失偏颇。创造性思维之所以不能像其他思维形式那样简单地被归结为非逻辑思维，就是因为它不仅要"创"，而且要"造"，这就离不开逻辑思维的作用。不过就其关键来说，主要还是非逻辑思维。

形象思维是以形象来进行的思维，是以形象为主要思维手段的思维活动。按照思维的信息加工理论，人的思维活动就是一个特殊的信息加工过程。形象思维是一种思维活动，也是一个信息加工的过程。形象总是传递给人们若干信息的，这些信息有的可以用语言符号表示，和其他的语言符号所表示的信息一样。这些信息既可以被称为形象信息，也可以被看作是文字符号信息。有的形象信息则难以用语言符号表示，这是典型的形象信息。对形象信息进行加工处理的思维活动就叫作形象思维。如果关于一个对象的形象信息充足，由此加工作出结论，这样的形象思维活动就叫作逻辑思维，如教师用粉笔在黑板上画了这样的一幅画：画面的上方是一个粉笔画的圆形平面，周围又用红色粉笔画上虚线，画面的下方有人、田野，还有很多向日葵，它们都朝向画面上方的那个东西。那么请问这个画面上方的那个东西是什么？如果一个学生思考后告诉我们，那是太阳。这时学生的思维活动是形象思维。由于这种形象思维是建立在前提材料比较充分、理由比较充足的基础上的，我们也可以把它叫作逻辑思维。如果关于对象的形象信息不充足，由此加工作出结论，这样的思维活动就叫作非逻辑思维。如我们上面所举的魏格纳发现“大陆漂移说”就是如此，某学生根据圆点的外形轮廓和太阳的外形轮廓相似就说它代表太阳也是如此。他们的思维活动既是形象思维，又是建立在前提不充分、理由不充足基础上的非逻辑思维活动。

由于事物的形象大多不能充分显示对象的实质，人们大多不能利用事物的形象信息必然地得出结论，所以，利用形象进行的形象思维大多是非逻辑思维。很多人都把形象思维和灵感思维、直觉思维并列，当做非逻辑思维的一种，也是可以理解的。但是利用形象进行的思维活动并不都是非逻辑思维，有些形象思维就是逻辑思维或可以转化为逻辑思维。上面所列举的田野上方的“太阳”的例子就是一例，这里我们不妨再举一例：宋朝文学家欧阳修得到一幅古画，画面是一丛牡丹，牡丹花下还卧着一只栩栩如生的猫，他搞不清是什么时候的牡丹，就去请教当朝宰相吴正肃。吴正肃说："这是中午牡丹。"欧阳修问："怎见得?"吴正肃解释说："一是花瓣分披，色泽浓艳而干燥，正是中午时候牡丹花的样子；二是猫的眼睛细长如线，是中午的猫眼形象。如果是清晨的牡丹，花瓣应是收缩而湿润，猫的眼睛就是圆的了。"欧阳修听罢恍然大悟，十分佩服。

故事中吴正肃对于古画的解释，表明了一个完整的推理过程。讲得完整些，这个过程应该是：

如果花瓣分披，色泽浓艳而干燥，那就是中午的牡丹；

这里画的牡丹花瓣分披，色泽浓艳而干燥；

所以，这是中午牡丹。

此外，吴正肃还提出了一个推理：

猫的眼睛细长如线，是中午的猫眼形象；

这里画的是细长如线的猫眼；

所以，这里画的是中午的猫眼形象。

经过这样严密的推论，"这是中午牡丹"的判断就很有说服力了，因而使得欧阳修恍然大悟，十分佩服。

由上所述，人类的思维基本上可以划分为两种基本类型：逻辑思维和非逻辑思维。其他的思维类型都可以归结为其中的一种（或以其中的一种为主）和两种。很多不属于逻辑思维的思维类型都可归结为非逻辑思维，它们具有一些共同的本质和特征。

后面我们讲的创新思维训练就是要训练这两种形式的思维，因此思维的这种形式划分对于我们进行创新思维训练来说是很重要的。

第二节　思维活动的两个内在要素及其关系

思维活动究竟是由哪些要素构成的呢？前人的思考和研究为我们提供了众多的答案。概括起来，可以分为两大类：一类是思维活动中相对稳定的东西，是思维活动的基础、材料和结果，这就是知识；另一类是思维活动中活的东西，它在思维活动中把各种不同的知识联系起来，这就是思维能力。知识和思维能力是思维活动的两个要素。两者既相互区别，又相互联系，构成了人类思维的相对独立的运动。

一、知识和思维能力之间存在着本质的区别

1. 两者的存在方式不同

知识可以用语言、符号等表示出来，是相对稳定的东西；思维能力是一种活的东西，看不见，摸不着，很难用固定的形式把握，但它却确实存在着。知识不等于思维能力，思维能力也不等于知识。但在实践中仍有一些人错误地认为有了知识自然也就有了思维能力，把知识错误地等同于思维能力，或错误地用知识来代替思维能力。春秋战国时期的赵括与三国时期的马谡，两人熟读兵书，谈锋雄健，论起兵法阵法，一个让其父赵奢自愧弗如，一个让一生谨慎的诸葛亮视为军中之花。然而，在实际作战中，他们的军事知识并没有转化为军事能力。秦国进攻赵国，赵王听信谗言，撤回廉颇，任用赵括为将，吴起听到赵括为将后，便带兵攻打赵营，然后诈败。而这时，赵括根据兵书上“一鼓作气”“除恶务尽”的教诲，出兵追击，结果被乱箭射死。赵国士兵被秦将吴起坑杀四十余万，赵国从此走向衰落。马谡在守卫街亭的战斗中，不听王平劝阻，在山上屯兵，认为这样可“凭高视下，势如破竹”；如敌兵截断水道，我军也会“背水一战，以一当十”。马谡的这些观点都能在兵书上找到依据，可白纸黑字的兵书与刀光剑影的战场毕竟是两回事。蜀军在被围后，不仅不能“以一当十”，反而“军心自乱，不战而溃”。马谡失守街亭，使蜀国永远失去了窥视中原的机会。赵王和诸葛亮的失误，就是被他们的夸夸其谈所迷惑，并把他们所掌握的死知识当成了能力。

2. 两者在思维中的作用不同

知识为思维活动提供了原材料，没有原材料，思维活动无法进行；思维能力为思维活动提供加工处理知识、信息的能量，没

有思维能力，思维活动也无法进行。仅仅靠知识的积累来发展思想是行不通的。如果把知识比作建筑材料，那么思维能力就是建筑工人，是它把知识有机地联系起来，建立起各种不同的知识体系的大厦；如果把知识比作一盘盘鲜花，那么思维能力就可以被看作是摆放鲜花的人，是它把知识联结成各种不同形状、争奇斗艳、色彩斑斓的知识世界。知识是思维活动中相对稳定的东西，正是思维能力这个积极活跃的因素赋予它灵魂，从而形成各种不同的知识体系，正像建筑工人赋予建筑材料以活的灵魂一样。

3. 两者的生理基础不同

知识作为一种记忆内容，常常是以记忆的形式贮存在大脑中的。在大脑中与记忆有关的内容是海马回颞叶以及乳头体。如将大脑两侧的海马回切除，病人对自己 90 分钟前所画的图画不能再认，不过，像推理能力等认识能力仍然正常。思维能力则同大脑额叶有关，当人的大脑额叶受损伤时，人的思维就会发生障碍，如不能抽象地思维，不能预先作出计划，无法预料事情的结果，等等。

二、知识和思维能力之间存在着内在的联系

1. 知识离不开思维能力

具体表现在以下几个方面：

（1）知识、信息的过剩。在现代信息社会，知识、信息在飞速增长，并且这种增长呈现出一种加速度的趋势。英国科学家詹姆斯·马丁推测人类知识在 19 世纪大约每隔 50 年便增加一倍，在 20 世纪前半叶每隔 30 年增加一倍，50 年代则每隔 10 年增加一倍，70 年代每隔 5 年增加一倍，80 年代每隔 3 年增加一倍。人们惊呼“知识爆炸”“信息危机”。想以常规的记忆方式来记忆所有的知识、信息是不可能的。一般来说，人接受信息的速度的最高极限为每秒 25 比特（“比特”是信息单位）。如果以这一速度每天用 10 小时接受信息，并假定无遗忘率，那么 70 年内最多也只能接受 3×10^9 比特的信息量。而苏联列宁格勒图书

馆藏书量折合信息约为 10^{13} 比特，也就是说，一个人 70 年最多接受的信息量仅是其万分之三，再考虑到记忆的遗忘率，那就更是微乎其微了。退一步说，即使是想阅读一遍专业文献也是“难于上青天”。据统计，如果一位化学家以每周阅读 40 小时计，单单浏览在一年内世界上发表的化学论文及著作，就得耗时 48 年。我国著名科学家钱学森曾说过：“我当研究生时搞超音速空气动力学，我敢说全世界有关论文我都看过，因为一共也没多少，而现在我搬都搬不动，别说看了。”

在如此汹涌的信息流面前，人们感到无所适从，不知道该选择和吸收哪些知识、信息，并利用它们做出自己的判断。要想从容面对这个受到“信息污染”的信息社会，人们必须具有加工处理知识、信息的思维能力，否则就有可能被雪片似地飞来的知识、信息所吞没。

（2）知识、信息的相互矛盾。正是由于知识和信息在爆炸式地膨胀，知识的内在矛盾、知识的不确定性就越来越明显地表现出来了。对于如何抑制通货膨胀，一位经济学家宣称要靠减免税收，另一位却争辩说要靠提高利率。一位社会学家痛言，当今社会道德滑坡，世风日下，致使离婚率不断上升；另一位社会学家则辩解，离婚率上升说明人们更加重视婚姻的质量。一位评论家说，金庸的武侠小说文化品位不高，艺术价值不大，难登大雅之堂；另一位评论家则反驳说金庸的武侠小说不仅有较高的文学造诣，而且有较深的文学内涵，不失为雅俗共赏的好作品……面对如此混乱、复杂的知识、信息，人们必须具有一定的思维能力才能加以辨别，决定取舍。

（3）知识、信息的不足。没有知识，就无法进行思维。一切决定、计划或行动所需要的知识当然是越多越好，但在现实生活中人们往往无法获得足够的知识、信息材料。这时就必须绞尽脑汁运用已有知识，作出一些决定和计划，以对付多种可能出现的不同情况，这就需要大量的思维。知识能帮助人们思维但却不能代替思维。

（4）新知识的产生，知识的增长，都离不开思维能力。思维能力是知识的生产力，思维能力强可以生产更多更好的知识。

2. 思维能力也离不开知识

（1）思维能力要以知识和信息作为原材料才能发挥作用；没有知识和信息作为原材料，人们就不能思维，就得不出结论。思维能力弱的人则需要更多的知识和信息，这样才能有效地思维，得出正确的结论。

（2）思维能力要通过学习知识的途径才能有效地提高。

人们在学习知识的时候，要运用自己的思维。在语言心理学中有一种理论叫曲径理论（the garden path theory）。曲径理论认为，人们在理解一个语句时，对于句子歧义结构的分析，往往只给出一种释义，如果在对句子理解结束时，这种释义与句子理解的意思相符合，那么就得到了对句子的正确解释，到时候理解过程也就完成了。如果这种释义与句子的本意相矛盾，就要回过头来，对歧义结构进行分析，重新给出一种释义，这样多次反复，最终达到对句子的理解。这种情况很像人们误入歧途时的情况一样，在发现此路不通时，会再去寻找另一条小径，直到找到正确的出路为止。由此可见，学习知识的过程也是训练和培养思维能力的过程。

第三节　智　　慧

一、概述

哲学是一门最古老的学问。最早追求智慧的学科应该是哲学。在西文中，“哲学”一词是由两个词根组成的，即“爱”和“智慧”。中文将之译为“哲学”，也取“哲”这个字的“聪明”“智慧”的含义。可见，哲学自古以来就是一门关于智慧的学问。千百年来，许多人皓首穷经、不辞劳苦地研究哲学，就是希望哲学能给人们带来聪明和智慧。

教育是一种培养人的社会活动。智育是教育的主要内容，在教育活动中处于中心地位。而智育就是向受教育者传授系统的文化科学知识、技能，发展受教育者智力的教育活动。聪明和智慧也是教育的重心所在。贝斯特在《教育的荒地》中写道：“真正的教育就是智慧的训练……经过训练的智慧乃是力量的源泉。”

世界上几乎没有什么东西比人的智慧更有价值了。千百年来，一代又一代的人们都在追求着聪明和智慧。但迄今为止，人们还没有弄清楚智慧是什么，准确地说，就是智慧从本质上说是什么。尽管人们没有弄清楚智慧的实质，但对智慧的表现和特征还是有不少认识的。在此基础上人们形成了一些对智慧的基本看法，经常提到的有“智慧就是指有丰富的知识”“智慧就是指有高深的学问”“智慧是多种智力的总和”“智慧就是认识新问题、解决新问题的能力”，等等。我们这里的意图不在于奢望一蹴而就地解决智慧的本质问题，而在于通过一个新的视角，对已有的关于智慧的认识进行考察，提出一个新的智慧观，力图在一定程度上切近智慧的本质。

二、智慧、智能和智力

为了更深入更准确地弄清智慧的本质，必须区分智力、智能、智慧。智力、智能、智慧常常被混用。人们在说明人、动物和智能机器的属性时都分别使用过这三个词。但人的智和动物的智、智能机器的智毕竟是不一样的。为了对智慧进行深入的研究，也为了更好地区别人和动物、智能机器这三者的智，更准确地使用这几个词，我们必须对这几个词加以辨析。

先说智能。“智能”是人工智能研究的一个基本概念。20 世纪后半叶兴起的认知科学也曾给它下过定义。西蒙和纽厄尔对“智能”这个概念作出的解释比较具有代表性。他们提出了“物理符号系统”概念，认为一个物理符号系统具备如下六种功能便可以被认为是有智能的。这六种功能是：①输入符号；②输出符号；③存储符号；④复制符号；⑤建立符号结构；⑥条件性迁移。认知心理学认为，任何一个智能系统必须具有上述六种功能；反过来说，任何系统，如果具有这六种功能，它就表现出了智能。到目前为止，机器的智能主要表现为逻辑思维能力。

再说智力。《思维辞典》是这样定义的："大脑对于客观世界、主体自身和周围事件进行反映和作出反应的综合能力。"这里没有限定大脑只是人的大脑，因此包括动物的大脑。事实上大脑比较发达的动物也的确能表现出智力行为，而不是单纯的本能行为。但动物的智力主要限于直觉、顿悟等非逻辑思维，动物不会进行逻辑思维，不会证明自己的简单的想法。

最后我们再来探讨一下智慧。动物有简单的心理活动，少数动物有微弱的思维能力，比如有的猩猩能把两根竹竿连接起来去取远处的东西，但动物没有抽象思维能力，即逻辑思维能力。我们把动物的这种能力叫做智力。人工智能机器具有很强的逻辑思维能力（比人的逻辑思维能力强很多倍），但不具有直觉、灵感、顿悟等非逻辑思维能力，将来能否具有这种非逻辑思维能力也尚未可知。我们把人工智能机器的这种能力叫做智能。人具有很强的非逻辑思维能力（动物也许有很微弱的这种能力），这是人工智能机器所不具有的；人还具有一定的逻辑思维能力（人工智能机器的这种能力则要比人高出许多），这是动物所不具有的。人不仅具有较强的逻辑思维能力，而且还具有较强的非逻辑思维能力，这是智能机器和动物都不能与之相比的。我们把人的这种思维状态或水平叫做高水平思维。所谓高水平思维，主要是指思维水平高，相对说来，人更聪明一些，至少比动物的聪明程度高出若干量级，比智能机器更加灵活。我们认为，动物和智能机器不具有像人类思维一样的高水平思维，高水平思维只有人类才有。智慧就是指高水平思维。

在一定的意义上可以说，智慧就是智能，就是智力，我们这里只是为了区别人和动物、机器在智的属性上的差异来进行划分的。我们把智慧看做是人类所特有的属性。智慧是人这个实体的属性。智慧这个词是一个属性概念。

三、几种常见的智慧观述评

下面我们分别考察一下几种比较流行的对智慧的基本看法，说明它们不能作为智慧的严格定义的理由。

1. 智慧是指有非常丰富的知识

（1）一般说来，知识越多，具有的智慧也可能较多，但不能说要有智慧就一定得具有非常丰富的知识。如果说只有具有非常丰富的知识的人才算是智慧的，而一般儿童都不具有非常丰富的知识，那么我们能说儿童没有智慧吗？显然不能。例如，儿童时代的司马光砸缸救人的故事就充分表现了他超群的智慧。因此，并非所有智慧的人都有丰富的知识。

知识主要依赖人的记忆。但智力测验的主要创始人比纳和西蒙却认为：记忆不是智慧的重要方面。他们认为："乍一看，记忆是十分重要的心理现象，人们在考察智慧时，会情不自禁地给它以显赫的一席之地。但是记忆区别于，也独立于判断，一个人可以有良好的判断力，但可能缺乏记忆力，反之亦然。"在科学著作中，智力与知识广博是两回事，普通人常常用智力表示知识广博，科学家虽然对智力有各种定义，但却没有这种意思。知识的丰富和增长，既可以是改进、掌握与运用知识的基本能力的直接结果，也可以是增强智力训练的间接结果。具有知识是具有智力的结果，但知识并不就是智力。许多现代测验都把智力作为一种与特定的文化知识背景无关的基本能力来测试。

（2）在很多情况下，有非常丰富知识的人往往是比较智慧的，但也不尽然。例如，英国有个叫亚克敦的人，他的历史知识十分丰富，以至于许多历史学家所写的著作中有丝毫不符合史实的地方，他都能指出来。可是就是亚克敦这样一个历史知识十分丰富的人，人们却不认为他是一位真正的历史学家，因为他没有自己的新思想。与其说他是历史学家，倒不如说他是一个活的历史档案。在人们发明计算机、利用计算机自动检索查阅之前，这种活的历史档案或许还是比较有用的，可是在人们已经广泛地运用计算机检索查阅的今天，他们就没有什么价值了，因为这种活的历史档案的知识贮藏量要比计算机的信息贮藏量小得多，并且也不像计算机那么普及、方便。类似亚克敦这样的“两脚书橱”还有很多很多。显然像亚克敦这样的人不能算是比较智慧的。赫拉克利特说得好：“博学并不能使人智慧。”可见，并非所有知识丰富的人都是智慧的。

2. 智慧是指抽象思维能力

持这种观点的典型代表是美国斯坦福大学的一位教授，他认为，“智慧是一种抽象思维的能力。”他还认为“智力与抽象思维能力成正比”。这种智慧观认为智慧是由单一的要素构成的，因此又叫“单质说”。

如果这种观点中的“抽象思维能力”仅指逻辑思维能力的话，那么这种说法显然是错误的。因为计算机的逻辑思维能力最强，按照这种说法，计算机就是最有智慧的了。况且，如果智慧是指抽象思维能力的话，那么和抽象思维能力相对的形象思维能力就无法纳入智慧的范畴，这也是不妥的。

如果这种“抽象思维能力”不是指逻辑思维能力，那么这种“抽象思维能力”是个什么东西，现在也很难说清楚，用很不清楚的语言来说明智慧，也不符合下定义的原则要求。

3. 智慧是多种智力的总和

这种观点认为智慧是多种智力综合的产物。这些智力包括观察力、记忆力、思维力、想象力、判断力等。这种对智慧的定义叫做“多因说”。一些国内的辞典对智慧这个词条的解释就属于此类。

把智慧解释为各种智力的总和至少有一点是不妥的，这就是不符合下定义的原则要求。这是因为：人们目前对这几种智力以及这些智力之间的界限的认识都是很不清楚的（它们之间存在着相互包容的关系）。用这些不太清楚的东西来解释智慧这种很难认识的对象，很难使我们形成一个较为清楚明确的“智慧”概念，因而也是不妥的。

4. 智慧是指反应迅速

这种观点，有的人是这样表述的：智慧是指人具有迅速反映客观事物和解决问题的能力。这种智慧观显然不能作为严格的智慧定义。且不说把反应迅速作为智慧的定义没能完全揭示出智慧的全部内涵，就是把反应迅速作为智慧的一个本质特征也是站不住脚的。

一个智慧的人在自己不熟悉的领域对自己不太熟悉的事的反应一般来说都是比较迟缓的，往往是前思后想，斟酌再三；相反，一个愚蠢的人在自己熟悉的领域做自己惯常做的事情，其反应也可能是很迅速的，因为他做这些事时几乎无须用脑，近于条件反射。《红楼梦》中的刘姥姥在自己家中做农活有可能反应迅速，百般灵巧，可当她进了贾府就傻了眼，做出愚不可及的事来。许多科学家全神贯注于自己的研究课题，对日常生活比一般人考虑的少得多，经验也少得多，因此他们在日常生活中常常显得笨拙，冒出傻气，所谓“大智若愚”“大巧若拙”是也。

5. 智慧就是智力测验测得的东西

智力测验的初衷就是要测定人的智力或智慧水平。这里就有了这样一个问题：我们必须先认识智力或智慧是什么，然后才能测定人的智力或智慧水平。因此用“智力测验测得的东西”来定义智慧就犯了同语反复的逻辑错误。

除此之外，“智力测验测得的东西”也没有正确揭示智慧这个概念的内涵。现在人们普遍认为，创造力是智慧的一个核心要素，但智力测验并不能准确地反映出人的创造力。虽然有证据表明创造力高的人普通智力也高，但普通智力高的人创造力并不一定就高。这就说明智慧中包含有普通智力所不具有的内容。吉尔福特说：“被公认为属于创造性这一类别的测验与智力量表中常见的测验之间没有什么相关，这已为多年来各项独立的研究所注意。”他还说：“当我们考察智力测验的性质时，我们对智力测验所涉及的创造性能力的范围的问题会有许多疑惑。应该记住的是，从比纳（Binet）时代到现在，在智力测验的效度方面使用的主要的、实际的准则，一直是学生在校的成绩。对儿童说来，这意味着主要是阅读和算术的成绩。这个事实已普遍决定了我们智力测验的性质。

因而，就操作上而言，智力成了掌握阅读、算术和类似学科的能力（或能力的复合体）。这些学科显然并不一定要求创造性才能。

对智力测验内容的考察表明，其中只有极少部分具有明显的创造性质。比纳的确在他的量表里收进了少量这种性质的试题，因为他把创造性想象看做是应该被包括在内的几种重要的高级心理功能之一。比纳量表的一些修订本保留了这类试题，但只占试题中的极小部分。团体智力测验一般则完全删掉了这类试题。

智力测验和人的知识背景、熟练程度有关，所测得的智力主要是人的算术、逻辑思维之类的能力，很少能测出人的直觉、顿悟等非逻辑思维能力，而这些非逻辑思维能力则是智慧的一个关键要素。所以，智力测验只能测得人的智力，而不能测得人的智慧。

以上我们分析了几种经常提到的智慧观，其中有的智慧观并不是作为定义提出来的，有的人说这些话时也并不意味着他们认为那就是智慧的实质。我们之所以把它们也列出来加以评述，是因为有不少人在实际上把它们当做智慧的定义或实质，这就不正确了，而且由此带来的危害是巨大的。例如我们上面所分析的第一种智慧观，持这种智慧观的人把智慧等同于知识，在培养智慧时片面强调填鸭式的灌输知识，这是非常有害的。

经过以上分析，我们可以看出，几种比较流行的关于智慧的说法和定义，都不能作为智慧的严格的定义。那么，智慧到底是什么呢？

四、一种新的智慧观

人的智慧主要是通过人的言行表现出来的。人的言行之所以可能是智慧的，其实质就在于人的言行里包含着人类的思维；没有思维贯穿于其中的言行是谈不上智慧的。例如，收音机播送演讲稿，发电机发电，我们不会说收音机和发电机是智慧的，因为尽管这些言行看起来是智慧的，但是收音机和发电机在做这些事时并没有运用它们的思维，它们根本没有智慧。反之，一个人产生新思想的思维能力越强，也就是说这个人产生新思想的数量越多（如爱迪生数以千计的发明）、质量越好（越深刻、越新颖，如爱因斯坦的相对论），他的智慧水平就越高。由此可见，智慧就是指具有产生新思想的思维能力。

智慧就是指具有产生新思想的思维能力。不具有产生新思想的思维能力，就不具有智慧；而只要具有产生新思想的思维能力，就一定具有智慧。而且，这种产生新思想的思维能力越强，人们所具有的智慧水平就越高；这种产生新思想的思维能力越弱，人们所具有的智慧水平就越低。新思想、新观点、新知识都是思维活动的物化，是可以用文字符号等表示出来的，是相对稳定并可以对之加以分析研究和识别的东西。用具有产生新思想的思维能力来定义智慧就比其他一些智慧定义更清楚明确。因此我们给智慧下的定义也符合下定义的原则要求。

美国耶鲁大学的心理学教授斯顿伯格在《智慧的发展》一文中说："所有的结果都与这个观点相一致，即，对新异作业或作业的新异方面的态度和操作是婴儿期以后智慧的关键部分。"他还指出了一种和我们给智慧下的定义相近的智慧观："诚然有一个为许多专家所接受的智慧观点是：智慧是对生活中新问题、新情境的一般适应能力。"人之所以具有"对生活中新问题、新情境的一般适应能力"，就是因为人具有产生新思想的思维能力；没有新思想，人们就不会有"对生活中新问题、新情境的一般适应能力"，可见这样的智慧观不如我们提出的智慧观更接近智慧的本质。况且，"对生活中新问题、新情境的一般适应能力"这个概念比较模糊，不好测量，也容易让人费解，用它来给智慧下定义不符合下定义的原则要求。还有两种比较流行的智慧观和斯顿伯格的智慧观基本一致。这两种智慧观认为"智慧就是认识新问题、解决新问题的能力”“智慧就是指创新思维能力或创造思维能力”。对这两种智慧观的评述可参见上面对斯顿伯格所提到的智慧观的评述。

在人们给创造思维下的所有定义中，几乎都包括（对个人或对人类来说）产生某种新的东西的意思。尽管创造思维和产生新思想的思维活动是一个意思，但我们不能用创造思维来给智慧下定义，因为它不如产生新思想的思维能力容易理解和测试。

对智慧的认识是一个漫长而艰难的历史过程。但人们绝不能因此不进行关于智慧的理论研究。因为只有在实践中不断摸索，在理论上不断地研究，人们对智慧的认识才能越来越清楚，越来越全面。理论来源于实践，随着实践的发展而发展，反过来又对人们的实践具有指导意义。

关于智慧的理论来源于人们追求智慧、培养智慧的实践。追求智慧、培养智慧的实践的不断发展，要求关于智慧的理论得到相应的发展，以便更好地发挥理论对实践的指导作用。

提出智慧就是指具有产生新思想的思维能力，并非为了标新立异，而是力图在更深的层次上揭示智慧的本质，以便对人们追求智慧、培养智慧的实践有所帮助。如果我们提出的新的智慧观是正确的话，它就不仅具有这样一些理论意义：把对智慧本质的认识提高到一个新的高度，为从理论上进一步研究智慧的本质、特征等问题提供了新的基点和视野等；而且还具有如下三个方面深刻的实践意义，而这正是我们研究智慧本质的根本目的所在。

（1）它将使人们明确训练、培养智慧和创新思维能力的方法和题所要训练和培养的到底是什么东西，使训练和培养有明确的目标，从而找到训练思维、培养智慧的更为有效的新方法。随着对智慧的理论研究的发展，人们追求智慧、培养智慧的实践也将发展到一个新的高度。

（2）它也将使我们看到已经形成的训练思维、培养智慧方法的重心所在，那就是培养产生新思想的思维能力，并将更加自觉地这样做，更加有效地培养聪明才智。下面分析两种训练思维、培养智慧的方法。这两种方法和我们提出的智慧观有内在的一致性，同时又反过来证明了我们提出的智慧观是正确的。

一种方法是现代教学中强调的发现学习法。它要求学生不是现成地接受已有的知识，而是要运用自己的探究性思维再去发现前人或他人已经发现的知识。这种学习过程类似于科学发现的过程，类似于发现新知识、产生新思想的思维过程。发现学习能培养学生产生新思想的习惯，从而也就培养了学生产生新思想的能力。

另一种方法是美国创造学家奥斯本创立的“智力激励法”，又称“头脑风暴法”。其做法是十来个人召开一个小组会，与会者不分职务、资历等一律平等，自由地就某个问题发表自己的看法，发表的新想法越多越好。那些听起来非常新奇、怪异的想法更是受到热烈的欢迎，他人不得评判、指责。这种方法是一种创造技法，也是一种训练思维、培养智慧的有效方法。其可贵之处就在于使受训练者不断地去产生新想法，培养出产生新思想的习惯。一旦这种习惯养成了，受训练者也就具有了一定的产生新思想的思维能力。

(3) 它也将使我们看到我们教学中的哪些观点、态度和方法是妨害学生智慧和创新思维发展的，从而加以避免和改正。

人们在实践中已经总结了大量的训练思维、培养智慧的方法和题，这些方法和题为人们培养智慧的实践活动做出了较大的贡献。但由于这些方法和题不是在一个较为科学的智慧观的指导下制作出来的，就使得一些方法和题带有自发的盲目性，使得人们的聪明才智不能得到真正有效的训练和培养。新的智慧观要求我们避免和改正教学中所存在的妨害学生智慧发展的观念、态度和方法，积极鼓励学生开动脑筋，不断地提出新的问题，大胆地提出新的设想，从而培养学生产生新思想的习惯和产生新思想的思维能力，即智慧。

第四节 新思想的产生

我们把智慧定义为“具有产生新思想的思维能力”，就是鉴于“新思想”这个概念比较容易理解。那么，什么是新思想呢？新思想又是怎么产生的呢？

一、什么是新思想

新思想当然是指在思维活动中产生的以前没有的思想、观念、知识。这个定义很好理解。我们对“新思想”这个概念也都有清楚的认识。如果认为用负概念下定义不合适的话，我们可以给“新思想”下一个新定义，那就是：新思想就是指在思维活动中产生的超出以前的思想、观念、知识的思想、观念、知识。有人认为新思想只与科学技术的发明创造有关，与己无关，这是错误的。人类所涉及的所有领域都需要有新思想。

二、人人都能产生新思想

新思想的产生就是思维活动的创新。以前人们一提起创新，总认为它是指创造发明之类的较大的新思想的产生。在 20 世纪初期，“创造”“创新”还被一种神秘感所笼罩，它们被认为是天才所专有的，一般人则不具有这种能力。20 世纪 60 年代前后，人们才逐渐树立起一种较为符合实际的观点，认识到创造力是每个正常人都具有的能力，不是个别天才人物所独有的神秘之物。照相机的发明者爱德华·兰德说：“一个人若能达到发明或思考对自己来说是新东西的程度，那么就可以说他完成了一项创造性行为。”杜威也说：“一个三岁的儿童发现他能用积木做什么事情；或者一个六岁的儿童发现他能够把五分钱和五分钱加起来成为什么结果，即使世界上人人知道这种事情，他也真是一个发明家。”

只有傻瓜才把创造视为离奇幻想的事情。《21 世纪的创造力——第三届亚太天才大会概述》中写道："与会者认为，创造性存在于人类活动的各个方面，它不仅包括视觉和表演艺术，而且也包括学术、学习、职业训练及政府的决策等……"不仅文艺家、科学家能产生新思想，平常人也能产生新思想。平常人和文艺家、科学家所产生的新思想只有水平的高低，没有性质的差别。例如，文学家突然产生了一部鸿篇巨著的构思和初学写作者猛然间在零乱的素材中开辟了一条新颖的思路，两者在本质上是一样的。"我不能创新"是创新思维的最大心理障碍之一。

三、新思想产生的两个基本阶段

产生新思想的思维也就是创新思维或创造思维，创新思维或创造思维也就是产生新思想的思维活动。两者的思维过程在本质上是一致的。一般说来，无论古代学者，还是现代学者，对创新思维的本质特征的理解都是一致的，他们都把创新思维看做是产生新知识、新概念的思维。很多人都把科学的创新或创造思维过程作为产生新思想的典型形式来加以研究，这也是很有道理的。如果我们清楚创新思维过程或创造思维过程，也就清楚新思想的产生过程。现在的问题是：创新思维过程或创造思维过程到底是怎样的？换句话说，新思想的产生过程到底是怎样的？

创新思维过程是怎样的，新思想的产生过程是怎样的，这是一个到目前为止人们还不很清楚的问题，也是一个众说纷纭的问题，比较有名的划分是英国心理学家华莱士于1926年提出的著名的四阶段创造过程。华莱士曾对创造性思维进行过卓有成效的研究，他研究了大量的科学家酝酿阶段、明朗阶段和验证阶段。一是准备阶段。在这一阶段里，创造者已明确所要解决的问题，然后围绕这个问题收集资料信息，并试图使之概括化和系统化，形成自己的认识，了解问题的性质，澄清疑难和关键等；同时开始尝试和寻找初步的解决方法，但这些方法往往行不通，问题陷入了僵持状态。心理学家在划分阶段时，有时将创造者有关知识的学习、技能的训练等创造之前的必备条件包括在这一阶段内。

二是酝酿阶段。这一阶段最大的特点是潜意识的参与。对创造者来说，需要解决的问题被搁置起来，主体并没有做什么有意识的工作。由于问题是暂时表面搁置而实则继续思考，因而这一阶段也常常叫做探索解决问题的潜伏期、孕育阶段。三是明朗阶段。进入这一阶段，问题的解决一下子变得豁然开朗。创造者突然间被特定情景下的某一个特定启发唤醒，创造性的新意识猛然涌现，以前的困扰顿时一一化解，问题顺利解决。这一阶段伴随着情绪强烈而明显的变化，这一情绪变化是在面临问题解决的一刹那出现的，是突然的、强烈的，给创造者以极大的快感。这一阶段常称为灵感期、顿悟期。四是验证阶段。这是个体对整个创造过程的反思，是检验解决方法是否正确的验证期。在这一阶段，把抽象的新观念落实在具体操作的层次上，提出的解决方法必须详细、具体地阐述出来并加以运用和验证。如果经试验并检验是正确的，问题便解决了。如果提出的方法失败了，则上述过程必须全部或部分重新进行。

从华莱士的创造过程四阶段论来看，有些问题并没有得到令人满意的解释。如创新思维一定要经过这四个阶段吗？如果在准备期创造者就想出一个绝妙的想法，难道就不算创造性思维了？“准备阶段”和“酝酿阶段”是不是应该看做常规思维阶段，而不应看做是创新思维阶段？因此，我们认为下面的“二阶段说”能更好地解释创新思维的过程。

美国哲学家杜威提出了思维的“五步法”。他认为新思想的产生、科学发现必须经历以下五个步骤：一是感到困难，二是寻找疑难点（问题），三是提出假设，四是根据假设而推理，五是通过行动以检验假设。中国哲学家胡适将杜威的这五步进一步概括为：“大胆的假设，小心地求证。”这和20世纪科学哲学家所推崇的科学研究的“假说演绎法”是一致的。“假说演绎法”在当代被视为科学探索的基本方法，这种方法认为科学发现和创新包括两个基本的阶段和方法：先假设，后演绎。也就是说，先通过假设提出一个新的思想、观点，然后再通过演绎法对之加以检验和论证。假说演绎法比较符合科学发现和创新的实际情况，因为并不是所有的科学发现和创新都是通过归纳法提出的，运用归纳法提出科学发现和创新只是进行假设的一种方法。假说演绎法和现代生理学关于割裂脑的研究也是一致的。科学家的发明和发现，是首先由右脑发出的独特想法和主意，然后经位于脑正中的脑梁传到左脑，由左脑对它们进行逻辑上的证明，继而用语言（论文）和数据将它们表达出来。

大家知道，很多国家的纸币上都印有人物像，就是因为一旦这些平时熟悉的面孔稍有异样，人的感觉立即就会觉得“不正常”。发现假币时，我们凭借的绝不是理论。没有人会说“因为纸币长了0.2毫米，所以是假的”或“某某人头像脸的轮廓左右偏了0.1毫米”，无论是谁一开始都不知道为什么是假币。只觉得看着有点别扭，这张纸币有问题。虽然不能从理论上说明为什么不同，可直觉也能很好地把握这些差异。这种直觉是每个人都具有的。在凭直觉嗅出“可疑点”之后，理论的作用才会得以体现。通常是先发现可疑，接下来才是纵向长度不对呀，没有水印呀等等的理论问题。

类似的例子我们可以举出许多。一个新思想在产生之初所依据的知识材料一般都是比较少的。这时，由于支持这一新思想的知识材料较少，尚不能使其得到有效的支持。无论这时的思维活动表现为哪种形式，如直觉、假设、灵感、顿悟、猜想等，都不符合充足理由律，我们统称为非逻辑思维。新思想被提出之后，接下来的是通过逻辑思维对之加以推演、检验，论证，如果不正确，就重新提出一个新思想；如果正确，就对之加以推演、检验，论证……直至最终形成一个有机的知识系统。科学的知识、体系并非一开始就是一个完善的知识系统，也就是说它们并非一开始就是科学，而是要经过一个由非科学到科学的发展过程。纵观一切科学发现和创新，无不经历了这样一个动态的发展过程。科学思维是人类思维的典型形式，我们从科学思维中就能明显地看出新思想的产生阶段。当然，有的日常思维活动的过程比较简单，看不出这样明显的阶段划分。

如此看来，新思想的产生主要经历了新思想的提出和论证这么前后两个基本的思维阶段，前一阶段以非逻辑思维为思维活动的主要形式，我们也可以称之为非逻辑思维阶段；后一阶段以逻辑思维为思维活动的主要形式，我们也可以称之为逻辑思维阶段。如果不把新思想的形成划分成提出和论证前后两个阶段，人们就很难真正弄清楚什么是非逻辑思维。如果认为新思想的产生就是非逻辑思维的结果，就会把非逻辑思维和随后的验证混淆起来。这就会使我们对非逻辑思维的研究陷入混乱。有的人把产生新思想的思维或创新思维等同于非逻辑思维，可能就是这种混淆的结果。

第五节　创新思维的三个内在要素

一、从新思想的产生看创新思维的三个内在要素

智慧、智力究竟是由哪些因素构成的，至今仍是众说纷纭，尚未有定论。其中有斯皮尔曼的“二因素论”（一般因素和特殊因素）、桑代克的“三因素论”（抽象或言语的智慧、具体或形象的智慧、社交的智慧）、瑟斯顿的“多因素论”（语词意义的理解、词的流畅、数字计算、推理、空间知觉、知觉速度、记忆）等。我国学者则大多数持“五因素论”（观察力、注意力、记忆力、想象力、思维力）。这些分类大多是经验的概括和总结，很大程度上带有人为的成分，并没有多少理论上的根据。我们根据对智慧本质的理解，也即是从新思想的产生这个角度来看，认为构成智慧和创新思维的内在要素主要有知识、非逻辑思维能力、逻辑思维能力。

智慧和创新思维是人的属性，主要是指人所具有的思维属性，表现在外就是思维活动的水平如何。思维活动是由两个要素构成的，即知识和思维能力。这里的思维能力可以是逻辑思维能

力，也可以是非逻辑思维能力；可以是两者，也可以是两者中的一种。由知识加逻辑思维能力可以构成思维活动（智能机器的这类思维最为典型）；由知识加非逻辑思维能力也可以构成思维活动（有少数高级动物能进行少量微弱的这类思维活动）；由知识加逻辑思维能力加非逻辑思维能力也可以构成思维活动，这种思维活动只有人类才具有。我们把这种高水平的思维看做是人类的智慧和创新思维。由此我们也可以看出，智慧和创新思维是思维，但不是一般的思维，而是高水平的思维，是能产生新思想的思维。从新思想的产生来看，智慧和创新思维的内在要素主要有知识、非逻辑思维能力和逻辑思维能力。

首先，要具有产生新思想的思维能力就必须具有一定的知识。要在某一领域产生新思想就必须具有相关领域的知识，要产生较高层次的新思想（如爱因斯坦的相对论）就必须具有较高层次的知识。知识是人类思维的原材料，是人类进步的阶梯。知识把人类的思想用语言符号等形式固化起来，便于后人和他人在已有的知识基础上继续向上攀登。没有或缺少知识作为原材料的思维是贫乏的、空洞的。康德说："无内容之思维，成为空虚，无概念之直观，则成为盲目。"因此我们反对中国古代禅宗所谓的"不立文字"。人类文明的发展历史表明，没有以文字符号等来表示的知识的出现，就不可能有人类思维的巨大进步和质的飞跃，也就没有人类今天这样高度的物质文明和精神文明。一般说来，一个人的知识储备越丰富，可供调动的知识越多，运用起来就可能越灵活，产生新思想的可能性就越大，能力也就越强。

其次，要具有产生新思想的思维能力还必须具有一定的非逻辑思维能力。如果没有非逻辑思维能力的参与，也就没有新思想的提出。非逻辑思维仿佛思维的雷达，没有它我们就不能捕捉到未知的对象。许多人之所以不能超越自己，打不破自身已有的思维框架，原因在于悟性不足，难以前进。悟性往往来自非理性和非逻辑。因此，我们反对黑格尔从"绝对精神"逻辑地推导出世界的企图，也反对西方分析哲学的泛逻辑主义。

再次，要具有产生新思想的思维能力还必须具有一定的逻辑思维能力。如果没有逻辑思维能力，新思想提出后就不会得到论证，也不会得到别人的认可，对人的言行也没有多少指导作用。因此我们反对种种形式的逻辑虚无主义。

构成智慧和创新思维的内在要素主要就是这三个。弗兰西斯·培根就把“心灵的能力”分为记忆、想象和理性三个方面，并把历史和诗歌等学科划入记忆和想象的领域，把科学划归理性的领域。培根的这一观点和我们这里提出的智慧的三要素观点是比较相近的。一个人只要具备了这三个要素，就一定会拥有智慧。有知识作为原材料，人的思维就有了基础和内容；有了非逻辑思维能力，人的思维就能越出已知的领域向未知的领域探索、前进；有了逻辑思维能力，人们提出的新思想就能得到一定程度的证明，就能把非科学的思想发展成为科学的知识。而这又为人类思维的进一步发展打下了坚实的基础。有了这三个要素，人就能产生新思想，就会有智慧。反过来，缺少其中的一个，人的智慧水平就会受到很大影响。要培养智慧和创新思维能力，就必须增长知识，训练和培养非逻辑思维能力和逻辑思维能力。

二、创新思维的三个内在要素与非智力因素的关系

与对智慧和创新思维及其要素的认识一样，人们对非智力因素是什么，由哪些因素构成也没有形成一致的意见。不过，我国学者大多认为非智力因素是指智慧因素以外的、影响智慧活动效果的一切心理因素，主要包括动机、兴趣、情感、意志、性格等五种基本的心理因素，并且都要以基本智力为基础才能显现出来。有的学者还提出了十种或八种非智力因素，但不论十种，还是八种，其中情绪、情感、情谊、情愫都是共同的。其他一些因素如意志、性格、兴趣、动机等可以说都直接或间接与情绪、情感联系在一起。因此，现在有一些人把非智力因素主要归于情商（EQ）。

知识、逻辑思维能力、非逻辑思维能力是智慧和创新思维的

三个内在要素，非智力因素是影响智慧和创新思维的外在因素，它们两者相互影响、相互作用。只有做到两者均衡发展，协调一致，人的智慧和创新思维水平才能处于最佳状态。具体说来，两者具有如下关系：

1. 两者是有明显区别的

唯物辩证法告诉我们，内因是事物变化发展的根本原因，外因是事物变化发展的外部条件。内因起决定作用，外因通过对内因的影响对事物的变化发展起作用。智慧和创新思维的三个内在要素是智慧和创新思维的内在要素，非智力因素是影响智慧和创新思维的外在因素。两者对智慧和创新思维发展所起的作用存在着质的差别。智慧和创新思维的内在要素对智慧和创新思维发展起决定作用，非智力因素通过对智慧和创新思维的内在要素的影响和制约作用，而对智慧和创新思维发展起影响和制约作用。那种把智慧和创新思维的内在要素的作用和非智力因素的作用等同起来的观点，那种认为以情商为主的非智力因素在人的智慧和创新思维水平中起 80% 以上作用的观点是根本错误的。智慧和创新思维主要存在于人的思维领域，其内在要素对其起直接的主导作用；而非智力因素则主要存在于人的心理领域，对人的思维只能起间接的影响和制约作用。

2. 两者又是相互影响、相互作用的

（1）智慧和创新思维的内在要素对非智力因素的影响表现在两个方面：

第一，智慧和创新思维的内在要素水平决定着、制约着一个人非智力因素水平。一个人非智力因素水平的高低与其智慧和创新思维的内在要素的水平高低有很大关系，非智力因素水平的高低是由智慧和创新思维的内在要素发展的水平决定的。学习动机正确与否，动力的大小之分：学习兴趣的广度与稳定性及其效能；情绪体验的深刻程度及主导心境的情况；意志力、坚韧性、自制力及克服困难的快慢、难易等都与一个人的知识经验及思维水平密不可分。不难设想，面对同一问题，同一事物，同一困难，不同思维水平的人其非智力因素的表现是大不相同的。

非智力因素是在各种形式的智慧和创新思维活动中产生的，正是由于对各项事物的感知、记忆、想象、创新思维等认知活动，人们才清楚了人与外界的关系，产生了对外界的某种需要，因而也产生了相应的动机、兴趣等。在此基础上，情感日益丰富完善，意志品质也得以形成和发展，并相应地形成了性格特征、情绪特征和意志特征。不管哪种非智力因素，也不管是优良的，还是不良的，归根到底都是在认识、学习等智慧活动中产生并发展起来和表现出来的。弗兰西斯·培根也曾表达过类似的观点：凡有所学，皆成性格。

学生的 EQ 等非智力因素都是在学习各门课、参与各项教育活动中逐渐产生发展起来和表现出来的。人们不难找到在数学学习中智慧水平较高，成绩较好，同时对学习数学的兴趣也特别浓厚的学生，他们碰到难题时有攻无不克的意志和毅力，对数学课感情特别投入，注意力特别集中，甚至于对数学老师也表现分外亲热。足见智慧和创新思维的内在要素制约着非智力因素。

第二，智慧和创新思维活动的效果可转化为非智力因素。心理学的研究表明，人对其行为结果及其原因的认识和理解会转化为新的动机，加强或削弱日后的行为。认知的结果可以转化为动机，可以增强求知欲和好奇心，可转化为情绪，也可以影响行为动力的调整等，这些都显示了智慧和创新思维的内在要素对非智力因素的影响和制约作用。

（2）非智力因素影响智慧和创新思维的内在要素的发展和表现。

虽然智慧和创新思维的内在要素有其自身相对独立的发展过程，但智慧和创新思维的发展始终受非智力因素的影响和制约。良好的非智力因素能提高智慧和创新思维水平；而不良的非智力因素则会阻碍智慧和创新思维水平的提高，这种情况在学生时代尤其明显。

人的智慧和创新思维水平是通过思维活动表现出来的，在这一过程中，需要良好的非智力因素的支持。如果一个人智慧和创新思维水平一般，而非智力因素发展得很好，他就能获得超过其自身智慧水平的成就，表现在学业、事业等方面，就是能使后来者居上，成为力争上游的强者，获得较大的成功。“笨鸟先飞”“勤能补拙”都说明非智力因素的优势能弥补智慧和创新思维内在要素发展的不足。相反，如果一个人智慧和创新思维水平较高，而非智力因素很差，就会对智慧和创新思维的发挥起干扰和妨碍作用。家长和教师常常抱怨这样的学生：这孩子反应快，脑子好使，就是贪玩好耍，不把聪明用在学习上，并称这样的学生为“小聪明”“鬼聪明”。这类学生的智慧和创新思维的内在要素明显较优，非智力因素较差，如果及时矫正，学习成绩就可能有明显的提高。所以，成大业者不仅要有超常的智慧和创新思维，还要有坚强的意志，饱满的情绪，远大的抱负，博大的胸怀。

三、其他影响创新思维的因素

除了非智力因素对智慧和创新思维有很大的影响外，还有其他许多因素也影响着人类的智慧和创新思维，如社会环境、家庭环境等。这里我们主要探讨一下社会环境对智慧和创新思维的影响作用。

在源远流长的人类历史发展的长河中，古今中外，无数事例都说明了社会环境对人的智慧发展水平的影响。每当社会制度发生重大变革时，往往就会人才辈出，群星辉映。为什么每当社会制度发生重大变革时总会呈现人才辈出的局面呢？究其原因，主要有以下几点：首先，尖锐复杂的社会变革需要有才干的杰出人物，可以说这是一个需要英雄的时代。其次，社会变革为人才提供了更广阔的活动舞台和实践机会，可以说这是一个产生英雄的时代。再次，社会变革促使思想解放，为人的智慧和创新思维的发展提供了绝好的机会，造成人才辈出的土壤和条件。在社会变革时期，旧的上层建筑和旧的意识形态的统治地位已被动摇，但又尚未被完全打倒；新的上层建筑和新的意识形态尚未被完全建立起来，这种需要不断破坏和创建的时代常常会失去对人们思想和行为的过分束缚和控制，客观上形成了“百家争鸣，百花齐放”的社会环境，给人们思维和智慧的自由发展提供了广阔的空间和良好的氛围。因此，我们认为最后一点是对人们的思维和智慧起直接作用，从而影响人才的产生，因而也是最重要的原因，前两点都是通过最后一点间接地影响人的思维和智慧从而影响人才产生的。

美国著名的人本主义心理学家C·R·罗杰斯（1959）提出了“心理安全”和“心理自由”的概念，并认为它们是有利于创造性活动的普遍环境条件，也是智力开发、人才培养重要的社会环境条件。他认为，个人的被承认，是增进心理安全最重要的因素之一，但在我们的文化中，它可能是有创造力的年轻人丧失的东西之一，许多年轻人的智力创造难以得到社会承认。有高度创造力的人在思想和外部行为上偏离了文化常规，创造力的本质决定创造性活动必须是不同的，它必须是异常行动。当个人的承认或决定与大家都一致时，有创造力的人将被降低价值，他们的异常思想将受到阻拦。为了解决“心理安全”问题，C·R·罗杰斯提出创立“心理自由”的环境。即“在一种教育环境里，它容许获得知识的多种途径，并承认解决问题的异常方法。这样，有创造能力的人能更自由地寻求他自己达到教育目标的道路。在一个无威胁的社会环境中，有创造力的人就不感到忧虑。他的动机的主要源泉能变为钻研和发明的积极的满足，而不是减少他的忧虑。当一个人感到心理上安全时，他就能积极地表达他的歧异思想。”

接着，罗杰斯列举了“心理自由”有以下一些特征：

（1）他能承认自己是什么就是什么，而不怕被人笑话和奚落。

（2）对他的思想冲动，至少能作出象征性的表达，而不必压制、歪曲或隐藏它们。

(3) 他能用开玩笑或独特的方式，处理某些印象、概念和字词，而不感到不安。

(4) 他把未知和神秘的东西既看作是一种需要应付的严肃挑战，也看作是一种好玩的游戏。

对照他列出的“心理自由”的特征，我们可以看出：历史发展到今天，人的思想自由、创新精神已经得到全社会尤其是教育界的广泛认同和鼓励，人的“心理自由”和“心理安全”已基本上得到保障，人们已拥有了智慧和创新思维发展的良好的社会环境。我们有理由相信，随着人们对智慧的内在要素及其发展的认识的不断深化，大批量的爱因斯坦、居里夫人式的人才将不断涌现出来，一个英才辈出的时代将会到来。

四、创新思维的关键是非逻辑思维

影响创新思维的因素有很多，既有创新思维的三个内在要素，又有非智力因素，还有社会环境等等其他因素。但创新思维的内在要素就是知识、非逻辑思维能力和逻辑思维能力这三个。创新思维的这三个内在要素对人的智慧水平起着决定性的作用。培养创新思维能力就是要使创新思维的这三个要素都得到发展，也就是说要获取知识、训练和培养逻辑思维能力和非逻辑思维能力。相比较而言，获取知识、训练和培养逻辑思维能力是比较容易的，因为人们已基本上掌握了获得它们的有效方法；而训练和培养非逻辑思维能力则是很困难的，因为人们对非逻辑思维还没有足够的认识，还没有找到培养非逻辑思维能力的很有效的方法。

正因为如此，非逻辑思维能力的培养就还有很大潜力可挖，培养非逻辑思维能力也就成了培养创新思维能力的难点和关键。

在不同的领域创新需要不同的知识作为材料和基础，人们可以通过学习各门学科的知识，也可以通过实践来获得创新所需要的各种各样的知识。一般说来，知识的总量是在急剧膨胀的，人们现在获取知识、信息的渠道和途径是广泛的、多种多样的，因而也是比较方便的、容易的。

◆ 思考题

1. 什么是思维？
2. 知识和思维能力之间存在着什么样的辩证关系？
3. 研究和认识思维有什么重要意义？
4. 什么是智慧？试举有关的人和事例加以说明。
5. 举例说明创新思维的两个主要过程。
6. 影响智慧的因素有哪些？其内在要素和关键是什么？

第三章　非逻辑思维

前面我们以充足理由为标准对逻辑思维和非逻辑思维进行了划分。按照这种划分，非逻辑思维就是指所有在没有充足理由的基础上就得出结论的思维活动，它包括直觉、灵感、顿悟、猜想、假设、幻想、横向思维等等形式的思维活动。可以说在我们实际运用的思维形式中非逻辑思维比逻辑思维运用的范围更广，数量更多。纯粹的、在逻辑学教科书中所教导的逻辑思维，人们在实际中运用到的是相对较少的。

第一节　非逻辑思维的普遍性

非逻辑思维是在人类的思维活动中普遍存在的一种现象。只要我们稍微留心一下就不难发现，非逻辑思维现象在生活中随处可见。在艺术鉴赏中，当人们观赏一幅名画，吟诵一首好诗时，常常会受到一种心灵的共鸣或震撼。若问好在哪儿？许多叫好者答不出来。在社会活动中，人们首次相见，往往会觉得对方或襟怀坦白、宽广，或城府深不可测。要问论据何在，倒也说不出所以然，这是社会生活中非逻辑思维。在战场上，指挥员亲临前线指挥所或一见战役态势图，就能很快明了战场形势，或觉自己被围，或感冲锋在即，随即下达行动命令而不必陈述理由，这是军事上的非逻辑思维。在医疗中，前来就诊的病人还在门口，有经验的医生只要察看一下病人的面色，就能很快知道病人的大致病情，这是诊断过程中的非逻辑思维。年青的研究者向治学几十年的老教授或高级工程师请教某个学术、技术问题，他可以在几秒钟之内作出反应，告诉你最佳决策和处置方案。但是，要完整地证明这种看法的由来和正确，可能需要花费上百页纸，用掉几个月时间。老学者们的这种快速反应就是学术领域的非逻辑思维。

可以说，非逻辑思维作为一种认识过程，作为一种脑的机能，贯穿在人类生活的各个方面，延伸于创造活动的所有领域。从建立现代物理学的新图景到房间里的家具布置，从决定一场战役到抓住一名罪犯，从创作一幅山水画到男女青年间的一见钟情，从审改一篇文稿到解出一道难题，凡有直接的综合判断这种思维活动的地方，凡有创造性认识与行为的地方，都有人的非逻辑思维活动存在。

第二节　非逻辑思维存在的客观依据

一、从现代系统科学的角度来看，人们对事物的认识离不开非逻辑思维

系统论认为，事物是以系统的方式存在的。每个事物都是一个系统，每个事物又都可以作为一个要素和其他事物一起构成一个更大的系统。整个世界就是一个由各种事物构成的一个复杂系统。系统的一个根本特征就是整体性，又称非加和性，也就是说系统的整体不等于它的部分之和。实际存在的系统主要是非线性系统。真实系统或多或少都具有非线性特性，严格意义上的线性系统并不存在。系统是运动的，一切实际存在的系统原则上都是动态的，有其自身创生、发展和灭亡的动态过程。不能归结为各部分之和的非线性系统的动态演变会导致混沌。混沌是非线性系统的普遍行为。宇宙源于混沌，又复归于混沌。

（1）由于事物的整体不能归结为它的各部分之和，我们就不能用对事物部分的把握直接形成对事物整体的认识；即使我们能对事物各个部分的认识上升到对事物整体的认识，在对实际事物的认识过程中，我们也很难或不能完全准确地认识事物的各个部分。

（2）实际存在的系统是非线性的，我们不能完全用线性

来代替非线性，况且我们也很难把握系统的所有的线性的情况。

(3) 实际存在的系统主要是动态的，对系统的静态认识也不能代替对事物动态的认识，况且我们也很难把握所有的静态的情况。

(4) 实际存在的系统的状态主要是混沌态，是有序和无序的辩证统一。所有这些都表明：人类很难掌握系统的所有信息。

信息完备的系统称为白色系统，反之则称为黑色系统，而介于白色系统与黑色系统之间的系统，称为灰色系统。人类所要认识的实际的系统主要是灰色的。系统之所以是灰色的，是因为我们没有掌握足够的信息使之变白。我们总是在以部分猜测整体，以线性猜测非线性，以静态猜测动态，也就是说，我们是在以有限的信息来认识和把握（很大程度上是猜测）系统。由以上所述可以看出，人类的思维摆脱不了以有限的信息去猜测系统整体的命运。这种以有限的信息来认识和把握系统的思维就是非逻辑思维。而逻辑思维是一种以充足的信息、知识材料为基础的思维方式。

二、在很多情况下已经来不及进行逻辑思维，必须运用非逻辑思维

在实际生活中，人们经常会碰到这样的情况：没有掌握足够的信息，但又必须立即作出结论。如战场上指挥员的决策，商业谈判中的决策，证券投资中的决策等，就常常因为时间不允许而在没有足够信息的情况下大胆设想、猜测，并付之行动。如果我们一定要得出一个严密的、不冒风险的逻辑结论，那么常常就会失去时机。

三、很多问题的认识和处理只需进行非逻辑思维就行了

在实际生活中，许多问题的认识和处理并不需要严密的逻辑思维，只需进行非逻辑思维就行了。比如一些简单的日常活动和

一些轻松的娱乐活动等。具体说来，今天吃什么饭菜、穿什么衣服等问题，我们通常只需简单地思维一下就能作出决策，并不需要作出一个合乎逻辑的唯一正确的结论。我们实在没有必要花半天的时间从各方面论证今天中午吃什么饭菜是最佳的选择方案，因为这些问题并不是很重要，我们没有必要为此花费过多的脑力。

四、非逻辑思维的存在有其脑生理基础

20 世纪 50 年代末斯佩里等人对病人的脑功能进行了系统的研究。结果发现，对于绝大多数习惯于用右手以及大部分习惯于用左手的人来说，左半球与言语、推理、理智和分析等逻辑思维相联系，而右半球则与感知、空间知觉、直觉等非逻辑因素相联系。每一侧大脑半球都有其独立的功能，但在正常情况下，由于胼胝体等的连接，其两侧的功能得到了整合。通过割裂脑的研究，人们发现，在负责非逻辑思维的大脑右半球被切除后，“左脑人”能通过大脑有效地运用语言、交谈、阅读、写作以及做一些基本的算术，而且在某些需要按照顺序一步一步完成的活动中会表现得更好。不过有趣的是，当与这些人进行交谈时，他们的表情和语调往往比以前更单调，更无变化，更“机器人化”。随后的研究表明，这些“左脑人”已经失去了某些个性、直觉、想象力和洞察力。由此可见，非逻辑思维与人的大脑右半球有密切的关系。

五、非逻辑思维还是人们精神生活的需要

人类是一种喜欢刨根问底的动物，即使没有什么问题要解决，也无法使不安分的头脑不活动。人类不断地探索事物，反复思考，努力建立新的组合，寻求新的关系和新的见识。这些行为来自人的认知需要——认识和发现的需要。法国生理学家贝尔纳说：“作出新发现时感到的快乐，肯定是人类心灵所能感受的最鲜明而真实的情感。”人类喜爱非逻辑思维的本性在儿童身上表

现得更为明显。有位著名的教育家这样说："儿童的天性使得他们的心理容易见异思迁。只要有了新奇的事情就可以打动他们；无论见了什么新奇的事情，他们立刻就急于要尝试，尝试过后立刻就腻了。他们对于同一件事很快就感到厌倦，所以他们的快乐差不多全是建立在更换与变化上面。"

如果非逻辑思维倾向受到过分压抑，可能会导致人精神异常。经常有人呼吁注意心理健康和创造力的医疗价值。例如，威尔特（Wilt，1959）提出，让儿童按他自己的方式讲故事具有治疗作用。他写道："它也许像一个烟囱，可以排出烟尘；像一个排气阀，可以排除压抑的蒸汽。"他认为，这些创造性活动可以给压抑中的孩子提供社会可接受的减轻压力的方式。事实上可以说，几乎所有主要的心理治疗学派的目的都是帮助每个人开展或重新进行他们的创造性活动，以使他们更能应付生活的压力。

第三节 研究非逻辑思维的重要意义

一、非逻辑思维是人类两大类思维形式之一

人类思维可以一分为二：逻辑思维和非逻辑思维。非逻辑思维是人类两大类思维形式之一，人们决不应该、也决不能将这一思维形式弃置一旁，不予重视。

二、计算机的出现和发展使人的非逻辑思维能力的重要性突现出来

现在计算机能模拟和代替人进行许多活动，甚至能模拟和代替人进行逻辑思维活动，但至少在目前计算机还不能模拟和代替人进行非逻辑思维活动。即使从长远的观点看，计算机能不能进行非逻辑思维活动还是一个很成问题的问题。非逻辑思维能力也就成了人类所特有的能力，其价值也就不言自明了。

三、非逻辑思维是智慧和创新思维的关键要素

古希腊哲学家柏拉图认为直觉是智慧的核心。关于非逻辑思维在产生新思想中的作用，是智慧和创新思维的关键要素，我们前面已作过大量的论述，这里不再赘述。科学发现、理论创新以及其他新思想的产生都是逻辑思维和非逻辑思维共同作用的产物。很多人都认为它们主要是非逻辑思维的产物。

四、非逻辑思维能力的培养还有很大潜力可挖

现在人类对非逻辑思维的认识还非常模糊，非逻辑思维的训练和培养也是一件很困难的事。一旦认识了非逻辑思维的本质和培养非逻辑思维的根本原则和方法，人们就可以自觉、有效地培养自己的非逻辑思维能力了。

当然，我们强调非逻辑思维的重要性，并不是要用非逻辑思维取代逻辑思维，事实上非逻辑思维也不可能取代逻辑思维。非逻辑思维所提出的新思想必须经过逻辑思维的加工才具有最终的价值。然而非逻辑思维毕竟是我们的弱项，为我们的传统教育所忽视。著名的水桶理论告诉我们，一只桶的装水量，往往取决于最差、最短的那块木板。就组成智慧和创新思维的内在要素来看，知识和逻辑思维能力这两块木板应该说是比较高的，因此注重训练和培养非逻辑思维能力，肯定能“少投入、多产出”，得到事半功倍的神奇效果，人的智慧、创新思维水平也会随着非逻辑思维能力的提高而得到相应的提高。

第四节　非逻辑思维的本质特征

当对某一对象还很不了解时，我们就无法认识它，我们对支配它的本质和规律茫然无知，只是知道这种事物受着我们一无所知而又不可抗拒的力量支配着。这种力量通常被我们看作是超自然的、天赋的。人们对非逻辑思维的认识也是如此。有人把非逻

辑思维当做神赐之灵感，也有人把非逻辑思维看做是天赋之直觉，还有人把非逻辑思维当成神秘的第六感，也还有人把非逻辑思维看作是假设、猜想、顿悟、横向思维等。人们把一切不符合逻辑思维规律和规则的思维现象都当作是非逻辑思维。人们还常常把这几种思维形式混同起来。所有这些非逻辑思维现象应该是有共同的本质和一些共同的特征的。否则，人们是不大可能将它们都归结为非逻辑思维这一类现象的。那么，它们究竟有什么共同本质和哪些共同特征呢？现在我们对逻辑思维有比较清楚明确的认识，因此可以用逻辑思维作为相对的参照物来研究非逻辑思维，这可能是一个通过已知探索未知的有效途径。众所周知，莱布尼兹提出了一个逻辑思维的基本规律——充足理由律。这个规律认为：在思维过程中，一个思想被确定为真，总是有充足理由的。我们认为这条规律不仅是逻辑思维的根本规律，而且还是划分逻辑思维和非逻辑思维的一个根本标准。反过来也是一样，充足理由律能把逻辑思维和非逻辑思维区分开来，因此我们认为充足理由律是逻辑思维的一个基本规律。一个非常简单的事实是：我们绝不会把一个具体的没有充足理由的思维活动过程看做是逻辑思维；也决不会把一个具体的有充足理由的思维活动过程看做是非逻辑思维。人们在事实上已经把充足理由律当做划分逻辑思维和非逻辑思维的根本标准。也许我们以前没有认真地思考过这个问题，但只要我们认真地思考一下，事实确实如此。

一个判断、思想、观点，如果有充足理由支持它，我们就会认为它具有逻辑性，也会认为这样的思维活动是逻辑思维。关于逻辑思维都必须有充足理由这一点，人们比较容易接受。

相反，一个判断、思想、观点，如果没有充足理由支持它，我们就会认为它没有逻辑性，我们也会认为这样的思维活动不是逻辑思维，而是非逻辑思维。因为非逻辑思维或以非逻辑思维为主的思维活动包括多种不同的思维形式，如直觉、灵感、猜想、顿悟、假设、横向思维等等，甚至有人也把创新思维、形象思维也看做非逻辑思维。难道这么多的非逻辑思维形式都具有不符合充足理由律这个共同的本质特征吗？我们认为答案是肯定的。前面我们已对这个问题作了大量的论述。

通过对各种非逻辑思维类型的分析研究，我们可以发现非逻辑思维具有如下一些共同的特征。

一、前提材料的不充分性

这是非逻辑思维所具有的一个最明显、最本质的特征。既然非逻辑思维是指在前提材料不充分或很不充分的情况下所进行的思维活动，那么，对于任何一个非逻辑思维的结论来说，支持这个结论的前提材料就总是不充分或很不充分的。我们在作出一个非逻辑思维的结论时，往往只是考察了一类事物的部分对象或一个事物的某些方面，就对一类事物的所有对象或一个事物的全部作断定。极端的情况是，我们只知道对象的一点点信息就作出大胆的假定性的结论。这是非逻辑思维活动的典型形式。

二、思维过程的突发性

逻辑思维是在前提比较充分、理由比较充足的情况下进行的思维活动。既然理由已经比较充足，人们只要根据一定的逻辑规则就不难作出结论了。这种思维活动人们比较容易控制。人们一般也都不认为它的产生具有突发性。相反，非逻辑思维则不是人们想在什么时候产生就能产生的，而是在人们对某一对象的认识积累了一定材料的基础上产生的。但是前提材料积累到什么程度才能产生非逻辑思维，这是不能确定的，只能因人而异、因时而异。有的人只从经验世界的一两点暗示就能找到问题的症结及其答案（如爱因斯坦），有的人在真理碰到鼻尖时仍丈二和尚摸不着头脑。第谷积累了那么多的天文观测材料，但是始终未能找到行星运动的规律，而刻卜勒对第谷的观测材料进行思考和研究,最终洞察到了行星运动的三大定律。非逻辑思维产生的突发性还主要表现在：有时它是人们深思熟虑之后突然产生的一种思维现象，有时它又是人们在不经意中突然产生的一种思维现象。

非逻辑思维的产生似乎是完全偶然的，不可捉摸的。这实在是一种误解。尽管非逻辑思维的产生具有突发性、偶然性，但是这种突发性、偶然性又是由其本质的东西决定的，这种本质的东西就是较强的非逻辑思维能力。尽管我们不能具体地控制非逻辑思维在某时某地某种条件下产生出来，但是只要养成非逻辑思维的习惯，培养出较强的非逻辑思维能力，就有可能产生较多较好的新思想。德波诺说："如果说产生新想法纯属机遇，那么像爱因斯坦这样的人为什么会比其他人产生如此之多的新想法呢？发明家或著名的科学家们往往会产生一连串的新想法，而练人的思维，也就成了一种思维训练法。

第五节 非逻辑思维能力的培养

一、人的能力获得的两条主要途径

人的能力的获得主要通过两条途径：一是先天遗传的，二是后天培养的。先天遗传的能力叫做本能，如人生下来就会吮奶，后天培养的能力是指通过后天的学习和练习而得到的。一些简单的、低级的能力可以通过先天遗传获得，而复杂的、高级的能力就不能靠先天遗传获得，必须通过后天培养方能获得。人的思维能力是复杂的、高级的能力，主要是后天培养出来的。日本人上武正二对同一家庭中养育的同卵双生子与异卵双生子进行比较研究后指出，在智力、知觉、手腕运动、注意、记忆、推理等智力机能方面，遗传制约性弱；在眨眼反应、皮肤电反射生理心理机能方面，遗传制约性强。

正常人生下来就具有思维的潜能，这种潜能能否实现以及实现的程度如何则主要取决于后天的培养。换言之，一个人具有什么样的思维能力固然与先天的遗传密切相关，但是却主要取决于后天的培养。

二、非逻辑思维能力主要是培养出来的

后天培养的能力也叫习得的能力。培养的主要方式是习得。“习得”的“习”有两层含义：一是学习、理解，二是反复练习使之成为习惯。如果把这两层含义综合起来，“习得”就是指学习理解之后反复练习使之成为习惯的活动。美国成功心理学家希尔博士曾经这样说过：“播下一个行为，就会收获一个习惯；播下一个习惯，就会收获一种性格；播下一种性格，就会收获一种命运。”当然能力习得的方式不同，对学习理解的要求程度也不相同。有的习得方式包含较少的学习理解成分，甚至不包含学习理解的成分。我们这里不妨借用美国心理学家桑代克所做的试验来加以说明：桑代克在实验中，将一只饿猫关在笼里，笼外放着它能看到的鱼，于是猫尝试用爪求食，求之不得，就乱跑乱抓乱咬，尝试出笼吃鱼，做出许多无效的动作，尝试与错误反复交替，后来偶然拉动了绳，或推动了门闩或其他装置，笼门被打开，猫逃出笼外取得食物。实验者记下这个过程所需的时间。在下次实验中，猫并没有领悟到出笼的办法，仍重复同样的尝试与错误的过程，只是无效的动作逐渐减少，尝试的时间逐渐缩短。直至最后，猫一入笼便会打开笼门，这就算学习成功了。在实验中，猫习得打开笼门的能力所包含的理解的成分较少或者说没有。一般说来，一些简单的能力的习得所包含的学习理解的成分就较少或者没有；相反，一些复杂的能力的习得就往往包含有较多的学习理解成分。人类的许多复杂能力的习得（特别是有效的习得）一般都包含有较多的学习理解成分，也就是说，很多复杂能力的习得都经过先从理论上掌握、后在实践中反复练习的过程。例如人类逻辑思维能力的习得或培养就是如此。教师先教给学生逻辑思维的规律和规则及道理，让学生学习理解之后，再反复练习，做大量的练习题。这样做就可以有效地培养学生的逻辑思维能力。事实证明，对逻辑推理能力等进行训练和培养是完全可行的。

非逻辑思维能力是人类的一种非常复杂和高级的能力，这种能力的获得更是主要取决于人们后天的习得或培养。这种能力的获得固然离不开人类天赋的这种潜能。但正常人都具有这种天赋的潜能，因此这种非逻辑思维能力的强弱程度（这种潜能的实现程度）就主要取决于人类后天的培养。所谓“神赐”“天赋”“天才”之说，只是人们在没有找到有效的培养非逻辑思维能力途径情况下的一种托词而已。一旦找到了有效培养非逻辑思维能力的正确途径，我们还能说非逻辑思维能力是神赐或天赋的吗?

人们遵循逻辑规律和规则，进行逻辑思维的训练，养成逻辑思维的习惯，也就培养出了较强的逻辑思维能力。关于逻辑思维，人们的认识还是比较清楚的，也找到了训练这种思维能力的有效方法。

同样，要培养较强的非逻辑思维能力也要遵循一定的原则和方法，培养出一种思维活动的习惯。培养非逻辑思维能力必须遵循的一条根本原则是：思维活动要建立在较少的、不充分的知识材料的基础上。在这一原则指导下，养成一种由较少的、不充分的知识材料过渡到结论的思维活动的习惯，就能培养出较强的非逻辑思维能力。也只有培养出这样一种良好的思维习惯，才能培养出较强的非逻辑思维能力。

如果想提高非逻辑思维能力，就必须长期地进行这样的思维活动——在较少的知识材料的情况下得出结论的思维活动。长期地进行这样的思维活动的训练，人们就会形成一种思维活动的惯性，这种思维活动的惯性就是一种较强的非逻辑思维能力，它将使人们善于在知识材料较少的情况下得出结论；在知识材料一定的情况下，人们就能产生更多的新想法，而这对于人们找到一个正确的想法则是非常重要的。

非逻辑思维能力是创造思维能力的一个关键要素，奥斯本下面关于创造思维能力的论述同样也适用于我们这里关于非逻辑思维能力的论述。他说：“我们的创造性与其说是通过恐惧、愤怒、爱情、悲伤、憎恨或欲望的刺激而得到加强，不如说是通过习惯和好奇心而得到加强。”“一切想有所创造的人们都要用有意识的方法力求成为有创造性的人。成为富有创造性的人的最好方法还在于应用创造性，也就是说，要不断地寻求有待解决的新的创造性问题……”

从最直接的意义上来说，思维能力必须在思维活动中加以培养。要培养较强的非逻辑思维能力，就必须在日常的思维活动中养成非逻辑思维的习惯。也就是说，我们在日常的思维活动中要敢于和善于进行在知识材料不充分的前提条件下得出结论的思维活动。这样的一种思维习惯也可以在分析实际问题和解决实际问题的思维活动中加以培养。不过，我们最好还是先培养出较强的非逻辑思维能力，然后再去分析和解决实际问题，这样在遇到实际问题时，就不至于因为不具有较强的思维能力而不能有效地应付。因此，我们不能让思维能力在实际生活和工作中自发地加以训练。因为这样做一是不能有效地训练思维能力，二是可能会给工作和生活带来损失。然而令人遗憾的是，目前的教育尚没有把非逻辑思维能力的培养看做是教育的一个很重要的任务。正如R·布莱克里斯所说：“一个人的成功多半还是依靠他的直觉方面曾经得到过多大程度的意外发展。”之所以说是“意外”，是因为当今的教育大多是不会自觉地去发展这个方面的。布鲁纳也曾经正确地指出，为了使学生作出聪明的推测，应当鼓励学生去猜想。然而让他感到遗憾的是，在学校的许多班级里，猜想会受到严重的处罚，而且不知道什么缘故，还同偷懒联系起来。不少教师不喜欢偶尔进行这种思维跳跃的学生，而喜欢循规蹈矩一步一步向前的学生。一步一步地分析是“推”，偶尔作出跳跃是“猜”。

第六节 思维训练

思维训练是指为了增强思维能力，有计划、有步骤地对人的思维能力进行训练的教学活动。思维训练把思维当作一种技能，认为可以通过训练增强其能力。传统教育一般不涉及思维训练，把思维能力看作知识增长的副产品。现代社会对思维能力尤其是创新思维能力提出了越来越高的要求，世界各国都面临着智力竞赛的迫切任务，促使一些心理学家和思维研究人员对思维训练进行研究。有人认为，所谓思维训练无非就是弄几个题目练习练习，尤其是要多做数学题，因为数学题最能锻炼人的思维。这种想法是不对的。思维训练除了要做大量的训练题外，还要传授关于思维的一般知识、方法、规则等，其主要目的是训练和培养人的思维能力，包括逻辑思维能力和非逻辑思维能力。

用进废退是生物发展的一条自然法则，大脑也不例外。大脑是在学习知识、获得信息的过程中不断发育、生长着的。大脑长期不用就会萎缩退化。科学家们发现，后天的训练也可以使脑组织发生变化。例如，将老鼠分别放在刺激丰富的环境里和缺少刺激的环境里，饲养若干周后解剖在两种环境中生长的老鼠，结果发现，生活在刺激丰富环境里的老鼠大脑皮层增厚，神经纤维的突触增加。一位美国心理学家发现，人到三十岁以后就开始每天死去大约十万个脑细胞，这是一条自然规律，但是，如果在一种崭新的环境刺激下，不仅脑神经细胞不会死得这么快，这么多，而且，在旧的神经根上还能长出新的神经来。有的生理学家认为：要想聪明，除了通过学习给大脑以刺激外，别无他法。只要能科学合理地使用大脑，学习不但不会伤害大脑，反而是促进大脑健康发育的营养剂。根据日本的调查资料，工作紧张多用脑的人，智力比懒散者高 50%；平常智力负荷很少、没有学习和思考方面的压力，甚至整天无所事事、思想懒惰者，智力衰退就早，并易得老年性痴呆。巴登大公国的王子卡斯巴·豪瑟三岁时，被争夺王位的宫廷阴谋家幽禁在地牢里，不准他与任何人接触，在与世隔绝十三年后才被放出来。这个十七岁的小王子表情、举动、智力完全像个幼儿。当他二十二岁被暗杀身亡后，人们曾对他的大脑进行解剖，发现他的大脑很小，皮层没有覆盖住小脑部位，皮层的沟回呈萎缩状态。可见大脑长期闲置不用会造成多么大的危害。因此，要诱发直觉、灵感等非逻辑思维，加速大脑中信息之网的流畅性，就一定要多用脑，多“伤脑筋”。牛顿为什么能从苹果落地悟出万有引力定律？请听他的回答：“我一直在想、想、想……”“我的成就，当归功于思索。”

一、思维训练的原则

人们提出的思维训练原则有很多，比如适时的原则、适度的原则等等。这里，我们根据对智慧和创新思维的理解提出如下三条思维训练的主要原则：

1. 要经常进行思维训练

如前所述，创新思维能力主要指人的思维能力，尤其是人的非逻辑思维能力；而要具有较强的思维能力，尤其是非逻辑思维能力，就必须进行思维训练。要真正做到经常进行思维训练，必须把握以下几点：

1）对思维训练的重要性要有足够的认识

思维是非常重要的，所以培养思维能力的思维训练也是非常重要的。

现在人们对思维、思维能力、智慧的本质等问题的认识还不很清楚，尚未找到非常有效的思维训练方法，很多人想训练自己的思维，但并不清楚如何才能有效地训练自己的思维。这也是人们不重视思维训练的一个重要原因。尽管人们现在对思维、思维能力、智慧的本质等问题的认识还不很清楚，但是对这些问题还是有一定认识的，人们也找到了许多比较适用的思维训练的理论和方法。实践证明，许多理论和方法还是比较有效的。

身体要强壮，必须进行锻炼；大脑要发达，必须进行训练。俗话说，“刀越磨越快，脑越用越灵”“多思出智慧”。这种观点早已有之。战国时代的《韩非子》提到：“智力不用，则君穷乎臣。”欧洲近代持“形式训练说”的人认为，要发展官能，除了练习以外没有别的办法，他们认为感官是越用越敏锐的。记忆力因记忆而增强，推理力、想象力则由推理、想象而长进。这些能力如果不用就变弱了。这些简单而又朴素的真理对于我们训练思维能力，培养智慧都有着重要的理论指导价值。

2）必须抽出时间进行思维训练

有人认为，人们在工作、生活的实践中就可以使自己的思维得到训练，使思维能力得到培养，不必专门花费时间和精力去进行训练和培养。这是一种片面的观点。因为尽管人们在工作、生活中也可以使思维能力得到训练和培养，但是这种训练和培养是自发的，不自觉的，所以不能有效地训练和培养人们的思维能力。詹姆士说："我们从清晨起床到晚上睡觉，99% 的动作，纯粹是下意识的、习惯性的。穿衣、吃饭、跳舞乃至日常谈话的大部分方式，都是由不断重复地条件反射行为固定下来的东西。"许多工作的安排都是只考虑速度和最大产量，都是为了减少那些必须首先加以考虑的陌生因素，从而能保证按部就班地完成工作，这就是通常的"效率"。新颖的思想以及产生新颖思想的自发个性常常被回避，有时还会受到责难。你也许很难接受这样一个事实：你的大段大段的人生可以由机器人来支配；你也许会认为别人也许是这样，但"我是本能的"。

要有效地训练和培养自己的思维能力，就必须花费时间专门去进行思维训练。这不仅对于不再专门进行学习和研究的人来说是这样，就是对于正在学习和研究的人来说也是非常必要的。因为只有进行有效的思维训练，才能有效地培养思维能力，增长智慧。许多著名科学家都强调：从事科学研究，不仅要认真地做实验，而且要有专门的时间去思考。苏联昆虫学家柳比歇夫说："没有时间思索的科学家（如果不是短时期，而是一年、二年、三年）是一个毫无指望的科学家；如果不能改变自己的日常生活制度，挤出足够的时间去思考，那他最好放弃科学。"卢瑟福是一个大科学家，一次他走进实验室看到一个学生伏案工作，便走过去关切地问道："这么晚了，你还在做什么？"学生回答："我在工作。"卢瑟福进一步问道："那么你早晨也工作吗？"学生以期待老师赞许的神情说："是的，教授，早上我也工作。"

卢瑟福迟疑了一下说："那么，这样一来，你用什么时间来思考呢?"中国学生常常勤奋有余、思考不足，而没有思考的勤奋是不具有多少意义的。

现代生活的节奏变快了，人们也比过去更忙碌了。许多人花费大量的时间去做很多事，唯独不知道、也不愿意花费时间去思考。从某种意义上说，这样做类似于舍本逐末。因为不抽出时间去思考，思维能力就不能得到有效地提高，心理得不到很好调整，很多问题不能得到很好的、很有效地解决。

2. 要养成大胆设想的习惯

美国著名心理学家布鲁纳认为，直觉思维（非逻辑思维的一种典型形式）是组合部分信息（几个线索），利用一闪念感知事物结构全貌的思维。正因为直觉思维的这种进程不是逻辑地一步一步向前的算法，所以不易指导。然而从部分信息进行推测，达到全貌的感知，这种指导则是非常重要而且可能的。布鲁纳的这一看法和我们前面关于非逻辑思维的论述完全一致。科学研究发现，人们后天所获得的能力主要是"习得"的，也就是通过反复练习养成习惯后获得的。培养由不充足的理由（作为前提）得出结论的非逻辑思维的习惯，也就能有效地培养非逻辑思维能力。除此之外，非逻辑思维能力的培养现在还缺乏更有效的方法。我们一直认为从逻辑上可以推导出：创造性天才——不论是杰出的科学家，还是天才的艺术家等都很重视非逻辑思维，都有大胆设想、进行非逻辑思维的习惯，因为只有这样才能具有较强的非逻辑思维能力，才能进行非凡的创造。因此我们相信在事实上也一定如此。当然要完全证明这一点还需要做大量的调查研究工作。这里我们只是做些简单的论述。

1）一些杰出人物对大胆设想重要性的认识

前面说过，为了培养非逻辑思维能力，必须养成在前提材料不充分或很不充分的情况下进行思维的习惯，即非逻辑思维的习惯。要养成这种思维活动的习惯，则需要对非逻辑思维的重要性和养成非逻辑思维习惯的重要性予以足够的认识。

英国著名科学家牛顿说："没有大胆的猜测就不会有伟大的发现。"

英国生物学家赫胥黎说："人们普遍有种错觉，以为科学研究者做结论和概括不应当超过观察到的事实……但是大凡实际接触过科学研究的人都知道，不肯超越事实的人很少有所成就。"

德国大诗人歌德说："幻想是诗人的翅膀，假设是科学家的天梯。"

很多杰出人物都非常重视非逻辑思维。在这些杰出人物看来，非逻辑思维无论是在科学发现方面，还是在文学艺术创作方面，还是在其他方面，都起着非常重要的作用。

2）一些杰出人物有大胆设想的习惯

人的思维水平和智慧的发展程度如何，都和人们是否经常进行大胆设想密切相关。很多杰出人物之所以能取得那么大的成绩，是与他们经常进行非逻辑思维活动，具有这种非逻辑思维能力密切相关。

法国微生物学家巴斯德说："如果有人对我说，在做这些结论时我超越了事实，我就回答说：'是的，我确实常常置身于不能严格证明的设想之中。但这就是我观察事物的方法。'"

英国博物学家达尔文说："我一贯力求保持思想不受约束，这样，一旦某一项假说被事实证明为错误时，不论我自己对该假说如何偏爱（在每一题目上我都禁不住要形成一个假说），我都会放弃它。"

爱因斯坦在十几岁的时候就读了康德的《纯粹理性批判》，显然，那时的他是不能全部读懂这本书的。事实上，他可能很多内容都读不懂，但重要的是他在学习过程中要经常猜想作者的原意，长此以往就形成了较强的非逻辑思维能力。好像他只从经验世界的一两点暗示就能找到问题的症结及其答案，剩下的事情只不过是加以验证罢了，在相对论的创建中表现了这一点。他提出光量子假说和光电效应方程也是如此，所用的方法只根据极少并且可靠性未定的数据。

著名物理学家杨振宁说他常常去听一些他根本不懂的学术报告。第一次听不懂，第二次还是听不懂，第三次竟然开始懂了一些。“不求甚解”是人们读书学习过程中一种很正常的做法，我们千万不要因为读一篇文章或一本书遇到一点困难，就不再继续下去了。

许多杰出人物都非常重视非逻辑思维，并且有进行非逻辑思维的习惯。这正是这些杰出人物具有高水平的非逻辑思维能力的主要原因。要提高非逻辑思维能力，我们也必须像这些杰出人物一样，一是要对非逻辑思维高度重视，二是要养成非逻辑思维的习惯。

3. 要适当学习一些相对艰深的知识

学习一些相对艰深的知识可以使我们有效地训练和培养较强的非逻辑思维能力。学习知识的过程不仅是一个获取知识的过程，而且也是一个训练和培养思维能力的过程。学习不同类型的知识对思维能力的影响不同。学习相对比较艰深的理论知识，人们就需要去猜测这类知识的意义，进行直觉、顿悟、猜测等等形式的非逻辑思维。(美国作家萨特说：“阅读时，你在预测，也在等待，你在预测句子的末尾，预测下一个句子，预测下页书。你等待它们来证明你的推测是否正确。”) 长期地、经常地学习相对比较艰深的理论知识，我们就会养成非逻辑思维的习惯，训练和培养了非逻辑思维能力。由此可见，知识学习的过程可以和创新思维过程是一致的。除此之外，学习并获取一些相对艰深的知识，能使我们站在前人的肩膀上向更高层次的知识前进。较强的非逻辑思维能力和较高层次的知识无疑是人们提高创新思维水平的两个非常重要的因素。

二、思维训练应注意的问题

1. 思维的本能不等于思维的能力

思维训练的目的归根到底是为了开发个人的智力潜能，但有些人却认为只有那些智力方面存在缺陷或弱智者才需要进行思维训练，至于那些天资聪慧的孩子或有成就的成年人则无需接受什么智力开发。持这种观点的人不在少数，但其荒谬之处也是显而易见的，这就像是在说：我的孩子有体育天赋，我希望他将来能成为一个足球明星，不过我不想让他接受什么专业的体育训练，等他长大后自然就有资格驰骋绿茵场上，只要他不缺胳膊少腿就行了。这种观点错以为只要一个人有某一方面的天赋，将来就可以自然而然地成为某一方面的天才。但现实却是并非有音乐天赋的人都可以成为音乐天才，并非有运动天赋的人都可以成为运动明星。天赋只是一种潜能，只有经过长期的技能训练才能将它转化为现实的能力。

思维的本能不等于思维的能力，任何一种能力的形成都是反复的技能性训练的结果。没有人生来就会说话，尽管人有说话的本能，也没有人天生就知道该如何思维，这些能力都是在后天的训练中培养出来的。而要想不断地提高自己的思维能力，就必须把思维视为一种技能反复训练。

2. 思维方法是思维训练的工具，不是思维训练的主要目的

在实际思维训练中人们常常容易犯将思维方法学习简单化的弊病，许多人以为只要知道了思维的方法或技巧，就等于有了超人一等的思维能力，其实这是一种误解。虽然掌握正确的思维方法后可以立即大大提高思维能力，但掌握思维方法与将它转化为思维能力之间还有一段很长的训练过程，只有经过长期大量的思维训练，我们才能在思维实践活动中纯熟地运用思维方法指导问题的解决。这就像一个人要想学会如何游泳，光知道游泳的技巧和方法还不够，他还必须长时间在水里进行训练才能将所学的游泳技巧和方法转化为游泳技能。

所以我们说，在思维训练过程中，大量的训练是主要的，科学的方法是重要的。不重视方法的学习，大量的训练只是低水平的重复，劳而无功。不加强训练，学到的方法就转化不成技能，是纸上谈兵，没有实用价值。思维方法的学习和思维技能的训练是两个过程，不能相互替代。厚此薄彼或缺少其中任何一环，都

不能算是科学的思维训练。

3. 在进行思维训练的时候，应更加重视思维的过程而不是思维的结果

在学校接受的教育主要是训练我们如何找到正确的答案，久而久之，答案被神圣化了，以至于在思维训练中许多人把能否找到正确的答案当做考核自己训练效果的标准。这种错误的观念常常导致思维训练走入歧途，变了味道。真正的思维训练关心的不是思维结果，而是思维过程。

正确的思维结果只是正确的思维过程的附属品，是一种自然回报。把寻找答案当做训练目标不仅会扰乱正常的思维训练，而且也是一种本末倒置的行为。当然，这并非说思维训练不注重结果，只是为了使受训练者学会更准确地观察问题、更高效地分析问题、更科学地解决问题，训练的目的就不能只是满足于获得一个答案。答案并不是问题的关键，如何寻找答案才是最重要的。以发散思维训练为例，如说出钥匙有几种用途，一般人或许会想到钥匙可以用来开门、锁门、割绳子、做导电体、打人等用途。从思维结果的角度看这个问题已经解决了，找到了问题所需要的答案；但从思维过程的角度看，发散思维训练才刚刚开始，也就是说找到答案并不是训练的结束。不停地想答案才是训练的目的，即使到头脑空空什么也想不出来的时候，训练仍未结束，还要继续想，因为只有经过这种强化训练才能真正激发出一个人的潜能，才能发现思路的局限性所在，并做有针对性的方法指导。

4. 思维训练应更多地在学习、生活、工作的实践中进行

知识学习和工作实践给我们提供了很好的思维“修行”的时间和机会，只有充分利用这些时间和机会，思维能力才能得到实质性的提高。因为人们花费在学习、工作和生活中的时间要比人们专门进行思维训练的时间多得多，人们专门进行思维训练的时间总是很有限的，而且无论多么系统的思维训练都不可能将所有的现实性问题全都涉及,生活的变化永远超出课堂中的想象。

第四章　非逻辑思维之训练方法

思维方法用于训练人们的思维，就变成了思维训练方法。人们对思维方法和思维训练方法的认识还有很多不清楚的地方，尽管如此，事实证明一些思维训练方法对于人们训练创新思维和非逻辑思维还是很有效的。我们这里选取了几种主要的非逻辑思维训练方法，并按照人们对它们的一般理解来评述它们，但为什么要选择这几种方法以及这几种方法的分类则是按照我们自己的理解来进行的，其中会有不合理的地方。我们这样做的目的是为了训练非逻辑思维能力和揭示非逻辑思维训练的共同本质特征。

影响非逻辑思维的因素有很多，如“唯一正确答案”“从众心理”“已有知识”“陈规”等。我们在下面介绍每一项主要的非逻辑思维训练方法时，只介绍了一两种主要的阻碍因素，这并不等于说其他因素对其没有阻碍作用。事实上，这些因素对各种非逻辑思维训练方法都有阻碍作用，区别是不同的阻碍因素对不同的非逻辑思维训练方法的影响不同。

第一节　发散思维法

一、什么是发散思维

发散思维就是在思维过程中，思维大胆地向四周辐射，扩散出两个或更多个可能的答案、设想或解决方式。美国心理学家吉尔福特认为，发散思维是从所给的信息中产生新信息，着重点是从同一的源泉中产生各种各样众多的输出。英国剑桥大学的德波诺教授提出的横向思维也是一种发散思维。发散思维既无一定的方向，也没有一定的范围，不墨守成规，不拘泥于传统方法，对所思考的问题标新立异，达到“海阔天空”“异想天开”的境界，从已知的领域去探索未知的世界。例如通常考问小朋友的一个问题：树上有 5 只鸟，猎人打了一枪，击中 1 只，你说树上还有几只鸟？为什么？或许小朋友会回答说：没有了。因为一只掉在地上，其余的吓跑了。这样回答，当然正确。但这是不是唯一的答案呢？不是。可以说还有 5 只，因为猎人使用的无声手枪，1 只鸟被击落挂在树枝上，另外 4 只没有听到任何声音。也可以说还有 4 只，因为猎人使用的无声手枪，1 只鸟被击中落地，另外 4 只没有听到任何声音。说还有 3 只，也对，理由是树上原有的 5 只鸟是一对配偶和 3 只锥鸟，1 只中弹，1 只飞跑了，3 只小鸟还不会飞，留在窠内。还有 2 只也对，1 只中弹落地了，1 只大鸟赶快叼着 1 只小鸟飞走了，还剩下 2 只不会飞的小鸟在巢里。还有 1 只呢？也没错。枪响后，击中的 1 只落下来搁在树枝上，另外 4 只全吓跑了……由此看来，从 1 只也没有到还有 5 只的 6 个答案都可以成立。由此，任选一个答案都对，只要能作出合理的解释。

发散思维所追求的目标是获得尽可能多、尽可能新、尽可能独创的设想、方法、形式、思路、解法等等，简言之，就是要追求新思想的数量。在有时间限制的情况下，还要求在尽可能短的时间内，实现上述目标。形象地说，发散思维沿着多条“思维线”向四面八方发散，能有效地扩展思维的空间，而习惯性思维则是一种单线性思维。单独的一根“思维线”受心理定式的牵引和约束形成思维定式。单独的“思维线”尽管以无比的勇气前行，却往往不能达到创新目标。

二、破除“唯一正确答案”的信念，积极进行发散思维训练

发散思维是比较常见的一种思维模式，它表现为思维视野广阔，思维呈多维度发散状。从某种意义上讲，发散思维是每个人先天就具备的思维模式，这一点从儿童们的好奇心和每个人青少年时期的“白日梦”就可以得到证明。但过去由于对思维发展

规律缺乏科学的认识和研究，传统教育经常采用强制和粗暴的手段对思维的发散性和跳跃性进行压制和约束，这样固然会迅速提高思维的有序性，但久而久之也会造成思维简单化的弊端，即思维只能在一个狭小的空间活动，缺乏广阔的思维视野和探索性的新思路，这为思维向更高层次发展埋下了致命的隐患。

无论面对什么问题，我们通常只满足于一种解答方法和途径，也即满足于找个正确答案。一旦找到了，就不再思考下去，不再寻求解答问题的其他方法与其他同样正确的答案，这实际上是思维惰性。而这个所谓的正确答案却未必是正确的答案或是最好的答案。众所周知，在我们的这个世界中，不是所有的问题都是只有一个而且仅有一个答案的，从严格的意义上来讲，我们在生活和工作中所遇到的问题绝大多数是有着几个甚至十几个答案的，我们所想到的第一个答案常常不是最好的答案，这就造成这样的矛盾，学生在学校中所接受的训练是寻找一个且是唯一的正确答案，而社会要求学生的却是具备寻找多个答案的能力，这样学生由学校走入社会后就会感觉到一种智力上的缺陷和不足，不利于他们适应激烈的社会竞争。

然而，我们大多数的教育制度倾向于教导学生只有一个正确答案。如：1+2=?。这是一道在小学一年级很普通的计算题，每个学生都会做大量的类似练习，从数学的角度上来讲，只要学生在计算过程中不出差错，得出了正确的答案，老师就会认为学生在学习中没有什么问题，达到了教学大纲所要求的合格标准。但是从思维的角度来看，这种教育方式会造成严重的思维弊端。学生从小长期接受这种收敛式的训练会使他们养成只寻找一个答案的思维习惯，从而丧失寻找一个以上答案的意识和能力，造成思维的简单化，不利于他们未来的智力发育和提高。对某些事实上只有一个正确答案的数学问题来说，寻找“正确答案”是对的。然而，生活中的大多数问题并非如此。生活是不确定的，有许多正确答案——依照人们所追求的目的而定。如果你认定只有一个正确答案，那么在你寻找到一个之后，就会停止追求其他答案。在一次高中二年级的课堂上，老师在黑板上点了一个小粉笔点。他问同学们那是什么，过了几秒钟，有个同学回答道："那是黑板上的一个粉笔点。"其余的同学似乎都明显地松了一口气，没有人加以补充。"你们太令我忧伤了！"老师对班上同学说，"昨天我问一群幼儿园的小朋友同样的问题，他们有五十种不同的说法，例如：猫头鹰的眼睛、香烟蒂、电线杆的顶端、星星、小石头、南瓜虫等，他们有极灵活的想象力。幼儿园与高中二年级刚好相差十年，我们虽然学会了寻找正确答案，却丧失了寻找一个以上正确答案的能力。我们学会了如何选定一个正确答案，但我们失去了大部分的想象力。"就像著名教育家尼尔·波斯特曼所批评的："孩子们入学时像个'问号'，毕业时却像个'句号'。"

习惯于寻求"唯一正确答案"，会严重影响人们面对问题、思考问题的方式。人们大都不喜欢有问题，当他们面对问题时，通常的反应是选择他们所能找到的第一个解决方法。如果你只找到一个点子（创意、构想、观念），那你就自然只有一种行动方针。一个点子就像一个音符，音符只有和其他音符一起（或是旋律及和弦的一部分）时才能被了解。因此。如果你只有一个点子，就无从比较，无从知道该点子的优缺点。法国哲学家查提尔说："当你只有一个点子时，这个点子再危险不过了。"为了追求更有效率的思考，我们需要有不同的观点，需要寻找第二个正确答案。在很多情况下，只有一个想法、方案是非常糟糕的，按所想到的第一个想法、方法去行动也是非常糟糕的。

由于过于强调课本知识的权威性和绝对性，过分强调教师的权威性，教学成为知识的搬运，学生的头脑中不断地被塞进一个个的结论，而这些结论又是无须检验的和怀疑的，假如学生有什么想不通的地方，那应该怀疑的只能是学生自己的知识和判断力，而不应是课本或教师。在这种教学中，教师可能提问，也可能组织学生进行讨论，但提问或讨论的问题一般都有一个确定的、标准的答案，它就装在教师的脑子中，教师是学生发言的直接的、绝对的评判者，学生对各种观念进行检验、评判的权力被剥夺了，他们只能以别人的观念代替自己的见解。用这种教学模式培养出来的学生可以拥有丰富的知识，但却没有自己的思想，他们非常顺从，但却缺少分析和批判，以至于在理智上缺乏自主性和独立性。

发散思维训练就是要改变这种弊端，让人们认识到，对于某些处于萌芽状态的可贵的思维品质，不可以简单地采用是非、对错的标准去处理，因为那将使思想简单化、平庸化。而现实是复杂的，我们不仅需要严谨的、有序的思维，也需要跳跃的灵感、广泛的视角，只有这样才能培养一个开放性的头脑，才能拥有包容大千世界的思维空间。也只有点燃广袤的思维，才能启迪人的无穷智慧。

发散思维追求的主要是思想的数量，而不太考虑思想的质量。具有发散思维习惯的人在考虑问题时一般会比较灵活，能够从多个角度或多个层次去看问题和寻求解决问题的方法。爱迪生发明电灯的过程中，为了解决灯丝寿命的问题，曾先后思考设计了 1600 多种方案，在这么多可供选择的方案中筛选出了最佳方案。在进行发散型思维训练过程中，要求在思考一个问题的解决方案时思路活跃、思维敏捷、点子多、办法巧妙，考虑问题全面，能提出很多种可供选择的方案和办法，特别是能提出别出心裁或出人意料的见解。

发散思维的训练就是要提高思维的发散性和跳跃性。这种训练主要是对问题进行不同层次和不同侧面的思考，目的是通过寻求大量的答案来强制扩大思维的空间。要加强开放性的发散思维训练，课堂的提问、作业和考试的编制应特别重视推出开放性问题。解决一个个开放性问题，实质上就是一次次创新演练。

学校里培养的一般都是收敛性思维，比如说，3 + 2 = 5，是唯一答案性的。有人说，数学本身的特点就是严密准确，很多计算题都是只有一个答案，它不像其他课程那样容易设计多重选择，对于数学来讲一题一解情况很难改变。的确，数学的情况比较特殊，不过这并不是不可改变的。我们来看这样一道算式：5 = ? + ?，这道算式与前一道算式有什么不同？可以看出主要有两点不同：①学生在计算这道题时思维是发散式的；②学生在解这一道题时思维的活动量要比前一道题大得多。这样看来，只要我们肯去想，即使是数学题也是可以找到一个以上的答案。我们希望从很多实践活动当中，培养学生的发散思维，就是要用多种形式来构成多个结果，1 +4 是一种结果，2 +3 是一种结果，1 + 1 +3 又是一种结果，这样会产生多种结果。根据科学的分析，这种发散思维激活脑细胞的比率比收敛性思维高得多。

但在实际教学中却常常会出现压制学生发散思维的情况。下面我们来看教学中的一个例子，一位老师教一年级学生数学，他给孩子们讲解减法，教得很努力。一次，他把一个特别认真听课的学生叫到黑板前，问道："戈登，想一想，4 颗樱桃放在桌子上，你的姐姐来了，拿了 1 颗樱桃，桌上还剩下几颗？"

"几个姐姐，先生？"

"不是，注意听！我把这道题目再重复一遍。桌子上放着 4 颗樱桃……"

"这是不可能的，先生！现在没有樱桃，现在是冬天。"

"戈登，我假设 4 颗樱桃放在桌子上，你的姐姐来了……"

"哪个？"

"什么哪个？当然是你的姐姐？"

"啊！我有两个姐姐，莫尼卡和英格。"

"这是一样的！注意，一个姐姐拿了 1 颗樱桃……"

"莫尼卡和英格是不会只拿 1 颗樱桃的。她俩总是什么东西都拿光。"

"但是，戈登，你爸爸只允许她拿 1 颗樱桃。"

"这是不可能的，先生。"

"为什么？"

"爸爸出差去了，两个星期以后才能回来。"

老师的脸有点红了。

“注意！我现在把这道题再讲一遍！如果你再插话，你就到你的座位上站着。噢，桌子上放着 3 颗，不，是 4 颗樱桃。你姐姐从中拿了 1 颗樱桃，桌子上还剩下几颗？”

“没有了。”

“什么？你怎么会得到这个答案？”

“因为我吃了剩下的樱桃。我最喜欢吃樱桃！”

对于戈登灵活的思维是应当批评还是应当保护？从宏观的角度看应当批评，否则，任由其发展小聪明，不利于培养大智慧。从微观的角度看应当保护，因为丰富的无效想象和不合常规的理解是发散思维的萌芽，简单粗暴地将它们扼杀，等于将浴盆里的脏水和婴儿一起泼出门外。

发散思维既是一种思维形式，也是一种思维方法，用这种思维方法训练人的思维，也就成了一种思维训练法。

第二节　逆向思维法

一、什么是逆向思维

任何一种有效的思维都必然遵循一定的科学规律，逆向思维之所以能逆行而顺成，取得好的结果，也是有其必然的科学根据的。唯物辩证法的根本规律——对立统一规律告诉我们：事事有矛盾，时时有矛盾，矛盾无处不在，无时不有，矛盾双方的对立统一引起了事物的运动、变化和发展。对立统一规律要求我们在认识事物时要运用矛盾分析法。逆向思维就是唯物辩证法在思维领域的体现。逆向思维又叫反向思维，是指一种与常人思维取向相反的思维形态，属于一种相对而言的思维方式。比如，如果多数人考虑问题是以自我为出发点，那么以他人为出发点考虑问题就是逆向思维；如果多数人考虑问题以现在为出发点，那么以未来为出发点考虑问题就是逆向思维；如果多数人对某一问题持肯定意见，那么持否定意见的就是逆向思维。反之亦然。由此可见，这个世界上并不存在绝对的逆向思维模式，当一种公认的逆向思维模式被绝大多数人掌握并应用时，它也就变成了顺向思维。那么，我们学习逆向思维的目的又何在呢？从严格意义上来讲，学习逆向思维不是为了形成某种思维模式，而是为了培养一种思维观念，即在思维的过程中，并不是只存在着一条明显的思维道路，对客观事物要向相反的方向分析、思考，这样可以改变传统的立意角度，产生全新的见解。求异思维也可以大致看成我们这里所说的逆向思维。

逆向思维是一种比较特殊的思维方式，它的思维取向总是与常人的思维取向相反，比如人弃我取，人进我退，人动我静，人刚我柔等等。这种与一般常规或大多数人的思维取向截然相反的思维方式，从表面上看似乎不可理喻，但最终却往往出乎人们的意料，能取得更好的结果，因此它常常给人一种不可思议的神奇感觉。比如，司马光砸缸的故事中，司马光的思维便与众不同，是一种逆向思维。

现在我们日常生活中广泛使用的吸尘器已问世一百多年了。为了有效地清除令人讨厌的灰尘，人类很早就开始了对除尘设备的研究。人们首先想到的是用“吹”的方法，即采用机器把灰尘吹跑。1901 年，在英国伦敦火车站举行了一次公开表演。当“吹尘器”在火车车厢里启动时，灰尘到处飞扬，使人睁不开眼，喘不过气。当时在参观者当中有一个叫布斯的技师，他心想：吹尘不行，那么反过来吸尘行不行？他决定试一试。回家后他用手帕蒙住口鼻，趴在地上用嘴猛烈吸气，结果地上的灰尘都被吸到手帕上来了。试验证明，吸尘的方法比起吹尘来要高明得多，于是利用真空负压原理制成的电动吸尘器就在这一年诞生了。布斯在发明吸尘器的过程中就是应用了逆向思维法。

在尚未成名之前，毛姆的小说无人问津，在穷得走投无路之下，他用自己最后一点钱，在大报上登了一个醒目的征婚启事：“本人是个年轻有为的百万富翁，喜好音乐和运动。现征求和毛姆小说中女主角完全一样的女性共结连理。”广告一登，书店里的毛姆小说一扫而空。从此，毛姆的小说销售一帆风顺。正是这一独特创意，改变了毛姆的命运，成为著名的小说家。

在一次香港小姐的决赛中，为了测试参赛小姐的思维速度和应对技巧，主持人提出了这样一个难题，“假如你必须在肖邦和希特勒两个人中间，选择一个作为终身伴侣的话，你会选择哪一个呢?”其中有一位参赛小姐是这样回答的，“我会选择希特勒。如果我嫁给希特勒的话，相信我能够感化他，那么第二次世界大战就不会发生了，也不会有那么多的人遭遇家破人亡了。”这位小姐巧妙的回答赢得了人们的掌声。因为这个问题难度较大，如果回答选择肖邦，则答案没有特色，显得俗气；如果回答选择希特勒，则很难给予合理的解释。那位小姐的精彩之处就在于既选择了出人意料的答案，又能找出合理而又充满正义的理由。

二、克服从众心理的消极影响，积极进行逆向思维训练

所谓从众心理，也就是不带头，不冒尖，一切随大流的心理。有一位心理学家设计过这样一项实验：让一个人跟着另外四个人一起进入实验室，给他们同时看 A、B、C、D 四条直线，然后问：“直线 A 与直线 B、C、D 中的哪一条长度最相近?”正确的答案本来应该是 B，可是当其他四个人都回答说“是 C”的时候，即使最后这个人已看出了应当是 B，也往往会对自己作出的判断发生怀疑，而跟着回答说“是 C”。实际情况是，前面的那四个人都是实验者的助手，他们是故意答错的。据统计，这个实验的被试者中，竟然有将近四分之三的人，都会跟着前面的那四个人作出错误的回答。

之所以会形成从众心理，是因为从众的做法至少有两大实际好处。第一，社会上的群居生活，需要大家互相合作，如果没有一致的行动，交通可能瘫痪，生产进度可能节节落后，社会组织也势将崩溃。何况我们为群居生活所付出的代价只是牺牲个人的性格而已。第二，在某些情况下当你茫然不知所措时，你该怎么办？当然是仿效他人的行为与见解，从而发掘正确的应对办法。

假如你进入一家自助洗衣店，完全不知道如何操作洗衣机，你怎么办？或许你会观察旁人的操作方法，然后如法炮制。这方面的最佳范例是圣奥古斯丁的故事。圣奥古斯丁年轻时在意大利米兰担任神职，有一天他遇到一个难题，前去向他的主教安布洛斯请教。当时圣奥古斯丁打算前往罗马度假，他的问题是罗马天主教徒通常是在星期日举行安息日仪式，而米兰天主教徒则以星期六为安息日，圣奥古斯丁不知道自己到了罗马以后应该以哪一天为安息日比较恰当，安布洛斯的解答是“当你人在罗马之时就要依照罗马人的习俗。”在通常情况下，从众比较有效、经济，能解决大部分常规问题；但在需要创新时，从众心理不仅不能解决问题，而且还会束缚人们的思维，影响人的创新。这时，如果善于转换视角，从逆向去探索，即善于采用逆向思维方法，往往会引起新的思索，产生超常的构想和不同凡俗的新观念。

由于中国传统儒家文化的影响，中国人的从众心理是普遍存在的。中国的孩子从小就被教育在家要听家长的话，在学校要听老师的话，在单位要听领导的话，于是，服从和听话就成了他们做人的基本准则，缺乏一种创造的内在冲动，以及一种大胆质疑的批判思维。假如仔细检讨自己的行为，你就会发现自己如何受制于各种环境压力。例如，当你驾驶着汽车从高速公路下来，发现其他车子都是超速行驶时，你便犹豫了，你不得不跟从大家违规行车，你必须追随整个车队。或者假设你是大都市交叉路口的一位行人，你的身边有十多位行人跟你一样都站立在交叉路口，行人指示灯正闪着红灯，但是路上看不到任何车辆。此时有位行人不顾信号灯的指示快速横越马路，另外一个人紧跟其后，然后又有其他人跟着过街，一会儿所有的行人都违反交通规则而横越马路。当你置身其中，你也不会例外，因为假如剩下你一个人孤零零地站在原地，你会觉得自己看起来很傻。

从众心理的形成，还常与一些不健康的心理因素相联系：从众可以不冒风险，对了大家就皆大欢喜，错了大家都不丢面子；从众可以维持和谐局面，避免发生分歧、争吵和斗争；法不责众，即使是犯了极其严重的错误，人人都有份，可以不受到追究。这些不健康的心理因素，显然对创新思考是不利的，使我们错过了许多学习和创新的机会。

逆向思维训练就是要克服从众心理的消极影响，训练一种小概率的思维模式，即在思维活动中关注小概率可能性的思维。这种思维能使我们的注意力摆脱明显思路的诱惑，考虑到其他微小的、潜在的甚至相反的可能性。当思维沿着这些小概率可能性的思维进行思考时，常常会给人一种“离经叛道”的感觉。然而在实践活动中，每当环境受到干扰时，如果我们仍按照一般的常规思路去思考，表面看好像没有什么失误，实际上却会造成思维与实践的脱节，犯种种思维错误，而这时候反倒是小概率可能性成功的机会更大一些。训练逆向思维就是要培养思维的求异性，摆脱常规思路对头脑的束缚，考虑到小概率可能性，不盲从大多数人的选择，遵循客观事物的实际变化去解决问题。

通常,人们在思考问题时,思维的注意力会自然而然地盯住明显的或对自己有利的思路,而对那些不太明显的或对自己不利的思路则视而不见。人同此心,情同此理,这本无可厚非,但是在一些特殊的情况下,这种大众式的思维方式却往往行不通。比如直径近,曲路远,这是普通常识,但是在两军相争的战场上,远和近一旦与对方的兵力部署的虚和实相结合,矛盾的双方就会向各自的相反方向转化:远而虚者,易进易行,行动快,费时少,成了实际的近;近而实者,难进难行,行动慢,费时多,成了实际上的远。如果还是按照常规的思维方式决定远近的取舍，那势必会造成行动上的失误，欲近实远，欲速不达。在这种情况下，还是那些善于采用逆向思维、舍近求远的人能最先到达目的地。逆向思维不仅是一种空洞的思维模式，更是一种思想工具。逆向思维需要的是反过来想，突破顺向思维的逻辑模式，获得突破的观念。

三、逆向思维的例证：生动实例启迪思维

反向性是改变常规思维，反其道而行之的思考方式。这种方

式、手段与正向思维的反差越大，背离越明显，其设想越新颖。

1. 日常生活中逆向思维获成功

1）老人与年轻人

一位老人退休后在学校附近买了一间简陋的房子。住下的前几个星期还很安静，不久有三个年轻人开始在附近踢垃圾桶闹着玩。老人受不了这些噪音，出去跟年轻人谈判。“你们玩得真开心。”他说：“我喜欢看你们玩得这样高兴。如果你们每天都来踢垃圾桶，我将每天给你们每人一块钱。”三个年轻人很高兴，更加卖力地表演“足下功夫”。不料三天后，老人忧愁地说：“通货膨胀减少了我的收入，从明天起，只能给你们每人五毛钱了。”年轻人显得不大开心，但还是接受了老人的条件。他们每天继续去踢垃圾桶。一周后，老人又对他们说：“最近没有收到养老金支票，对不起，每天只能给两毛了。”“两毛钱?”一个年轻人脸色发青，“我们才不会为了区区两毛钱浪费宝贵的时间在这里表演呢，不干了!”从此以后，老人又过上了安静的日子。

2）让老人高兴起来

我国古代有这样一个故事，一位母亲有两个儿子，大儿子开染布作坊，小儿子做雨伞生意。每天，这位老母亲都愁眉苦脸，天下雨了怕大儿子染的布没法晒干；天晴了又怕小儿子做的伞没有人买。一位邻居开导她，叫她反过来想：雨天，小儿子的伞生意做得红火；晴天，大儿子染的布很快就能晒干。逆向思维使这位老母亲眉开眼笑，活力再现。

2. 科研中逆向思维创奇迹

1）日本的“反复印机”

日本是一个经济强国，却又是一个资源贫乏国，因此他们十分崇尚节俭。当复印机大量吞噬纸张的时候，他们一张白纸正反两面都利用起来，一张顶两张，节约了一半。日本理光公司的科学家不因此而满足，他们通过逆向思维，发明了一种“反复印机”，已经复印过的纸张通过它以后，上面的图文消失了，重新还原成一张白纸。这样一来，一张白纸可以重复使用许多次，不仅创造了财富，节约了资源，而且使人们树立起新的价值观：节俭固然重要，创新更为可贵。

2）用软轴代替了硬轴

洗衣机的脱水缸，它的转轴是软的，用手轻轻一推，脱水缸就东倒西歪。可是脱水缸在高速旋转时，却非常平稳，脱水效果很好。当初设计时，为了解决脱水缸的颤抖和由此产生的噪声问题，工程技术人员想了许多办法，先加粗转轴，无效，后加硬转轴，仍然无效。最后，他们来了个逆向思维，弃硬就软，用软轴代替了硬轴，成功地解决了颤抖和噪声两大问题。这是一个由逆向思维而诞生的创造发明的典型例子。

3）变向下压冰为向上推冰

传统的破冰船都是依靠自身的重量来压碎冰块的，因此它的头部都采用高硬度材料制成，而且设计得十分笨重，转向非常不便，所以这种破冰船非常害怕侧向漂来的流水。苏联的科学家运用逆向思维，变向下压冰为向上推冰，即让破冰船潜入水下，依靠浮力从冰下向上破冰。新的破冰船设计得非常灵巧，不仅节约了许多原材料，而且不需要很大的动力，自身的安全性也大为提高。遇到较坚厚的冰层，破冰船就像海豚那样上下起伏前进，破冰效果非常好。这种破冰船被誉为“21 世纪最有前途的破冰船”。

4）两向旋转发电机

由我国发明家苏卫星发明的“两向旋转发电机”诞生于 1994 年，同年 8 月获中国高新科技杯金奖，并受到联合国 TIPS 组织的关注。1996 年，丹麦某大公司曾想以 300 万元人民币买断其专利，可见其发明价值之巨大。说到“两向旋转发电机”的发明，也应归功于逆向思维。翻阅国内外科技文献，发电机共同的构造是各有一个定子和一个转子，定子不动，转子转动。而苏卫星发明的“两向旋转发电机”定子也转动，发电效率比普通发电机提高了四倍。苏卫星说：“我来个逆向思维，让定子也‘旋转起来’。”这是他得以发明“两向旋转发电机”的思维基础。

3. 经商中逆向思维得商机与竞技中逆向思维获金牌

1）凤尾裙与无跟袜

某时装店的经理不小心将一条高档裙子烧了一个洞，其身价一落千丈。如果用织补法补救，也只是蒙混过关，欺骗顾客。这位经理突发奇想，干脆在小洞的周围又挖了许多小洞，并精于修饰，将其命名为“凤尾裙”。一下子，“凤尾裙”销路顿开，该时装商店也出了名。逆向思维带来了可观的经济效益。无跟袜的诞生与“凤尾裙”异曲同工。因为袜子的脚后跟处更容易破，一破就毁了一双袜子，商家运用逆向思维，成功试制无跟袜，创造了非常良好的商机。

2）篮球教练送分求胜

在欧洲一次篮球锦标赛上，保加利亚队与捷克队相遇。离终场时间只剩 8 秒了，保加利亚队领先 2 分，且握有发球权。可是，依循环赛制，保加利亚队需超出 5 分方可出线。8 秒钟需进球 3 分，难！人们都料定保加利亚队难逃出局的命运。此刻，保加利亚队教练要求暂停，引来观众一阵哄笑。人们认为，捷克队只要不犯规，守住 3 分线，放手让保加利亚队投 2 分又何妨！待自己得到发球权，耗掉所剩无几的几秒钟，保加利亚队就只能踏上归程了。

可是，暂停结束，重新开赛后，局势发生了意想不到变化。那么，保加利亚队教练是如何部署战斗的呢？

按场上局势，保加利亚队的最佳方案当然是抓紧最后 8 秒，投入 3 分。途径有二：其一，把球交给神投手，远距离投篮命中。这是积极战术，最为理想。可是，神投手能否神准，对方的干扰会不会影响战绩，自身的心理压力能否排除，一切都是未知的，万一走了神怎么办？况且，将全队命运系于一球，险也冒大了吧！其二，2 分投篮，并引诱对方犯规以加罚 1 分。这个办法有点消极，但也不失为一种方案。不过，捷克队能犯规吗？他们明白，坦然让你投入 2 分，球在我手中，还愁消耗不掉终场前为数不多的几秒钟吗？一厢情愿的事靠不住。

重新开赛后，只见保加利亚队球员发球后并不急于往前冲，磨蹭了几秒钟后，虚晃一下即掉转180度朝自家篮下跑，待距篮筐二步远的时候，突然跃起投篮，球应声入网。

这时，哨声响了，全场比赛时间到了。全场观众目瞪口呆，保加利亚队球迷大骂“叛徒”。

裁判员高声宣布：双方打成平局，休息后再打加时赛。

这一下，球场沸腾了，球迷大悟了：送上2分，打个平手，为自己创造一个起死回生的宝贵机会。

加时赛的结果是，保加利亚队超出6分，出线了。

保加利亚队教练的非凡才智源于创新思维。眼看大势已去，孤注一掷也希望渺茫，他临危不惧，镇定自若，逆向求变，终于另辟蹊径，置之死地而后生。他的精明之处在于，不仅想到自家积极得分，也想到自家主动失分；既想到循环赛制，也想到球场规则。将二者扣合为一，突破常规比赛思路，削长为短，看似自砸家门，实则企求成功。事实告诉我们，道路不是唯一的，逆向求异常能在绝望中迎来一缕曙光。

4. 反转型逆向思维法

反转型逆向思维法是指从已知事物的相反方向进行思考，产生发明构思的途径。常常从事物的功能、结构、属性关系等三个方面作反向思维。

1）风力灭火器（功能逆向）

现在我们看到在扑灭火灾时消防队员使用的灭火器中有风力灭火器，风吹过去，温度降低，空气稀薄，火被吹灭了。一般情况下，风是助火势的，特别是当火比较大的时候。但在一定情况下风可以使小的火熄灭，而又相当有效。

2）刨床的改变（结构逆向）

传统的木工刨床是刨刀在固定的位置旋转着，待加工的木料由工人用手将其推向刨刀，这种机械稍有不慎便会使手指伤残。国内外一些木工机械专家为防止工伤，提出了包括借助光电技术在内的各种防护措施，然而皆不能根本解决问题。只念了一年半小学的农村木工李某，运用逆向思维方法，改变了刨床的传统结构，设计出让木料固定不动，刨刀来回移动的新型刨床，这样在加工过程中就不用以手持木推行，杜绝了工伤的发生。此发明获得专利后转让给昆明拖拉机厂，第一年就创产值1200万元，获利480万元，求购信函厚达1.5米。

3）反向电视机（属性逆向）

日本索尼公司的总工程师井深大有一天去理发，一边理发，一边在玻璃镜子里看电视，但是他看到的电视图像正好相反，眼睛不舒服，心里很别扭。突然，计上心来：如果设计一种反向画面电视机，那么就能在镜子里看到正面画面。于是，他回到公司，利用既有的设计、生产、经营正面电视的独家优势，设计、生产、经营反向画面索尼电视机，生意非常兴隆。一是许多医院添置这种反向电视机，让卧床病人在镜子里看电视，能够调节心理、安心养病；二是理发店、美容院也大批订购，以吸引顾客；三是体育机构、训练中心大量买进反向电视机，训练运动员以左手对付习惯用右手的对手，或以右手对付习惯用左手的对手；四是不少顾客为了避免电视机有害辐射，特地要在镜子里看反向电视。这种逆向思维居然开拓了一个电视机的庞大市场。

第三节　自由联想法

一、自由联想

自由联想是一种没有固定思维方向和方法可以遵循、随意展开思想的一种思维形式，包括幻想、空想、玄想等。从自由联想的定义可以看出，与其说它是一种思维训练方法，还不如说它是一种思维的原则。

幻想是自由联想的一种主要形式。所谓幻想，一般是指与某种愿望相结合并指向未来的一种想象。由于幻想在人们的创造活动中具有重要作用，所以创造学允许并鼓励人们对于事物进行各种各样的幻想。苏联就曾为学生专门开设过“幻想课”，其目的是引导、培养学生进行各种形式的幻想，以提高学生的创造才能。科学幻想是人们在一定的科学知识基础上所进行的合理想象，但仍带有很大程度上的不确定性，不像科学知识那样严谨、完善。幻想，因其暂时脱离现实而常不被人们所重视，很多人甚至把“幻想”作为贬义词而将其打入另册。从创造学看来，这是很不公正的，幻想是一种极其可贵的品质。人们在认识世界、改造世界活动中，是很需要幻想精神和幻想思维的。大量事实表明，幻想可使人产生创造的欲望，可激发人们的上进心理，可指出人们进取的方向，幻想可以鼓励人们奋发向前，为人类做出贡献。古人的无数幻想（如“上天”“入地”“千里眼”“顺风耳”等），经过人类的世世代代的努力和奋斗，有很多已经变为或正在变为客观现实。由此可见，幻想思维可直接导致创造活动，很多创造活动均离不开幻想，因此我们不宜盲目地反对幻想。作为科幻小说之父的法国作家凡尔纳便有着非凡的联想。潜水艇、雷达、导弹、直升机等等，是当时还没有出现的东西，但都在他的科幻作品中陆续出现了，后来又都相继化为现实。令人吃惊的是，他曾预言在美国佛罗里达将设立火箭发射站，并发射飞往月球的火箭。果然在一百年后，美国真的在此处发射了首枚载人宇宙飞船。

异想天开、想入非非也可以视为自由联想。在医院里，静脉输液是护士的常规工作，用针头在病人皮肤上拨来拨去找静脉确实让人痛苦，所以许多护士都苦练了“一针见血”的功夫。而上海的一位大学生却异想天开地提出，对需要输液的病人，干脆把针头留在静脉里的想法，研究设计出用高分子塑料制成的“封闭型静脉液软针。”它可以插在人体血管内保持数周，每次输液只要将输液导管接上即可，病人并无痛苦感。看来异想天开包含着一般人想不到的智慧，是使人走向成功的捷径。

二、敢于突破已有知识和"陈规",积极进行自由联想思维训练

知识、逻辑思维和非逻辑思维是创新思维的三个内在要素，培养创新思维能力必须使这三者都得到充分而均衡的发展。但培养创新思维能力的关键是培养非逻辑思维能力，而培养非逻辑思维能力的关键是要养成大胆设想的习惯。要养成大胆设想的思维习惯，有效地进行创新思维就要敢于违背既有知识，敢于违背逻辑规则，让思想自由去飞翔。当然另一方面又要对所提出的新思想进行小心求证。尽管"小心求证"需要做艰苦、细致的工作，但相对而言，"小心求证"比较容易做到，难以做到的是在有关材料不明朗、不充分的情况下就做出非逻辑的判断。

最近的研究表明，许多成功的企业家在极大程度上是依靠直觉行事的，他们常常不顾逻辑和事实而做出正确的决策。对著名的艺术家、思想家和发明家的研究也表明，他们许多最伟大的成就（如果不是全部的话）都主要是联想、直觉和想象等非逻辑思维的产物。

创新的最重要、最显著的标志就是新思想的产生。而新思想是指超出以前的知识、观念、思想。因此，要产生新思想，就必须对已有的知识、观念、思想等进行加工处理，得出一个与原有的知识、观念、思想不同的知识、观念、思想，甚至与原有的知识、观念、思想相矛盾的知识、观念、思想。居里夫人说："你发现的东西与传统的理论越远，就与获得诺贝尔奖的距离越近。"有时已有的经验可能成为思想的羁绊。比如，我们对一个物体的固有功能的认识可能会妨碍对它的另一些新颖的甚至是稀奇古怪的意义的认识。当人们完全习惯于接受关于事物的性质、规律、关系的传统的认识时，往往会对其他可能存在的性质或规律或关系视而不见甚至拒于千里之外。这样说来，有时确实是要知道得少一些。教育工作者也必须正视这个事实，即世界变化如此之快，以至于过去的"真理"常常不起作用，反而导向错误。用过去的"真理"来解决现在和将来的问题，再也不那么容

易了。

对既有知识、传统观念的态度人们已有过大量的论述，也已基本达成一致的意见。（传统的形式逻辑就认为在形成假说时“必须运用已有的科学知识，但不要被传统观念所束缚”）我们这里不想再赘述了。然而，要人们“敢于违背逻辑规则”，很多人就感到难以理解了。其实，道理也很简单，因为正如我们前面所说，逻辑思维一般只能使人们在原地打转转，不能产生新思想。要提出一个新思想，要创新，就必须突破陈规，也就是说必须运用自由联想等形式的非逻辑思维去冲破和违背既有的逻辑规则。康德说过：“天才是创造不能按既定规则去创造那种东西的才能，它不是可以根据某种规则可以学到的那种技巧和本领。因此，独创性必然是天才的基本特性。”

19 世纪末，在世界范围内掀起了一股制造飞机的热潮。但一些知识丰富的大科学家却纷纷表态，发表自己的看法和见解，抵制飞机的制造。比如，法国著名天文学家勒让认为，要制造一种比空气重的机械装置到天上去飞行是不可能的；随后，德国大发明家西门子也发表了相似的见解。接着，能量守恒定律的发现者、著名的物理学家赫尔姆霍茨又从物理学的角度，论证了机械装置是不可能飞上天的结论。随后，美国天文学家做了大量计算，证明飞机根本不可能离开地面。然而，1903 年，连大学都未读过的美国人莱特兄弟却凭着自己勇于创新的精神，将飞机送上了天，为人类作出了巨大贡献。

马可尼提高了无线电装置的功率和效率之后，勇敢地设想向大西洋彼岸发送信号。专家们嘲笑他这种“天真”的想法。他们说，无线电波像光一样直线传播，不能顺着地球的曲面行进，而要射向宇宙空间散失掉。根据逻辑原理，专家们讲得非常正确。可是马可尼不听这些专家的意见，最终获得了成功。当时，无论是马可尼还是专家们都不知道大气层上面有一个电离层。电离层反射回了无线电波。如果马可尼一直死板地按照逻辑行事，他就永远也不能取得这样的成功。

要提高自由联想思维能力，就必须破除阻碍自由联想的不利因素，要进行积极的自由联想思维训练。首先，要“敢于想”。事生于虑、成于做。人类思维中的无与伦比的想象力，是科学不断进入未知领域的原初动力，所以要敢于异想天开，不怕胡思乱想。不怕做不到，就怕想不到。“做不到”可能是由于主客观条件的限制，现在做不到，将来条件成熟了，也可能就能做到；如果想都想不到，那是肯定做不到的。要打破常规跳出框框想，跳出传统的框框、书本的框框、名言的框框、经验的框框和从众的框框，任想象不受束缚地自由飞翔。要围绕一点，向外发散，朝四面八方想开去，也就是实现辐射思维。让我们展开想象的翅膀，自由地思维吧。

其次，要“能够想”。想象的火花迸发于丰富的知识矿藏，创造想象尤其需要丰富的知识和经验。人们拥有知识、经验的多少直接影响想象力的深度和广度。所以，我们要拓宽视野，博览群书，扩大知识领域，丰富表象储备，这样才能够产生科学的创造想象。否则，就会想想，但却想不出，或者想得出的却是无用的空想。

学校的教育应该鼓励学生大胆、自由地联想，经常让学生做一些自由联想思维训练。有一种思维训练方法叫做“假想性推测法”，也可以看做是自由联想思维训练。这种方法要求人们思考如果一件不可能发生的事发生了会怎么样，或者一件已经发生的事如果没有发生会怎么样。例如问学生这样一些问题“假如地球上没有空气”“假如世界上没有老鼠”等等。表面看来，这类问题没有实际价值，对人类行为也没有什么影响。那么现代思维训练为什么还要人们解答这类问题呢？因为这类问题人们以前没有或很少接触过、思考过，没有现成的答案去解答这类问题，要解答这类问题就必须开动脑筋去进行思维活动。解答这类问题能促使人们积极思维，对训练和培养人们的思维能力有积极作用。

三、联想在创造性活动中的作用

联想的作用是使两个看上去没有关系的事物建立联系，从而产生创新设想和成果。

例如：蜘蛛网与吊桥，花蝴蝶与迷彩伪装，地毯与足球场上用的人造草皮。

科学家的许多发明创造往往是由联想引起的。联想是发明创造的启动器，一个想有所成就的人，必须善于联想。

1. 人工牛黄的诞生

天然牛黄是非常珍贵的药材，只能从屠宰场上碰巧获得。这样偶然得来的东西不可能很多，因此很难得到，也无法满足制药的需求。其实，牛黄这种东西，只不过是由于某种异物进入了牛的胆囊后，在它的周围凝聚起许多胆囊分泌物而形成的一种胆结石。一家医药公司的员工们为了解决牛黄供应不足的问题，集思广益，终于联想到了“人工育珠”。既然通过人工将异物放入河蚌体内能培育出珍珠，那么，通过人工把异物放进牛的胆囊内也同样能培育出牛黄来。他们设法找来了一些伤残的菜牛，把一些异物埋在牛的胆囊里，一年后，果然从牛的胆囊里取出了和天然牛黄完全相同的人工牛黄。医药公司员工在了解到牛黄生成的机理后，对比人工育珠的过程，联想到通过人工将异物放入牛的胆囊内形成牛黄，从而制成了人工牛黄。

2. 沙丘与发动机

在研究喷气发动机燃烧器时，气体湍流紊乱造成燃烧不稳定的问题困扰着研究人员。怎样解决这一问题呢？科技工作者想到大漠里的沙丘。无论风怎么吹，一座座沙丘都能保持十分稳定的形状。原因是气流后面的流场绕过沙丘后形成的旋涡特别稳定。研究人员将沙丘现象与燃烧器问题联系到一起：如果将喷气发动机燃烧器改为沙丘形状，必然可以使喷气发动机内的火焰十分稳定地燃烧，大大提高喷气发动机工作的可靠性。

科技工作者将沙丘与发动机这两个风马牛不相及的事物联系

起来，经过不断的努力，终于成功地发明了“沙丘驻涡火焰稳定器”。

四、联想思维的类型

1. 类似联想（相似联想）与接近联想（相近联想）

类似联想是指从某些事物的特性联想起它可以运用于别的事物的现象。接近联想是指人对在空间和时间上相接近的事物或现象所形成的联想，即由此及彼。如一提起星星，人就容易想起月亮；谈起蓝天，就极易想起白云等，这些都属于接近联想。

1）小酒瓶与潜水艇

19 世纪末，有个叫莱克的美国青年经过很长时间的努力，制造了一艘密闭的船只，希望它能潜入水底，成为潜水艇。但是，两大问题无法解决：一是怎样做才能使船不必另外施压而自行潜入水中，二是怎样做才能使船在水中保持平稳。反复思考，反复修改，都未能解决问题。

那一天，它与几个朋友到海边野餐。酒足饭饱之后，他们尽情地嬉闹。玩到尽兴时，竟拿起空酒瓶比赛投掷：一个个酒瓶飞向大海，都咕咕几声，沉入海底；可有一个酒瓶竟晃荡着长脖子，在水面上漂浮着，就是不沉下去。这是为什么？莱克兴趣来了，跳下大海，将那个瓶子取了回来。原来，那瓶酒没有喝完，还有半瓶多。莱克对着酒瓶，若有所思，似有所悟，高兴极了。伙伴们要惩罚那个少喝酒的朋友，莱克却快步跑过去，对他深深地鞠了一个躬，并连连道谢，弄得大家都莫名其妙。

“下重上轻的半瓶酒原理”给莱克带来灵感，他不断改进，终于制造了“下重上轻”的双壳体潜艇。

2）月球仪的诞生

在荷兰的一个小镇上，住着一位名叫阿布鲁特的退休老人。他和不少退休老人一样，每天都是以看电视来消磨时间。有一天，电视里播放有关月球探险的节目。在电视屏幕上，主持人煞有介事地将月球平面图摊开，并口若悬河地加以讲解。阿布鲁特老人心想："看这种月球平面图，效果不好。月球和地球都是圆的，既然有地球仪，同样也可以有月球仪。地球仪有人买，月球仪肯定也会有人买。"于是，老人开始倾注全部精力制造月球仪。当第一批月球仪做好以后，老人就在电视和报纸上刊登广告。果然不出他所料，世界各地的订单源源不断地飞来。从此，他每年靠制造月球仪就可赚一千四百多万英镑。老人运用的就是接近联想思考法，从地球仪联想到月球仪，创造出了大量的财富。

2. 对比联想（相反联想）

对比联想是指将两种对立的现象联系在一起，或一事物由正面想到反面，或由反面想到正面的现象。

1）风浪中的船

古时有个叫赵明的捕头，精明能干，善于观察判断。有一次，他带了几个衙役正在河边巡视，忽然刮起了大风。这时，迎面驶来了一条小木船。船上没见装什么货物，却行驶得十分平稳。这引起了赵明的注意。他略加思考之后决定上船察看。几个衙役在船舱里仔细查看一番，也没看出什么破绽。赵明提出要撬开船板看底舱，船主惊慌起来，但又不能不照办。打开舱底一看，里面果然藏了不少东西。经过当场讯问，弄清了原来藏的正是赵明所要追查的一批赃物。赵明决定上船去查看是因为他看出了刮起大风之后这条小船在风浪中却仍能平稳行驶一点不颠簸，这是一种反常的怪异现象。

他思考这个问题运用了对比联想思维方法：没载重物的小船在大风大浪中行驶都不会很平稳，都会颠簸。他把眼前看到的景象同他头脑中相应的形象储存一对比，便想到了这条小船的底舱很可能藏有货物。这一对比联想，使他敏锐地发现和抓住了重要线索。

2）俏玩具与丑玩具

有一次，美国艾士隆公司董事长布什耐在郊外散步，他发现有几个小孩正在玩一只昆虫。这只昆虫不但满身污垢，而且长得十分难看，可是这几个小孩玩得却津津有味，爱不释手。

这使布什耐联想到，市场上销售的玩具都是形象优美的，凡是动物玩具，一个个都面目清秀、俏丽乖巧，假如生产一些丑陋的玩具投放市场，销路又将如何呢？

他决定试一试。于是他叫设计人员迅速研制了一批丑陋玩具向市场推出：有橡皮做的“粗鲁陋夫”，长着枯黄的头发、绿色的皮肤；有一串小球组成的“疯球”，每个小球上都印着丑陋不堪的面孔。这些丑陋玩具上市后，大受欢迎，给艾士隆公司带来了丰厚的利润。尽管它们的售价大大高出了一般玩具，但销路却长期不衰。

3. 因果联想（连锁联想）与飞跃联想（自由联想）

因果联想是指将在现实中有因果联系的事物联系在一起的心理现象。非洲人经常利用狒狒来寻找水源，就是一种因果联想。飞跃联想是指在看上去没有任何联系或相距甚远的事物间形成联想，以引发出某种新设想。

1）温州人倾听科索沃炮声

科索沃炮声隆隆，浙江省温州市商人张先生却动身到欧洲，步步逼近战争中心地带科索沃。他考察了周边国家的市场供应情况，关注着战争给南斯拉夫带来的经济破坏，深入了解战区人民生活状况。通过这次冒险行动他得出了一个结论：物质匮乏，特别是轻工业产品。

带着自己的结论，张先生调动个人力量，组织大量物资，运送到与科索沃相邻的国家与地区贮存起来。对他的举动，家人担心，人们不解，他却心中有数——今天的战场，就是明天的商场；他人的战场，就是我们的商场。

事实果然不出所料，战后的人民急需增添各种生活必需品。由于事前做好了各种必要的准备，战火刚熄灭，他的商品就立即进入商店，搬上柜台，抢得了先机。待人们醒悟过来，慌忙组织货源时，他已先期占领了市场。

在这个例子中，张先生通过发现战场与商场的联系，明白战

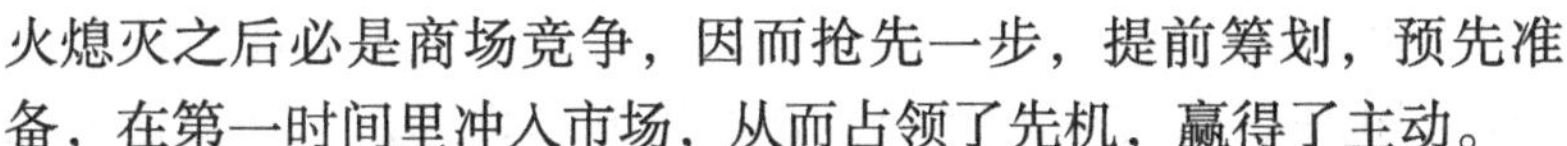

火熄灭之后必是商场竞争，因而抢先一步，提前筹划，预先准备，在第一时间里冲入市场，从而占领了先机，赢得了主动。

2）南极冰状输油管道

美国的一个南极探险队首次准备在南极过冬时，遇到了这样一个难题：队员们打算把船上的汽油输送到基地上，但由于输油管的长度不够，当时又没有备用管子，无法输送。正当大家一筹莫展的时候，队长帕瑞格突发奇想：南极到处都是冰，能不能用冰来做成冰管子呢？由于南极气温极低，屋外能“点水成冰”，这个联想并非是不切实际的空想。可以用冰做管子，但怎样才能使冰成为管状又不至于破裂呢？帕瑞格又想到了医疗上使用的绷带，在出发时带了不少这样的绷带，他们试着把绷带缠在铁管子上，然后在上面浇水，让水结成冰后，再拨出铁管子，这样果然就做成了冰管。他们再把冰管子一截一截地连接起来，需要多长就接多长。就是依靠这些冰制的管子，解决了输油管长度不够的难题。在解决这个难题中运用的是异同因果思考方法。异同因果思考方法是指根据实践的需要，对一些现象上毫无联系的事物进行联想。

比起其他的联想，异同因果可以在更广阔的思考范围内进行，思考的跨度更大，自由度更高。尤其是在科技方面，许多发明创造都是飞跃联想的产物。最典型的例子就是“牛顿—苹果—万有引力”，牛顿从自然界最常见的一种自然现象——苹果落地，联想到引力，又从引力联系到质量、速度、空间距离等因素，进而推导出力学三大定律。

第四节　强制联想法

强制联想法是一种使思想按一定的方法或方向展开的一种思维方法，主要包括列举法、奥斯本检核表法等。

一、列举法

一种创造技法，属于强制联想法，主要是人们在研究一个新产品时所使用的一种思维方法。对问题一时不可能考虑得十分周到细密，是每个人都会经常产生的思维障碍。列举法就是针对这种思维障碍，把一些经常遇到的、可以程序化的问题，预先在有充分时间、人力和精力的情况下，把问题思考的方向尽可能多地汇总起来，并用一览表的形式列举出来，使人们在遇到同类问题时可按一览表逐项思考，以找到解决问题的思路。这种方法是集体智慧的结晶，因此可以有效地克服思维定式，拓宽思路。它与现代计算机技术相结合，便成为更为快速完备的思维方法之一。依据列举的内容不同，列举法包括以下几个具体技法：属性列举法（也叫特性分析法）、缺点列举法、希望点列举法等。

列举法的主要作用是帮助人们克服感知不足和因思想被束缚而引起的障碍，迫使人们带着一种新奇感将事物的细节统统列举出来，迫使人们时时处处去想某一熟悉事物的各种属性和缺陷，迫使人们尽量想到所要达到的具体目的和指标。这样做比较容易捕捉到所需要的目标，从而有利于进行发明创造。列举法不仅是一种发明创造技法，而且也可以作为一种强制联想法用来训练人的思维，成为一种思维训练方法。

1. 属性列举法

属性列举法过去被称为特性列举法，是由美国创造学家克劳福德（R. P. Crowford）研究总结出来的一种创造技法。运用该技法时先要对创造发明对象的主要属性进行详细分析（即将属性逐一列出），之后再探讨能否进行改革或创新。一般说来，要着手解决或革新的问题越小越容易获得成功。例如，要革新自行车，即便是采用我们后面将要介绍的头脑风暴法也难以得出全新的设想，原因是自行车涉及的面太广，难以把握。如果将自行车分解成若干部分（如车胎、钢圈、钢丝、轴承、链条、齿轮、车身、把手、刹车等）予以分别研究，那么，只要革新其中的一个或几个部分，就可能导致自行车整体性能的改变。这样做，对于自行车的发明创造就容易获得成功。

运用克劳福德属性列举法的一般步骤如下：

第一步，选择一个比较明确的课题，课题宜小不宜大，如果课题较大，则应将其分解成若干小课题。课题选定以后，首先要列举出发明或创新对象的属性。一般包括三个方面——名词属性，性质、材料、整体、部分、制造方法等；形容词属性，颜色、形状、大小等；动词属性，有关机能和作用的性质，特别是那些使事物具有存在意义的功能。

例如，要改革一只烧水用的水壶，人们可按照属性列举法将水壶的属性分别列出。

名词属性——整体（水壶）；部分（壶嘴、壶柄、壶盖、壶身、壶底、气孔）；材料（铝、铁皮、铜皮、搪瓷等）；制造方法（冲压、焊接）。

形容词属性——颜色（黄色、白色、灰色）；体重（轻、重）；形状（方、圆、椭圆）等。

动词属性——装水、烧水、倒水、保温等。

第二步，从各个属性出发，通过提问诱发出用于革新的新方案。比如，通过名词属性可以提出：壶嘴是否太长？壶柄能否改用塑胶？壶盖能否用冲压法以免焊接的麻烦？怎样使焊接处更牢固？除上述材料以外是否还有更廉价的材料？水开后冒出的蒸汽烫手，气孔能否移到别处？等等。有一种鸣笛壶就是通过这一思路改革成功的，这种壶的气孔改设在壶嘴，水烧开后会自动鸣笛，而壶盖上无孔，提壶时不会烫手。当然，如果从形容词上下功夫也可能有所创新，如怎样使造型更美观，怎样使壶的体重变轻，在什么情况下用多大型号的壶烧水最合适等。如果在动词上多想主意，如怎样倒水更方便，怎样烧水节省能源等，同样也可产生受市场欢迎的新产品方案。

2. 缺点列举法

这也是人们在研究一个新产品时所使用的一种思维方法。人们常常有一种惰性，对于看惯、用惯了的东西往往很难发现其缺点，也很少主动找它的缺点，因而无形中便“凑合”“将就”着维持现状，甚至用“理所当然”“本该如此”等观点对待它，从而使人安于现状，丧失了欲望。缺点列举法，是指积极地寻找并抓住缺点，有时甚至需要去挖掘（因为有许多缺点是极不明显的）各种事物的不方便、不美观、不实用、不省料、不轻巧、不便宜、不安全、不省力等各种缺点以及不足之处，从而确定创造发明目标的一种思维方法。

有些事物的缺点是随着事物的最初出现而出现的。比如，世界上第一台电子计算机的体积太大，第一辆汽车的座椅不太舒服等等。也有许多事物的缺点原本并不是什么“缺点”，后来随着时间的推移和环境的改变而转化成了缺点，例如一次性塑料饭盒，刚问世时使用得非常好，本身没有什么缺点可言，可是随着用量的增加，它所造成的“白色污染”很快就影响了生态环境，其缺点便显而易见了。

运用缺点列举法没有严格程序，一般可按下列步骤进行：

第一步，确定某一改革、革新的对象。

第二步，尽量列举这一对象事物的缺点和不足（可用后面将要提到的头脑风暴法，也可进行广泛的调查研究、对比分析或征求意见）。

第三步，将众多的缺点加以归类整理。

第四步，针对每一缺点进行分析、改进，或采用缺点逆用法发明出新的产品。

例如，对一双普通的长筒雨靴，可以列出如下一些缺点：①材料方面，鞋面弯折处易开裂，鞋后跟易磨损；②外观方面，颜色单调，式样千篇一律；③功能方面，春寒有雨时穿上冻脚，夏天有雨时穿上闷脚，潮气重容易患脚气，走路不跟脚，袜子容易掉下来等。只要针对上述某一缺点着手进行改进，就可能创造出更好的新产品。比如，日本有一个叫荒井的人，针对雨靴“夏天穿闷脚、易患脚气”这一缺点在制造方法上加以改进，制成了前后有透气孔的雨靴；还有一个叫野口文雄的人，针对雨靴“脚后跟容易磨损”的缺点研究出了一种浇模时在脚后跟部位埋进一种鞋钉的新式雨鞋，大大提高了耐磨损性能。现在市场上的各种颜色的雨鞋，即是克服“颜色单调”缺点后的创新产品。

缺点列举法简单易行且容易收到效果，很受大中小学生和工厂企业生产一线工作人员的欢迎。据了解，我国在工厂企业中普及创造学最容易出成果的创造技法就是缺点列举法。

与缺点列举法相关的另一种技法是缺点逆用法。所谓缺点逆用法，就是针对对象事物中已经发现的缺点不是采用改掉缺点的做法，而是从反面考虑如何利用这些缺点，从而做到“变害为利”的一种创造技法，也是一种逆向思维法。例如，日本某纤维公司有一次织错了布，布上的绒毛单向倾斜，因而布卖不出去。这时，有人提出：“布的绒毛只向一方倾斜，如果用它来做成刷子不是能刷去衣服上的灰尘吗?”该公司马上派人将其装到刷子上进行试验，效果很好，连衣服纹理深处的灰尘都能刷净。于是，公司将其定名为“礼节刷子”投入市场，很快便成了畅销品。之后来购买这种“礼节刷子”的人又针对其缺点做了改进：只能单方向使用很不方便，如果能使刷子两面旋转就更好了，于是制成了反方向也能用的刷子，它在市场上同样也很畅销。之后，又有人再次运用缺点列举法指出：一次一次地旋转太费事。于是把刷子做成了“v”字型，分别在两面装上绒毛方向相反的布，不仅不必费事旋转刷面而且降低成本，这种刷子又是一举成功，颇受顾客的青睐。

3. 希望点列举法

缺点列举法可以直接从社会需要的功能、审美、经济、实用等角度出发，针对研究对象的缺点提出切实有效的改进方案，因而简便易行，常会取得很好的效果。然而，缺点列举法大多是围绕原来事物的缺陷加以改进，通常不触动原来事物的本质和总体，因而它属于被动型创造方法，一般只适用于对老产品的改造或用于不成熟的新设想、新发明，从而使其趋于完善。希望点列举法，则是通过列举希望新的事物具有的属性以寻找新的发明目标的一种创造方法。由于希望点列举法是从人们的意愿出发提出各种希望、设想，所以很少或完全不受已有物品的束缚，这便为人们使用该方法提供了广阔的创造思维空间。

希望点列举法的实施步骤是：激发人们的希望（可用后面介绍的头脑风暴法形成一批希望点）——收集人们的希望——仔细研究人们的希望——创造新产品以满足人们的希望。例如，一家制笔公司用希望点列举法产生了一批改革钢笔的希望点：希望钢笔出水顺利；希望绝对不漏墨水；希望一支笔可以写出两种以上颜色的字；希望不污染纸面；希望书写流利；希望笔画可粗可细；希望小型化；希望笔尖不开裂；希望不用吸墨水；希望省去笔套；希望落地时不损坏笔尖等。这家制笔公司后来从“希望省去笔套”希望点出发，研制出一种像圆珠笔一样可以伸缩的钢笔，省去了笔套，打入了市场。

现在市场上许多新产品都是针对人们的“希望”研制出来的：人们希望电风扇能吹出一阵一阵的风，于是发明了模拟自然风的阵风电扇；人们希望把伞放进提包，于是发明了折叠伞；人们希望夜间开门找钥匙方便，于是发明了带电珠的钥匙圈；人们希望洗衣服不需要费力拧干，于是发明了甩干机；人们希望能不费力就能将重物搬上楼，于是发明了能爬楼梯的小车；人们希望即使不小心接触到带电的火线，也不会发生触电的事故，就发明了触电安全保护器，等等。

希望人人皆有，但要提出创造性强且又科学可行的希望却不容易。链式传动自行车诞生于1884年，其实早在1495年，达·芬奇就“希望”发明一种靠人力通过链条驱动的自行机械，并设计出了有关图纸，然而在当时是无法实现的。这说明，希望总是产生在现实之前的，希望是对现状的冲击和挑战，满足于现状是难以产生希望的。希望虽然不是胡思乱想，但对于头脑中出现的几乎是愚不可及的希望点也不要轻易放过。经过认真研究，也可能会产生一个新的发明创造。比如人们吃西瓜最讨厌吐籽，于是想到要是没有籽该多好！这个看来是异想天开的希望经过专家们的努力，终于实现了——人们生产出了无籽西瓜。

二、奥斯本检核表法

这种方法是由创造学之父，美国的奥斯本发明的，又称“分项检查法”或“对照表法”。所谓检核表法，是根据需要研究对象之特点列出有关问题，形成检核表，然后一个个来核对讨论，从而发掘出解决问题的大量设想。它引导人们根据检核项目一条条思路求解问题，以利较系统周密地思考。奥斯本检核表是针对某种特定要求制定的检核表，主要用于新产品开发等。

一般说来，奥斯本检核表是从以下几个方面来进行检核的。

1. 有无其他用途（是否有其他用途，是否可以直接用于新的用途，或改造后用于其他用途?）

某种发明产品，不论最初的设计目的是什么，都可以借助这一发明来谋求新的用途，从而产生新的思路和产品。例如日本有人把理发用的电吹风用于烘干被褥，发明了一种新型被褥烘干机；法国人制成便携式“既能洗衣又能洗碗的两用洗衣机”；拉链刚发明时仅用在鞋上，销路不畅，企业破产，以后有人将它用到钱包上乃至服装上，使小企业跃居为著名大公司；加发泡剂可使面包松软可口，把发泡原理向其他领域推广后，制成橡胶海绵、发泡塑料、气泡混凝土（可隔音、隔热）、气泡玻璃等。

2. 能否借用（现有的发明能否引入其他的创造性设想?）

前面的一条思路是将现有的发明用于他途，这一条思路则是将别的发明用于现有的发明、产品上。如声光控制节能灯座，不用拉线开关及附属线路，只要发出声响照明便会自动亮起来，而白天无论什么声响灯都不会亮；再如激光切削，爆炸成型，电磁成型都是移植其他新技术的产物。电视中引入光控装置；泌尿科医生引入微爆破技术消除肾结石，病人躺在手术台上只感到小腹有一次震动，结石便化大为小，堪称结石患者的福音；水泥电弧切割机是借用了钢板电弧机的技术原理。

3. 能否改变（现有的发明是否可改变形状、触感、温度、湿度、粗糙度、颜色、音响、味道和制造方法，改变之后效果如何?）

改变也是一种创造，如将平面镜改成多种柱面、曲面，制成哈哈镜；开始发明了滚柱轴承，后来又有了用圆球、圆锥取代小圆柱，使滚柱轴承用途更广更普遍；中科院上海分院研究员周光宇将古已有之的七巧板（国外称之为“唐图”）加以改进，用磁性原理不仅能使图样拼起来，还能立起来，成为新一代立体的“宇光七巧板”；日本一发明者将围棋子的单色改变为一面黑一面白，变“围而去之”为“俘而虏之”，这种取名“奥赛罗”的棋深受欢迎。

4. 能否扩大（是否可以扩大一下，是否可以增加些什么，是否要延长时间，是否可以提高频率或增大强度，是否可以更高些、更长些、更厚些，是否可以附加价值，是否可以增加材料，是否可以复制或是加倍乃至夸张等?）

在创造设想上多用加法或乘法可使人扩大探索的范围，这是一种很常用又很可贵的创造方法。如远近兼顾的手电，两个不同方向灯泡的手电能帮助人们看清脚下的地方和要去的地方；又如原来的钻孔器（功能单一），新型钻孔器既可钻孔又可拧紧螺丝；日本下村株式会社发明一种可以变大或变小的新式铺盖，投放市场后供不应求：洗衣机从单缸到双缸，从半自动到全自动，从低波轮到高波轮，从家用小尺寸到工业大尺寸，从塑壳到铁皮外壳，以及不锈钢、铝合金外壳等；广告由于高科技发展已经出现激光广告、光纤广告、数字化图像广告、彩云图像广告、电话广告、带味广告等等；飞机跑道有频闪信号灯光闪亮，能提示飞机起降，现在美国已将它用于人行道上，使繁忙的城市交通中的交通事故得以减少。

5. 能否缩小（能否将现有的发明或产品缩小体积、减轻重量或分割化小?）

从“缩小”“减轻”的思路出发搞创新发明也是重要技法，

产品轻型化、微型化甚至代表了一种发展趋势。电视机、录音机都有袖珍迷你型，缩微胶卷全息激光存储，微机械等。日本电子产品除质量上乘外很重要一条是靠“小型化”取胜，产品微型化给发明家得以大显身手的机会。现在可以说凡原有产品都有微型化的可能。美国麻省理工学院人工智能研究室研制成功的微型机器人重量还不到50克，体积只有20立方厘米，据说以后微型机器人重量可以减小到毫克量级。上海交通大学已使直径小于2毫米的微电机变为现实。

另外“缩小”的含义还逐步延伸，包括使产品通过折叠、弯曲、盘卷、收缩、充放气（或液体）、拆装等使产品在非使用状态时缩小，像充气建筑及其制品，折叠伞、便携式自行车、折叠手杖、折叠晾衣架、卷尺、多节钓鱼竿、可盘卷收缩剃须刀等不胜枚举。随着人类文明进步，省空间、省事、省时、缩小的产品将魅力永存，生机无限。

6. 能否代用（能否用其他产品材料、工艺方法代替原有产品或发明?）

由于资源紧缺，能源匮乏，寻找理想的替代品也是一种创造发明。如人造花岗岩、人造大理石、人造板、人造金刚钻、人造丝；焊接中用埃索气替代乙炔气；气锤打桩改用液压打桩，明显降低噪声；上海水乡青浦练塘镇的“能工巧匠”大胆探索，用遗弃无用的茭白叶子编结成工艺品并出口，已成为海内外收藏爱好者和居家珍藏的工艺品，这项变废为宝、巧夺天工的编结工艺已获得国家专利。总之，改变材质是开发新产品的常用方法。通过取代替换可为创造设想提供相当广阔的探索领域。

7. 能否重新调整（能否将现有发明更换一下型号或更换一下顺序?）

重新安排可生发无数新设想。飞机发动机多次重新安排，螺旋桨的逐渐移位；商店橱窗的重新布置，展品的重新安排；工作时间的合理调整，休息时间错开；电视节目频道调整；商品货架的重新调整等等。

8. 能否颠倒（能否将现有发明、产品或工艺方法颠倒一下？）

任何方法、用途，正反颠倒都可产生新的效果。例如火箭向空中发射，颠倒过来向地下发射就成了探地火箭；地震对地面构筑物会产生波及作用，反过来可用人工地下爆炸产生作用力来探测一下地质构造回波，从而测定储油构造；美国海洋工程发明家研制了新型深海潜水的“探海飞机”，其外形与空中飞行的飞机几乎没有什么差异；又如长期以来对恶性肿瘤（包括白血病）都采用传统方法，将肿瘤细胞杀伤，然而正常细胞也受损伤并会引起严重并发症，我国上海第二医科大学瑞金医院的一名教授创立了诱导分化法，治疗急性早期幼粒细胞白血病获得成功，在首批治疗的24例病例中有23个病情明显缓解，“诱导分化”就是使肿瘤细胞“改邪归正”成为正常细胞；随着现代高技术的发展，人们将天文台移到数百米的地下或海底，开始了天文观测的又一新天地，利用地下天文台观测捕捉来自宇宙的中微子，以便能搜寻、研究更遥远的天体。

9. 能否组合（能否将几种产品或发明组合在一起？）

组合而产生新的创造设想在创造发明中往往胜过其他方法，故而被认为是创造性的动力源泉。如橡胶轮胎就是橡胶和加速剂、抗老化剂、纤维材料的组合，复合管是树脂材料、玻纤、石英砂等材料的组合，还有的产品如收录机、喷气电熨斗等都是组合发明。组合也包括方法、方式、方案、目的组合等，如组合分析，组合机床，组合桥梁，联营企业、合资公司等。

检核表法的魅力在于它是一种多向思维的技法，它通过巧妙的指示疏通思路，使思维开阔，加速运转。它还是一种系统的思考法，可使思路更有条理。检核表的核心在于一个“变”字，变就是创造，变字当头，创造就在其中了。检核表法不仅广泛用于发明创造中，而且在管理领域也能发挥作用，如现代科学管理制度是在泰罗制度基础上提出著名的三问，即对任何问题都向自己提三个基本问题：①能不能取消？②能不能合并？③能不能用更简便的东西取代？现在也有人提出新观念揭示法 10 条思路，即综合、转移、杂交、改变、放大、缩小、转化、代替、颠倒、重组。其本质也和前面提到的检核表法等方法一样。

三、12 个“一”：和田十二法

上海和田路小学研制了“和田技法”，即 12 个“一”：加一加、减一减、扩一扩、缩一缩、变一变、改一改、联一联、学一学、代一代，搬一搬、反一反、定一定。按这 12 个“一”顺序逐一核对、思考，从中得到启发是必然的。

1. 12 个“一”的具体内容

（1）加一加——可在这件东西上添加什么吗？需要加上更多的时间或次数吗？把它加高一些、加厚一些，行不行？把它与其他东西组合在一起，会有什么结果？

（2）减一减——可在这件东西上减去些什么吗？可以减少时间或次数吗？把它降低一些、减轻一些，行不行？可省略、取消些什么吗？

（3）扩一扩——使这件东西放大、扩展，会怎么样？

（4）缩一缩——使这件东西压缩、缩小，会怎么样？

（5）变一变——改变一下形状、颜色、音响、气味、味道，会怎么样？改变一下次序又会怎样？

（6）改一改——这件东西还存在什么缺点？还有什么不足之处需要改进？它在使用时是否给人带来不便和麻烦？有解决这些问题的办法吗？

（7）联一联——某个事物（某件东西或事情）的结果跟其他的起因有什么联系？能从中找到解决问题的办法吗？把某些东西或事情联系起来，能帮助我们达到什么目的？

（8）学一学——有什么事情可以让自己模仿、学习一下吗？模仿它的形状和结构会有什么结果？学习它的原理、技术又会有什么结果？

（9）代一代——有什么东西能代替另一样东西？如用别的

材料、零件、方法等，代替另一种材料、零件、方法等，行不行？

(10) 搬一搬——把这件东西搬到别的地方还能有别的用处吗？这个想法、道理、技术搬到别的地方也能用得上吗？

(11) 反一反——如果把一件东西、一个事物的正反、上下、左右、前后、横竖、里外颠倒一下，会有什么结果？

(12) 定一定——为了解决某个问题或改进某件东西，为了提高学习、工作效率和防止可能发生的事故或疏漏，需要规定些什么吗？

2. 12 个“一”的案例应用

简单的十二个字“加”“减”“扩”“缩”“变”“改”“联”“学”“代”“搬”“反”“定”，概括了解决发明问题的 12 条思路。

1）加一加

例如：①MP3 加上收音机的功能就更贵一些；海尔冰箱加上电脑桌的功能，在美国大受欢迎；手机加上照相的功能便价格不菲；苹果 iPod 加了个播放器和电影的移动存储，结果利润远远大于电脑；TCL 手机加宝石，加的是时尚。②人没法长高，鞋底加高就增加销量。③咨询业强调附加价值，买一赠一，做咨询策划另送培训，除了主要培训内容，还提供额外的服务。比如除进行提升销售能力的培训外，还送情商、领导力和时间管理的技巧培训。④某文具公司将文具进行组合改进，在盒子上安装电子表、温度计，通过变化，盒子甚至可以成为一个变形金刚等，五花八门，千变万化，迎合了孩子的心理和兴趣，所以销量越来越大，很快风靡全球。⑤现在卖房子都是变着花样往外卖，很多地产公司都搞“加一加”的创新，强调周边环境、配套设施，如果附近有商场、超市、学校、医院、地铁和公交车站，那么房价就贵一些。宣传概念也不忘加点什么，比如“奥林匹克花园”，就是把房产与体育（健康）相加，营造“运动就在家门口”的感觉。

2）减一减

例如：①移动硬盘越小越方便携带，销路越好；大米改成小包装反倒卖得快。②目前市面上有很多功能齐全的数码照相机，但消费者发现其中 90% 的功能都不会用。这个时候减去很多功能，就意味着成本的降低。也相当于进入一个新的无竞争领域，满足一部分经济型消费者的需求。比如某品牌推出全民普及的低价相机就是抓住了这一机会。③企业管理也是一样，有时候要减少员工数量，实行末位淘汰，这样才能保持组织持续进步的活力。④买产品时要考虑减少顾客的购买成本，降低顾客的购买风险才能赢得更多顾客。⑤经营企业有的时候要做减法，减掉非核心主业，锻造专业化。⑥“减一减”最经典的案例要属常年盈利的美国西南航空公司。首先，去掉一些空姐的岗位，这样一来，飞机票价格就降下来了。其次，不提供饭食，以降低成本。在美国，航空食品非常贵，另外，加热的设备也需要购置，乘客用餐完毕后还需打扫卫生，整个环节成本是比较高的。最后，更换机型。这样一来，各方面的成本就降低了，规模也扩大了。

3）扩一扩

例如：①内存是越扩越贵。②一位中学生雨天与人合用一把雨伞，结果两人都淋湿了一个肩膀。他想到了“扩一扩”，设计出了一把“情侣伞”——将伞面积扩大，并呈椭圆形，结果这种伞在市场上很畅销；另外，通过变通把雨伞加大一点，成为海滨游泳场的晴雨两用伞。③海尔冰箱销往发展中国家，当地居民把冰箱作为大件装饰品，喜欢把冰箱摆在显眼的位置上，觉得越大越阔气，于是海尔针对他们的需求就把冰箱外观做大一些，结果销路甚好。④牙膏口扩大一点，减少消费者的使用时间，增加购买频次，也同样增加销量。⑤海尔为了满足四川农民用洗衣机洗土豆的需求，扩大过滤孔，创造出深受当地农民喜爱的产品。⑥国美并购永乐，旨在扩大渠道，由并购增强规模优势，增加谈判筹码，获得高额利润。江南春的分众传媒并购虞锋的聚众也是同样的道理。

4）变一变

例如：①立邦漆颜色多变，才能处处放光彩。②Swatch 手表款式多变，注入了心情、季节、时尚等元素，才更受欢迎。③手机、家电变换款式受人青睐，当年的摩托罗拉 V70 会旋转的手机以及夏新 A8 会跳舞的手机都是变换款式抢先获得高额利润的典范。④潘石屹就是因为善于改变，强调价值创新的勇气和智慧，率先引进了国外流行多年的“SOHO”概念（Small Office Home Office），即在家办公。SOHO 一族从本质上讲，不是地域空间的标志，而是一种思维观念，一种生活方式的改变。这样使得他的公司真正做到了“不与竞争者竞争”，进入一片蓝海。⑤营销人应该善于多变，专业化中带有多元化，具有多变思维，博闻强识，这样才能结合市场做出更好的方案，给予其他人更精准的指导。⑥改变卖法和策略往往使销售变得简单。比如圣诞之夜，某高校俱乐部门前，一老妇守着两筐大苹果叫卖，因为天寒，问者寥寥，生意非常冷淡。一教授见情形，上前与老妇商量几句，然后走到附近商店买来节日织花用的红彩带，并与老妇一起将苹果两两一扎，接着高叫道：“情侣苹果哟！两元一对！”经过的情侣们甚觉新鲜，用红彩带扎在一起的一对苹果看起来很有情趣，因而买者甚众，不一会就全部卖光。老妇感激不尽，收获颇丰。

5）改一改

例如：①海尔追求创新，将冰箱上部分形状改成电脑桌，结果深受美国学生的欢迎。②同一产品卖点改一改就卖活了，比如某品牌饮料，把卖点改为“预防上火的饮料”就迅速火了起来。③将缺点改成特色进行宣传，往往能达到“以迂为直，以患为利”的效果。比如一水果店一日遭受大火，店内香蕉被烤得外表皮发黑，店主先前以为肯定完了，卖不出去了。没有人会买发黑的香蕉。但店主发现这些香蕉内部完好，品尝一下还更好吃了。于是店主灵机一动，出去叫卖的时候宣称是“阿根廷香蕉”，引来很多人品尝购买，结果一售而空。④时代在变化，企业组织也要改进，于是企业重组、流程再造、信息管理等变革措施纷纷出炉。换句话说，企业存在障碍就得改进，有改进才会有进步。比如美国通用电气公司崇尚变革，经过多次变革，既保持了大公司的稳健特性，又保持了小公司的灵活特性。

6）缩一缩

例如：①MP3、MP4 越小越贵。②掌中宝电脑、折叠自行车、压缩饼干、袖珍收音机、袖珍雨衣、书籍的缩印本、袖珍词典都是采用“缩”的创意。③蒙牛牛奶有一种闪蒸工艺，能够缩掉一部分水分，使得牛奶更醇厚，口感更好，口味更香。④海尔电冰箱为了满足美国人的需要，制造出微型电冰箱深受欢迎。⑤广告的卖点必须提炼浓缩成一点，用一个记忆点强化宣传，集中优势兵力进军目标消费者市场，占领资源。

7）联一联

例如：①江南春通过电梯即将关闭时看到的明星海报，联想到在电梯门口安装电视，最终造就分众传媒，带来亿万财富。②蒙牛将牛奶与航天载人火箭联系在一起，借势提升了知名度和牛奶的品质。③当年富豪矿泉壶进入北京市场，租用 10 辆超豪华凯迪拉克轿车，以摩托车开道，浩浩荡荡，以迎接国宾的规格，向首都人民推出了富豪矿泉壶，车队拉着各大商店的销售人员，神气活现地出现在长安街上，然后，又绕到二环路上，有模有样地转了几圈。将富豪与凯迪拉克放在一起，使人们联想到富豪矿泉壶的品质应该是高档的，增加了关注度。结果“富豪”借凯迪拉克发动凌厉攻势，成为北京一大新闻，知名度大涨，占得北京市场一席之地。④产品与健康、人性、情感等高级复杂的东西联系到一起就更有价值，更受欢迎，比如可口可乐代表“欢乐”，统一鲜橙多代表“漂亮”，雕牌走情感诉求路线，代表“温暖”。⑤农夫山泉，用纯净水和矿泉水养花的试验让人们联想到久喝纯净水对身体无益，从而提升自己品牌矿泉水的地位。⑥珠宝戴在美女模特身上让人联想到美，钻石让人联想到永远美好的爱情。

8）学一学

例如：①松下不做技术的创新者，只做后来的改进者。学而不创，学而改优，令其产品快速跟进领先。②有一位小发明家发明了方便的淘米器。平时淘米时，倒水很麻烦，一不小心，米就会流失。该发明家看到米筛台，发现米筛密且不易漏米，便学着做了个半圆形的铁丝网，罩在淘米桶上就不会使米流失了。③目前，很多人走的是复制模仿路线，个人学习成功走向成功，用自己的金钱去换人家的时间、经验和成功的方法。④个人要学习，组织也要学习，组织学习提升竞争力，以学习型组织构造强大的团队能力。有的企业办起了企业大学，重视人才的培养和锻造，为企业发展增强了后劲。

9）代一代

例如：①阿基米德告诉我们称重不一定要秤，用浮力也可以；小学课本上的一则故事告诉我们，乌鸦喝水不一定非得打翻瓶子，扔石头就行。②陈天桥曾经预言的黑盒子家庭娱乐方案，要用电视完成娱乐的所有功能，替代电脑、电话，将是新的“造反”方程式。

10）搬一搬

例如：①21 寸的彩电在城市没销路，可以尝试销往边远农村。②舒蕾刚开始投放市场时，宝洁柜台在哪它就搬到哪，和第一拉近距离，不就是第二吗？③便可贴最先的功能定位是黏东西，可是因为黏性不好，就成就了今天的便笺纸；还有把电视机上的拉杆天线“搬”到教师的讲台，就成了可伸缩的“教棒”。

11）反一反

例如：①以正合，以奇胜，不具备逆向思维，难以取胜。田忌赛马的故事告诉我们，顺序颠倒，要素不变可以改变竞争的结局。②别人不走的路“我”走走看，别人不认可的，“我”思考一下，尝试做一下。很多时候坚持与众不同，你就真的不同凡响。③计算机都以渠道为核心竞争力，但戴尔却不搞传统渠道，注重直销，逐渐成为计算机领域的领军品牌。④“围魏救赵”

的故事告诉我们仗不用打，解决问题就行。

12）定一定

例如：①各航空公司都有会员制度，会员积分达到一定量就能够享受特殊优待，相当于航空公司定了标准必须搭乘它的飞机，以此产生忠诚度。②营销从某种意义上来说就是定位，各公司生产的产品都有自己的定位，特点鲜明。

四、语词联结法

语词联结法是一种把给定的若干词语按要求联结起来的思维训练方法。这种方法不是创造技法，不会带来实用价值，但对于人们训练思维能力则是有帮助的。这里介绍其中的两种训练方法。

（1）有一种思维训练法，要求人们把看起来互不相关的词语联系起来，如把“天空”和“木材”“鸟”和“胡萝卜”“鲸鱼”和“宿山”等联系起来。苏联心理学家哥格万和斯塔林茨用实验证明，伯何两个词语都可以经过四五个阶段，建立起联想的关系。例如“木头”和“皮球”，两个概念风马牛不相及，但只要经过四步中间联想做媒介，彼此就可建立起联想关系：木头——树林，树林——田野，田野——足球场，足球场——皮球。再譬如“天空”和“茶”，也只需要四步联想：天空——土地，土地——水，水——喝，喝——茶。他们的实验所用词语都是随机地取自字典，实验共进行了几百次，结果证明从一个概念过渡到另一个概念，几乎每次都只要四步联想就可以了，只是偶尔才需要五六步。这种方法看起来没有实际价值，但是运用它却能促使人们积极思维，培养人们的思维能力。正如跑步等体育锻炼活动看起来没有直接创造实际价值，但却能锻炼人的身体一样。

（2）用5个词汇组成一句话故事。要求：所给的词语必须全部被利用。例如，给出以下五个词：张、原子、表、死、红。我们就可以将之编制出如下两个“一句话”的故事：“当原子弹爆炸的时候，老张戴着他心爱的手表倒在殷红的血泊之中，死了。”“在红海，小张戴着原子牌手表，死了。”

五、6个问题——5W1H法

此法由美国陆军首创，通过连续提6个问题，构成设想方案的制约条件，设法满足这些条件，便可获得创造方案。

目前，5W1H法已广泛应用于改进工作、改善管理、技术开发、价值分析等方面。

1. 实施程序

（1）对某种现行的方法或现有的产品，从6个角度作检查提问，即：

①为什么（Why）；

②做什么（What）；

③何人（Who）；

④何时（When）；

⑤何地（Where）；

⑥如何（How）。

（2）将发现的疑点、难点列出。

（3）讨论分析，寻找改进措施。

如果现行的方法或产品经此检查基本满意，则认为该方法或产品可取；若其中某些点的答复有问题，则就在这些方面加以改进；要是某方面有独到的优点，则应借此扩大产品的效用。

5W1H法视问题的性质不同，设问检查的内容也不同。例如：

（1）为什么（Why）。为什么发光？为什么要做成这个形状？为什么不用机械代替人力？为什么产品制造的环节这么多？为什么要这么做？

（2）做什么（What）。条件是什么？目的是什么？重点是什么？功能是什么？规范是什么？要素是什么？

（3）谁（Who）。谁来办合适？谁能做？谁不宜加入？谁是顾客？谁支持？谁来决策？忽略了谁？

（4）何时（When）。何时完成？何时安装？何时销售？何时产量最高？何时最切时宜？需要几天为合适？

（5）何地（Where）。何地最适宜种植？何处做才最经济？从何处去买？卖到什么地方？安装在哪里最恰当？何地有资源？

（6）怎样（How）。怎样做最省力？怎样做最快？怎样效率最高？怎样改进？怎样避免失败？怎样求发展？怎样扩大销路？怎样改善外观？怎样方便使用？

对于最后一问 How，有时可扩展为两个问题：怎样（How）与多少（How much），此即 5W2H 法。

（7）多少（How much）。功能如何？效果如何？利弊如何？安全性如何？销售额如何？成本多少？

2. 应用例析

1）管理方面的应用

某航空公司在机场候机室二楼设小卖部，生意相当清淡。公司经理用 5W1H 法检查问题何在，结果发现在 Who、Where 及 When 三方面。

（1）谁是顾客？机场小卖部应当把入境的旅客当主顾才对，而这些客人不需要上二楼。在二楼逗留的大部分是送客或接客的人，他们完全可以在市内大市场里挑肥拣瘦，不必到机场来买东西。

（2）小卖部设置在何处？原来旅客出入境时，都是经海关检查后，直接从一楼左、右侧走，根本不需要走二楼。小卖部的位置没有设在旅客的必经之路。

（3）何时购物？出境旅客只有通过海关检查并将行李交付航空公司后，才有闲情光顾小卖部。而原来机场安排旅客上机前才能将行李交运，这样就从时间上限制了旅客。

由此可见，小卖部生意不佳的原因是：未把旅客当主顾；小卖部的位置偏离了旅客的必经之路；旅客没有购物时间。

针对这三点，航空公司研究改进措施，以顾客为主顾，调整海关检查路线和行李交付时间。此后，小卖部生意兴隆。

2）高效团队建设方面的应用

Who（我们是谁）、Where（我们在哪里）、What（我们成为什么）、When（我们什么时候行动）、How（我们怎样行动）、Why（我们为什么）。通过明确这几个方面的问题来建立高效团队。

我们是谁（Who）？即团队成员自我的深入认识，明确团队成员具有的优势和劣势、对工作的喜好、处理问题的解决方式、基本价值观差异等；通过这些分析，最后获得在团队成员之间形成共同的信念和一致的对团队目的的看法，以建立起团队运行的游戏规则。

我们在哪里（Where）？每一个团队都有其优势和弱点，通过分析团队所处环境来评估团队的综合能力，以明确团队如何发挥优势、回避威胁，提高迎接挑战的能力。

我们成为什么（What）？以团队的任务为导向，使每个团队成员明确团队的目标、行动计划，为了能够激发团队成员的激情，应树立阶段性里程碑，使团队对任务目标看得见、摸得着，创造出令成员兴奋的幻想。

我们什么时候行动（When）？合适的时机采取合适的行动是团队成功的关键；团队遇到困难或障碍时，应把握时机进行分析与解决；团队面对内、外部冲突时应在什么时机进行舒缓或消除以及在何时与何地取得相应的资源支持等都必须因势利导。

我们怎样行动（How）？怎样行动涉及团队运行问题。即团队内部如何进行分工，不同的团队角色应承担的职责、履行的权力、协调与沟通等。因此，团队内部各个成员之间也应有明确的岗位职责描述和说明，以建立团队成员的工作标准。

我们为什么（Why）？这个问题目前在很多企业团队建设中都容易被忽视，这可能也是导致团队运行效率低下的原因之一。团队要高效运作，必须要让团队成员清楚地知道他们为什么要加入这个团队，团队运行成功与失败对他们带来的正面和负面影响是什么，以增强团队成员的责任感和使命感。即将我们常常讲的激励机制引入团队建设，激励机制可以是团队荣誉的强化、薪酬或福利的增加，以及职位的晋升等。

3）危机公关传播的5W1H法

不管是政府还是企业，目前都处于一个公关危机四伏的时代。广州“非典型性肺炎”与其说是考验政府的行政的能力，倒不如说是考验政府危机公关的能力。尤其在近期，关于一些企业信誉危机的事件更是层出不穷，如某品牌奶粉被限令召回、某品牌食品含有不明基因、某品牌胶卷涉嫌走私、某制药“蓄意制造谣言以促进其药品的销售”等事件，而这些企业面对危机，要么茫然不知所措，要么被动应付，乏善可陈。

纵观以上企业危机公关的失败，更多的是其危机公关传播的失败。作为置身危机旋涡中的企业，如何将自身利益、公众利益和传媒的公信力协调一致，在最短的时间内，以最恰当的渠道向公众介绍真实、客观的情况，挽回企业品牌的信誉，将企业损失降至最低，甚至化被动为主动，借势造势进一步宣传和塑造企业形象是公关危机的原则。那么，面对突如其来的公关危机，企业该如何去公关，如何引导传播呢？接下来我们看看5W1H法的传播研究策略。

4）5W1H法的传播研究策略

（1）WHY：为什么危机会出现？

企业一旦出现危机，新闻媒体和公众不仅会问，为什么会出现危机？消费者也同样有知情权，到底是什么原因导致了危机的产生？这是一个敏感而又复杂的话题。不少企业面对危机，要么对事件本身避而不谈，要么找些理由或托词，自以为很聪明，能够蒙混过关。其实，这样做恰恰会更加促使媒体和公众对造成危机的原因产生兴趣。如果公关危机发生后，在媒体追根究底时，公司负责人迟迟不愿站出来表达企业观点，或是采取逃避的方式，始终不愿向公众说明事件的真相，那么，极有可能导致轩然大波；相反，如果当初企业的最高负责人或形象代言人接受记者采访，以此表明公司对问题的重视和解决问题的诚意，可能风波就会平息。

这个时候，企业应该勇敢地站出来，尤其是企业的负责人更应勇敢地站出来，把事情的原委与真相告诉给公众，以取得公众的谅解。当然，这需要企业的负责人有足够的智慧、勇气与信心。企业要调查危机产生的前因后果，受害者也应该及时将危机的发生、发展及时和企业进行沟通，减少不必要的误会，消除产生危机的根源。这种本着实事求是的态度来陈述事实的情况，有的时候不但不会遭受更大的危机，反而会提升企业的品牌形象。

（2）WHO：针对谁传播？

企业的公关危机一旦出现，对于企业来说成立“危机公关处理小组”是最关键的，这是处理公关危机的第一步。这个小组实际上就是“战时临时指挥小组”。它应该能够迅速而准确地把握事态的发展，并同时预估到危机的出现将会影响到谁？谁会注意到这个情况？危机会产生什么样的结果？一般来说，一旦有媒体将企业的“丑闻”曝出来，危机公关小组应该马上进行分析，谁会因为危机的出现而不购买产品？谁会因为危机的出现而找上门来？谁会借机利用企业的危机并促使它升级恶化？等等。

危机出现后，关注企业危机的群体无非有这么几部分：直接消费者、新闻媒体、公众、竞争对手和企业自身。危机的受害者（直接消费者）将关注企业怎么样来处理这个事件，企业会给他们怎样的说法。比如说某砸车事件，砸车的人是直接消费者，他砸车不是目的，而是一种手段，他的目的是希望通过砸车这一行为引起企业和社会的高度关注，迫使企业尽快处理整个事件并给他们一个满意的说法。新闻媒体既是客观事实的报道者也是社会舆论的监督者，无形之中还是公关危机的受益者，因为这些危机，他们的新闻有“料”了。为了这个“料”，他们会继续关注整个事态的全过程。这里面就涉及企业和媒体关系如何，对媒体的敏锐度如何，媒体的报道有时可能会直接关系到危机公关的成败。因此，与媒体建立良好的关系，争取媒体客观的报道，将企业的想法传播出去是很重要的。除了媒体之外，工商、税务等政府行政部门也对企业的未来影响巨大，与这些部门建立良好的关系也是很重要的。竞争对手则会对公关危机起到推波助澜的作用，因此，企业与企业之间，尤其和竞争对手之间在公平的基础上建立友好、诚信的关系也是很重要的。

至于公众，则是企业危机影响面最大、后续影响力最强的一个人群。比如某品牌奶粉事件，不仅在一定时期内影响消费者继续购买该品牌的奶粉从而给企业造成巨大的损失，而且质量检验检疫部门也会在相当长的时间内继续关注该品牌以后的奶粉质量是否达到要求，并时时提醒消费者。

（3）WHAT：表达什么立场？

作为危机公关，诚实、信用、坦诚是最重要的原则，也是危机公关成败最关键的因素。

当危机产生时，面对公众、媒体、竞争对手、受害者，我们到底应该表达些什么呢？首先，应该有诚意，对事件的产生和结果表示歉意乃至道歉，即使不是由于企业本身的问题造成的也必须对受害者表示遗憾和慰问。

对于企业本身的错误我们应该表示歉意或道歉，同时我们应该用实际的行动挽回自己给受害者所造成的损失。而不是充当和事佬，幻想着“大事化小，小事化了”，这样反而会适得其反。例如某品牌汽车事件，企业危机公关措辞含糊，缺乏真诚和为挽回受害者损失的实际行动，因而引起消费者的不满。至于遗憾应该是建立在“受害者”的角度上思考为什么会出现这种情况，企业有没有应该改进的地方或为避免以后再发生类似的事情而给予必要的提示，企业究竟该做什么，而不是用那种无法令人信服的理由与托词搪塞了事。

接下来就是对整个事件从多角度、多方面进行分析，并尽可能地站在消费者的角度思考问题和解决问题。

（4）WHEN：何时表达立场？

公关危机产生后应该是处理得越及时越好，这样企业才有可能获得主动权并赢得社会大众的同情和谅解。企业对时间的选择影响事态的发展。一般来说，一旦出现危机，企业应该迅速表达自己的立场。这个立场既要坦诚也要“有礼有节”，给自己留有回旋的余地。企业要在第一时间做出对危机的判断与定性，是信任危机、品牌危机，还是服务危机，抑或是产品危机？和企业高层沟通后，立即表明自身对事态的立场，取得公众与媒体的信任，避免被媒体和公众不着边际地猜疑。

在企业的危机公关中，除了迅速与及时地表明自己的态度外，还要根据自己对危机的调查与处理的过程，及时与媒体和公众沟通，并且在企业危机完全处理好后，还要与公众保持良好的信息畅通渠道，以便让消费者对企业产生良好的信任感。

（5）WHERE：采用何种传播渠道？

公众媒体传播和口碑传播是危机公关中企业危机信息传播的两种重要形式。对于公众的口碑，可控性比较差，但是对于公众性的媒体则完全可以通过政府公关、媒体公关加以控制和引导，使事态朝着良性方向发展，进而影响口碑传播。

媒体的传播应该注意及时与迅速，并且注意传播的渠道，是采取电视访谈的形式，还是采用召开新闻发布会或说明会的形式，抑或是采取声明的形式，这些都是值得处于危机之中的企业好好研究的。近两年，互联网异军突起，一些媒体和一些专业人士都是通过网站首先获悉这些信息的，尤其是一些大型企业和外资企业不仅及时将信息通过自己的网站向社会公布，而且与知名的门户网站也建立了友好的关系，这无疑也是一条很好的公关危机处理通道。

（6）HOW：怎样进行危机公关？

公关危机出来后，企业用什么方式来处理危机？新闻发布会是在危机出现后常用的一种方式。新闻媒体报道的客观和真实性的特点会改变危机中企业的形象。在危机公关里，通常会有借助媒介和应对媒介两种。借助媒介是指通过发布与危机有关的信息，减少损失，及早控制事件向不利的方向发展，稳定受害人员及其家属的情绪。应对媒介主要是接受媒体采访和提问。举行新闻发布会和接受媒体采访给公司提供了一个绝好的沟通的机会，使媒体真正了解到究竟发生了什么事情，企业正在采取何种弥补措施等。对于企业来说，企业把握住主动权并直接控制和引导了相关事件的相关的信息。

在召开新闻发布会的同时可以邀请一些媒体记者、直接消费者和相关专家学者一同去企业做现场参观和考察，让参观者到一线了解最真实的情况，增进与企业的关系。

当新闻发布会召开后，可以就危机处理中的一些积极因素或者双方达成的结果，通过精心策划和包装，再次吸引新闻媒介的关注和报道。危机基本结束之后的新闻报道，主要是给公众形成一个印象，企业所采取的一切措施都是对社会负责的表现，以此来增强公众对企业或组织的信任。

以上是危机公关传播中的5W1H法的具体阐释和说明，只是一个粗略的框架，在实际应用中需要针对不同的公关危机进行灵活安排和应用。

第五节 头脑风暴法

一、头脑风暴法的组织实施

头脑风暴法（BS法）是由美国有着“创造学之父”美誉的奥斯本发明的。在我国，也译为“智力激励法”“脑力激荡法”“BS法”等。该法在20世纪50年代于美国推广应用，许多大学相继开设头脑风暴法课程，其后传入西欧、日本、中国等，并有许多演变和发展，成为创意方法中最重要的方法之一。

该方法的核心是高度充分的自由联想。这种方法一般是举行一种特殊的小型会议，与会者可以毫无顾忌地提出各种想法，彼此激励，相互启发，引起联想，导致创意设想的连锁反应，产生众多的创意。其原理类似于“集思广益”。其具体实施要点如下：

（1）召集5～12人的小型特殊会议，人多了不能充分发表意见。

（2）会议有1名主持人，1～2名记录员。会议开始，主持人简要说明会议议题，要解决的问题和目标；宣布会议遵循的原则和注意事项；鼓励人人发言和提出各种新构想；注意保持会议主题方向、发言简明、气氛活跃。记录员要记下所有方案、设想（包括平庸、荒唐、古怪的设想），不得遗漏。会后协助主持人分类整理。

（3）会议一般不超过1小时，以半小时最佳。时间过长，头脑易疲劳。

（4）会议地点应选在安静不受干扰的场所，切断电话，谢绝会客。

（5）会议要提前通知与会者，使他们明确主题，有所准备。

二、头脑风暴法应遵循的原则

为顺利实施该法，应遵循以下原则：

（1）自由原则。与会者可以自由地、任意地提出解决问题的设想，不受任何限制。思维越狂放，构想越新奇越好。有时看似荒唐的设想，却是打开创意大门的钥匙。

（2）平等原则。与会者不分职务、资历、性别、年龄、专业一律平等。

（3）不评判原则。与会者相互之间不许质询、赞扬、批评和评论。即使是对幼稚的、错误的、荒诞的想法，也不得批评。如果有人不遵守这一条，会受到主持人的警告。

（4）数量原则。鼓励人人多谈想法，数量越多越好，而不求质量；数量多了质量自然会高。新设想越多越好，设想越多，可行办法出现的概率就越大。

（5）单一原则。每人每次发言仅提一个设想，只说想法不陈述理由和背景。

（6）优先原则。可以利用他人想法，提出更新、更奇、更妙的构想。凡是因前一个人的发言而激起的新想法，优先发言。为此，属优先的发言者应及时投出“优先”的信号。

（7）综合改善原则。鼓励与会者多提改善类设想。

（8）公开原则。与会者的发言必须被小组全体人员都听到，不允许开小会。

（9）奖励原则。在会上提出设想多的人，或其构想被采纳的人都应得到高于其他人的奖励。为此，应记录好每个人的发言。但绝不议论哪些构想不好，更不许提及不好的设想是谁提出的。

三、头脑风暴法应注意的问题

根据人们多年的经验，实施“头脑风暴法”应注意如下一些问题：

（1）讨论题的确定很重要。要具体、明确，不宜过大或过小，也不宜限制性太强；题目宜专一，不要同时将两个或两个以上问题混淆讨论；会议之始，主持人可先提出简单问题作演习；会议题目应着眼于能收集大量的设想。

（2）会议要很有节奏，巧妙运用“行—停”的技巧：3 分钟提出设想，5 分钟进行考虑，再 3 分钟提出设想，如此反复交替，形成良好高效的节奏。

（3）按顺序“一个接一个”轮流发表构想。如轮到的人当时无新构想，可以跳到下一个。在如此循环下，新想法便一一出现。

（4）会上不允许私下交谈，以免干扰别人的思维活动。

（5）参加会议的人员应定期轮换，应有不同部门、不同领域的人参加，以便集思广益。

（6）参加会议者应有男有女，以额外增强竞争意识和好胜心。

（7）领导或权威在场，常常不利于与会者“自由”地提出设想。只有在充分民主气氛形成的局面下，才宜于领导或权威参加。

(8) 为使会议气氛轻松自然，自由愉快，可先热身活动一番，比如说说笑话、吃东西、猜个谜语、听段音乐等。

(9) 主持人应按每条设想提出的顺序编出顺序号，以随时掌握提出设想的数量，并提出一些数量指标，鼓励多提新设想。

(10) 会后要及时归纳分类，再组织一次小组会评价和筛选，以形成最佳的创意。

在头脑风暴会上，只要遵循上述几项原则和注意上述十个问题，就会发挥集思广益的奇效，使每个人的独到创意不受压抑，还可借鉴别人的智慧，激励自己的想象和灵感，产生更多更新的创意。一般说来，一次头脑风暴会可得到数十条以至几百条新设想。

四、头脑风暴法的价值

头脑风暴法的价值主要在于它能集众人的智慧来解决问题，从而产生整体大于部分的整体效应。中国有句俗话："三个臭皮匠胜过一个诸葛亮"。这是头脑风暴法的生动写照。通过集体的讨论激励，能使各自的潜意识慢慢地显露出来，使沉睡着的记忆信息活跃起来，使大脑处于兴奋的工作状态之中，产生出一些人们意想不到的新的思想观点。

事实上，古今中外创意成功的历史告诉我们，头脑风暴法早就存在并且有了广泛的应用。爱因斯坦青年时期创立的"奥林匹亚学院"就是一个典范，他的许多论著的观点，都是在这"科学沙龙"里议论过的。20世纪二三十年代，丹麦物理学家玻尔周围云集了许多青年物理学家，比较著名的有海森堡、泡利等，这便是名噪一时的"哥本哈根学派"。他们的合作与研讨，不仅在量子力学和基本粒子领域作出了辉煌的贡献，而且造就了许多才华横溢的物理学人才。我国五六十年代"三钱"（钱学森、钱三强、钱伟长）在原子物理事业上的合作，一直被传为美谈，正是他们的集思广益，加速了我国研制原子弹的成功。

头脑风暴法不仅适用于科学发现、技术发明，还可以用于文艺创作、军事指挥、企事业管理等。现代许多形形色色的学术沙龙、信息沙龙和文艺沙龙等，都是头脑风暴法的种种表现形式。头脑风暴法对于决策的民主化、科学化也是很有帮助的。事实上，这种备受欢迎的集思广益法受到重视是不足为奇的。因为当一批富有个性的人走到一起时，由于各人的基础、起点、掌握的信息、视角、研究方式及分析综合能力等各不相同，通过彼此交流、切磋，不但会形成大量的新创意，而且会形成智慧的叠加、互补和增值，并显著提高每个人的智商、情商和创意能力。

例如，美国北部，下暴风雪时压断了高压干线，造成了重大损失。为此，美国通用电力公司召开工程智慧讨论会，以期用奥斯本头脑风暴法迅速找到最佳解决方案。围绕议题，公司鼓励专家们畅所欲言。有人提议沿线加置耗电且花钱很大的线路加温装置以消融积雪；有人则提议安装振荡器，抖掉线路上的积雪。主持人继续鼓励大家想出绝招。有人幽默地提出：“最简便的莫过于用大扫帚沿线清扫一回。”有人则马上接过话题：“那得把上帝雇来了。”这些怪念头和俏皮话，却激励了一位参加者的思想火花：“啊哈！上帝拖着扫帚来回跑，真妙！我们开一架直升机不就行了吗?”是的，飞机的速度和风力足以迅速地吹掉高压线的积雪。最后电力公司采纳了这一方案，实践证明它是行之有效的。

奥斯本的这种方法是创造技法，后来演化成培养和开发创造力的思维训练方法，对于人们培养创新思维能力有实用价值。奥斯本说：“作为创造性教育的补充……我们把集体头脑风暴法视为一种教学方法。这种直觉的教学方法有效地培养了人们的创造才能，并且有助于人们的思维。通过参加头脑风暴会议，不论是在个人努力还是在集体工作中，人们都可以提高自己的创造才能。”

奥斯本的头脑风暴法鼓励大胆地、自由地产生新思想，别人不得追问理由。事实上也就是要求人们在理由不充足、信息不充分的情况下进行大胆的思维，这对培养非逻辑思维能力是非常有利的。培养创造力主要就是培养非逻辑思维能力。

第六节　不完全归纳法

一、不完全归纳法的概念

不完全归纳法是根据一类事物中的部分对象具有（或不具有）某种属性，从而得出该类事物所有对象都具有（或不具有）某种属性的思维方法。

例如：

地球与月球之间是互相吸引的；

太阳与地球之间是互相吸引的；

地球与火星之间是互相吸引的；

太阳与月球之间是互相吸引的；

木星与木星卫星之间是互相吸引的；

太阳与哈雷彗星之间是互相吸引的；

所以，任何两个物体之间都是互相吸引的。

这个结论就是众所周知的“万有引力定律”。无疑，这是由部分推论到全体。不完全归纳法的形式如下：

S_1 是（或不是）P；

S_2 是（或不是）P；

S_3 是（或不是）P；

S_4 是（或不是）P；

S_1、S_2、S_3……S 是 S 类事物的部分对象；

所以，所有 S 都是（或不是）P。

二、不完全归纳法的结论是或然的

人们应用不完全归纳法，虽然可以从为数不多的事例中摸索出普遍的规律性来，然而这还是个“猜想”。这种猜想对不对，还必须进一步加以验证，因为结论所断定的范围超出了前提所断定的范围，结论就不具有必然性，也就是说它可能真，也可能假。概而言之，对不完全归纳法来说，一方面是它的结论可能提供全新的知识，另一方面是它的结论未必真实可靠。

让我们再看一个科学上著名的实例，自然数中那些可以被 2 整除的数，叫做偶数；剩下的那些数，叫做奇数。还有一种数，只能被 1 和它自身、而不能被其他自然数整除，如 2、3、5、7、11、13 等等，这种数叫做素数，又称质数。在两百多年前的 1742 年，哥德巴赫写信给欧拉，提出了每个不小于 6 的偶数都是二个素数之和。例如 6 = 3 + 3、24 = 11 + 13 等。有人对一个一个的偶数都进行了这样的验算，一直验算到了三亿三千万之数，都表明这是对的，但是更大的数目，更大更大的数目呢？猜想起来也该是对的。这就是应用不完全归纳法而提出的著名的“哥德巴赫猜想”（任何一个偶数都能表示为两个质数之和）。其所以称之为“猜想”，是因为结论是或然的，未必是确实的。

因此，“哥德巴赫猜想”还必须加以证明，然而证明它是件非常艰难的事。现已证明了：任何一个偶数都可以表示为一个质数和不少于两质数的乘积之和。这离解决“哥德巴赫猜想”的证明虽然只有一步之差，但是“哥德巴赫猜想”仍然还是个悬案，可能最后被证明也可能最后被推翻。

三、不完全归纳法的作用

不完全归纳法的特点是结论所断定的范围超出了前提所断定的范围，结论的知识往往不只是前提已有知识的简单推广，而且还揭示出存在于无数现象之间的普遍规律性，为人们提供了全新的知识，尤其是科学的普遍原理。要认识周围的现实，人们首先必须对事物的现象进行大量的观察和实验，然后根据观察和实验所确认的一系列个别事实，应用不完全归纳法由个别的知识概括成为一般的知识，从而达到对普遍规律性的认识。所以，不完全归纳法在探求新知识的过程中具有极为重要的意义。

第七节 类 推 法

一、类推法的概念

类推法是这样一种思维方法，它根据两个对象在一些属性上相同或相似，由此推出两个对象在另一个属性上也相同或相似的结论。例如，几十年前曾经有些科学家将火星与地球类比，根据地球和火星都是太阳系行星，都有大气层，都有水分，都是温度适中，而地球上有生物，便推知火星上也可能有生物。这就是类推法。类推法表示如下：

A 对象具有属性 a、b、c、d；

B 对象具有属性 a、b、c；

所以，B 对象也具有属性 d。

这一思维过程，实际上是先根据两个或两类事物之间有许多属性相同而推出它们可能属于同一类，然后又根据同一类事物有许多共同属性而推出它们的其他属性也可能相同。这是因为客观世界存在着同一性，各种事物之间存在着各式各样的相似点和相似关系，并且事物的许多属性并不是独立地存在的，而是相互联系、相互制约的。因此，在我们知道的几个相似点之后，下一个很可能又是相似点。当然，不同的类推所根据的相似点是不同的，有的类推是根据很多的相似点而得出结论的，有的类推则是根据很少的相似点而得出结论的。例如，古时人们想要像鸟一样飞翔，先是重视宏观类推，用手臂来代替两个巨大的“翅膀”，不但飞不上天，反而把人摔死了。后来，人们了解了鸟翅膀的微观动态结构，了解到拱弧形翼上面空气流速快，翼下面空气流速慢，使翅膀上下产生压差，从而产生升力。于是就改进机翼，加大了运动速度，即从微观动态结构相似着手，最后取得了相似结果，制造成功了现在的飞机。

听诊器的发明，也是典型的直接类推思维的产物：一个医生很想发明一种能够诊断胸腔里健康状况的听诊设备，一天到公园散步，看到两个小孩在玩跷跷板，一个小孩在一头轻轻地敲跷跷板，还有一个小孩在另一头贴耳听，虽然敲者用力轻，可是听者却听得极清晰。他把要创造的听诊器与这一现象类比，终于获得了制作听诊器的创意，医疗中广泛使用的听诊器就这样诞生了。

二、类推法得出的结论是或然的

类推法的思维方向是从特殊到特殊，即从一个对象的特殊知识过渡到另一对象的特殊知识。这一过渡需要两座桥梁。一座桥梁是两个对象的一些属性相似。另一座桥梁就是我们假定一个对象属性之间的共存联系也适合于另一对象。不难看出，这两座桥梁都不太牢靠。根据一部分属性相似来推断其他属性也相似，根据一个特殊对象中属性的共存联系来推断另一对象也有这种联系，都缺乏逻辑上严格性和充足的理由，而带有假定和猜测的色彩。因此，它所推出的结论也就带有或然性，可能是真的也可能是假的。例如，根据计算机、机器人等人工智能机器在某些功能上与人类相似，预言机器人将会通达人性，能够集会结社、组织政府乃至统治人类，或把人类放到机器人的动物园中豢养起来等等说法就是运用类推法所得出的错误结果。

类推得出的结论之所以是或然的，主要是因为客观上存在着这样两种情况：

第一，对象之间不仅存在着相似性，而且存在着差异性。A、B 两个对象尽管在一系列属性上是相似的，但它们毕竟是两个对象，总还有某些方面的差异。如果 d 属性恰好是 A 对象异于 B 对象的特殊性，那么我们做出 B 对象也具有属性 d 的结论便是错误的。例如，美国加利福尼亚州与我国南方的一些地区的自然环境、气候条件是相似的，而美国加利福尼亚州有印第安人居住，那么由此推出我国南方的这些地区也有印第安人居住，这个结论对不对呢？显然不对。

第二，对象中并存的许多属性，有些是对象的固定属性，有些是对象的偶有属性。例如，血液循环是人体的固有属性，而有十一个手指头是个别人身上的偶有属性。如果做出类推的 d 属性是 A 对象的偶有属性，那么 B 对象很可能就不具有。不言而喻，个别人身上具有的“返祖”现象（如身上长毛、长短尾巴等），而与其极其相似的兄弟或姐妹未必具有。

虽然类推的结论是或然的，但我们注意如下两点则可以提高类推结论的可靠性：第一，前提中确定的相同属性越多，那么结论的可靠性程度也就越大。第二，前提中确定的相同属性越是本质的，相同的属性与类推的属性越是相关的，那么结论的可靠性程度也就越大。

三、类推法的作用

类推的结论都有或然性。甚至可以这样说，正由于类推有或然性，才有探索、启发、模拟等作用。类推法发挥作用的主要场合主要是在认识和研究的开始阶段。类推法在科学方法论中占有极为重要的地位，在科学研究中有着不可低估的作用。假说是科学发现的一条重要途径。假说是在有限的事实材料基础上提出的。那么，怎样在有限的事实材料基础上提出科学假说呢？除了归纳法之外，类推法是惯用的方法之一。特别是在科学发生重大变革的时刻，在一个领域或一个学科的开创阶段，只掌握少量的同类事实难以进行归纳的情况下，用类比法来提出假说，常常是颇具成效的。或者，虽然掌握了一定数量的事实但一时看不出这些事实深层的共同点，无法一下子从本质上进行归纳的时候，如果运用类推法借鉴其他领域已知的事实和理论，就能提供归纳的线索，为进一步用归纳法提出假说，架设了一座桥梁。

类推法推出的结论可靠程度最差，但却是最富于创造性的方法。因为运用类推法的时候，研究对象范围内没有相应的一般原理，因而不受现成原理的约束，相反它可以提出种种可能的新原理，供人们去探索和检验。同时，类推法可以在广泛的范围内，把看起来差别很大的两类事物联系起来，提出种种设想，这就大大有利于人们发挥思维的创造能力，获得新的启发、新的思想，从而发现新的原理。

“太阳元素”的发现就充分地显示了类推法的作用。1868年，印度一带地区看到了一次日全食。法国天文学家让逊在观察这次日全食时，从分光镜显示的日珥的光谱中看到了一条陌生的黄线。让逊认为这条黄线表明了太阳中有一种地球上从未见过的元素，取名为“氦”（就是“太阳元素”的意思）。那么，地球上究竟有没有这种元素呢？为此科学家们做了这样的类推：在太阳中，氦与其余五十多种元素（当时已知的元素数目）是并存的，而在地球上也有五十多种元素，所以，地球上也可能并存着氦元素。二十七年后，英国化学家拉姆赛对钇铀矿气体做光谱分析时，也看到了这样一条黄线。经他的朋友克鲁克斯鉴定，这就是“氦”的谱线。“太阳元素”在地球上找到了。

类推法在司法工作中也经常使用。在侦查工作中，如果运用类推法得出几起案件可能是同一作案人所为，就可以并案侦查，提高破案率。例如，某商店发生一起盗窃杀人案，由于现场情况比较复杂，唯一起到证据作用的是被犯罪分子撬开的桌子抽屉上所留下的撬压痕迹。后来有群众反映，某地青年商店不久以前先后两次被盗，箱子也是被撬开的，引起了专案组的注意。于是将这两起小案与那个盗窃杀人案所遗留的撬压痕迹进行对比，结果表明：三起案件的撬压痕迹表明用力方向、缺损程度、形成部位等完全一致，很可能是同一个人使用同一个工具所为。于是将这三个案件并案侦查，并选择其中一起较易破获的小案为突破口，以小案带大案，终于完全破获。

需要说明的是，本节的类推法和上一节的不完全归纳法在传统逻辑中被看作是逻辑思维的内容，但按照我们前面对逻辑思维和非逻辑思维的划分，不完全归纳思维和类比思维就应该属于非逻辑思维。为了和传统逻辑不完全归纳推理、类比推理相区别，我们这里特意采用了“不完全归纳法”和“类推法”这两个名词以示区别。

第八节 质疑思维法

什么是质疑思维？

为什么放洗澡水时漩涡总是逆时针方向旋转？

美国科学家谢皮罗教授，他在洗澡时发现这么一个有趣的现象：每次放掉洗澡水时，水的漩涡总是向左旋转，也就是逆时针方向旋转。

这是为什么呢？谢皮罗教授百思不得其解。

但他紧紧抓住这个问题不放，为了弄清这一现象背后潜藏着的科学奥秘，谢皮罗教授开始了实验操作，他设计了一个底部有漏孔的碟形容器，先用塞子堵上，往容器中灌满水，然后重复演示这一水流现象。

谢皮罗教授注意到，每当拔掉碟底的塞子时，容器中的水总是形成逆时针旋转的漩涡。这证明：放洗澡水时，漩涡朝左旋转并非偶然现象，而是一种有规律的自然现象。

经过长期不懈的实验探索，谢皮罗教授终于揭开了水流漩涡左旋的秘密。他发表论文指出：水流的漩涡方向是一种物理现象，与地球自转有关，如果地球停止自转的话，拔掉澡盆的塞子，水流不会产生漩涡，由于人类生存的地球不停地自西向东旋转，而美国处于北半球，地球自转产生的方向力使得该地的洗澡水朝逆时针方向旋转。

谢皮罗教授还指出：北半球的台风都是逆时针方向旋转的，其原因与洗澡水的漩涡方向一样。他由此推断：如果在地球的南半球，情况则恰好相反，洗澡水将按顺时针方向形成漩涡，而在地球赤道则不会形成漩涡！

谢皮罗教授的论文发表后，引起各国科学家的极大兴趣，他们纷纷在各地进行实验，结果证实：谢皮罗教授的结论完全正确！

谢皮罗教授之所以能够从人们司空见惯、习以为常的现象中取得惊人的发现，得益于他敢于对“洗澡水漩涡的方向性现象”提出质问——漩涡方向背后隐藏的规律是什么？他从这一疑问开始，对人们常见的漩涡现象进行深入探索，并由此联想到地球的自转现象、联想到台风的旋转方向，通过实验作出了合乎逻辑的推理和论证，揭开了现象背后的奥秘。谢皮罗教授的实例告诉人们，要取得成功首先就要敢于质疑。

一、质疑思维的含义与特征：明晰概念把握功能

1. 质疑思维的含义

质疑思维是指创新主体在原有事物的条件下，通过“为什么”（可否或假设）的提问，综合应用多种思维改变原有条件而产生的新事物（新观念、新方案）的思维。

2. 质疑思维的特征

1）疑问性

疑问性充分体现在问“为什么”上。这是探索问题的切入点、入口处，表达了一种开发、发掘的欲望，它是发现问题、提出问题的钥匙。

请看——若一个文盲老太太可以当小老板，你行不行？

2002 年 11 月 17 日举办了中英两国政府核心能力的合作论坛，英方专家说在英国许多人在购物时对找回的零钱不会计算，缺乏这方面的能力，需要培养。中方专家说，中国人不存在这方面的问题，就是文盲也不存在这种问题。英方专家问：“为什么呢？”中方专家举了这样一个例子。

改革开放初期，他在桂林市的一个朋友的母亲是个一字不识的文盲，她每天晚上推着一辆小车到解放公园去卖米粉，每晚售完 500 碗米粉就推着空车回家了，每年赚 6 万多元。这个老人还开了家庭小旅馆，每年也赚 6 万多元。一个文盲老太太每年赚十二三万元，从未算错过一笔账。她一字不识是怎么清点钞票的呢？因为人民币 1 元、2 元、5 元、10 元、20 元、50 元、100 元

的纸钞的颜色是各不相同的，她用颜色分别计算，所以她从未错算过一笔账。

当前，人力资源和社会保障部推广“培育小老板”工程。上面这个例子说明，文盲老太太都能当成小老板，你有文化、有能力，你为什么当不成小老板？应当说是大老板未必人人能做，小老板却是人人可当，但大老板也是由小老板中来的，也不能说你不能成为大老板。中国的服务业比例较之以前有了很大提高，但离合理的比例仍有较大的发展空间。培育“小老板”对扩大就业面，推动我国经济的发展、和谐社会的建设有着重要的意义。

这个例子说的是，老太太在改革开放初期能成为每年都赚十二三万元的小老板，“我”读了十几年书，学了许多知识，反而当不成小老板，案例作者质疑自己、反思自我，同样是人，她的条件并不比“我”好，她行，“我”又为何不行？

质疑是人的天性。大千世界纷繁复杂，大到天文宇宙，小到粒子微观，新的问题、新的方法、新的观点和新的流派层出不穷，但是人的生活空间却是有限或单一的。二者的巨大反差造成了人类认知世界的大片盲区，人们对某些问题的怀疑实属正常现象，人类社会的文明正是在不断质疑——求知——获解的过程中积淀起来的。

2）探索性

探索性充分体现在思考、解决问题的过程中，穷追不舍、不达目的决不罢休的探索精神，直到无疑可质，得到正确答案为止。

请看——爱迪生是如何发现痛风症新疗法的？

爱迪生是人类历史上最伟大的发明家，他一生发明的东西有1600多种。有人不无夸张地说：如果没有爱迪生的发明，人类的文明史至少要往后推迟20年。那么，爱迪生是如何激发自己的创新潜能的？对他一生进行长期研究的专家指出，爱迪生的发明很多始于质疑。平时爱迪生会对常人熟视无睹的问题提出许多个“为什么”。

例如，有一天，他在路上遇到一位朋友，看见他手指关节肿了，便问：

“为什么会肿呢?”

“我不知道确切的原因是什么。”

“为什么你不知道呢？医生知道吗?”

“唉！去了很多医院，每个医生的说法都不一样，不过多半的医生认为是痛风症。”

“什么是痛风症呢?”

“他们告诉我说是尿酸淤积在骨节里。”

“既然如此，医生为什么不从你骨节中取出尿酸来呢?”

“医生不知道如何取法。”病者回答。

“为什么他们不知道如何取法呢?”爱迪生生气地问道。

“医生说，因为尿酸是不能溶解的。”

“我不相信。”爱迪生说。

爱迪生回到实验室里，立刻开始做尿酸到底是否能溶解的试验。他排好一列试管，每支试管内都灌入了四分之一不同的化学溶液。每种溶液中都放入数颗尿酸结晶。两天之后，他看见两种液体中尿酸结晶已经溶化了。于是，这位发明家有了新的发现，一种医治痛风症的新疗法问世了。

3）求实性

请看——伽利略的自由落体实验。

亚里士多德是古代欧洲一位威望极高的著名科学家。他曾经有一个非常著名的论断：物体的下落速度与它们的质量成正比，越重的物体下落速度越快。一个10磅重的铁球与一个1磅重的铁球，从同样的高度落下，10磅的铁球会先着地，而且速度比1磅的铁球快10倍。他还举例说，铁球的落地速度总是比鸟类羽毛快，秋天的落叶总是缓缓飘落，而成熟的苹果却是迅速落地的。

基于亚里士多德的“权威论断”和生活中的部分事实，此后的两千多年间，几乎没有人怀疑过这个“真理”。

终于有一天，一个勇敢的年轻人对此提出了疑问——这人就是伽利略，他心想：如果把 100 磅的球和 1 磅的球连在一起，让他们从高处落下，情况会怎样呢？

于是，伽利略就在比萨斜塔上做了著名的自由落体实验。实验证明：轻重不同的物体，在相同的条件下，会同时落地。按照亚里士多德的理论，就会得到相反结论：鸟类羽毛由于体积相对较大，下落过程中其单位重量所受到的空气阻力远远超过了铁球和苹果，因而出现了铁球落地快、鸟类羽毛落地慢，苹果落地快、树叶落地慢的现象——但这并没有影响到伽利略自由落体定律的正确性。

正是敢于质疑，伽利略才成为推翻亚里士多德“权威论断”的第一人，同时也成为物理学中自由落体定律的发现者。

著名的比萨斜塔实验使伽利略一举成为物理学发展史上一位耀眼的明星。

要创新，就必须对前人的想法加以怀疑，针对前人的定论，提出疑问，才能够发现前人的不足之处，才能够产生新观点。

“提出一个问题，往往比解决一个问题更重要。”——爱因斯坦

“当你提出一个笨问题时，通常可以得到一个聪明的答案。”——亚里士多德

“提出正确的问题往往等于解决了问题的大半。”——海森堡

“对于科研工作者来说，最重要的是自己会不会提出问题。”——李政道

“苹果为什么会从树上掉下来？”——牛顿

“蒸气为什么能顶起壶盖？”—瓦特

善于质疑的人极富自信心，并通过自己的智力思维时常让自信心得到升华，而自信是成功的奠基石。

大千世界芸芸众生，许多人默默无闻地走过了一生，不曾留

下些许业绩，回首之余总有缺憾。归根结底并非缺少力量和金钱，而是缺乏质疑勇气。其实每一个人都是一个宇宙，每个人的天性中都蕴藏着大自然赋予的质疑能力。从这个意义上说，一个人如果能最大限度地释放出他的质疑潜能，那么他便是一个大写的“人”。

二、质疑思维的类型：进一步认识质疑思维

1. 质疑思维

质疑思维是指把以“为什么”为关键词转换为疑问句作起始点，探究事物的起因和本质属性的思维过程。

请看——“吃”出专利。

日本的他田菊博士在一次吃饭时，喝了一口汤，觉得异常美味。他很好奇，疑心夫人一定加了什么调味品。夫人告诉他，汤里除了海带，没有加其他调料。这引起了他田菊的好奇心，他肯定如此美味的汤是海带的某种成分所致，于是开始分析化验海带的成分，提炼出一种叫谷氨酸的物质，也就是味精的主要成分。

他立刻写好了化验报告，并申请了专利，开办了味精厂。

怀疑是创新的开始，疑问是质疑思维的关键。用好质疑思维，能培养我们的创新精神，

提升我们的创新力。从现在开始，让我们在工作中学会质疑，对于新奇或权威的事物一定要有质疑的勇气和能力。

2. 提问思维

提问思维是在思考、发现和处理问题时，通过对现在、过去的事情提出疑问来寻求准确答案、观念、理论的一种思维方式。

请看——渔夫、蛇和青蛙。

一天，一个渔夫看到船边有一条蛇，口中咬着一只青蛙，他很可怜那只青蛙，因此伸出手轻轻地把青蛙从蛇的口中救出来放走了。可是，他又开始为那条蛇挨饿而感到难过。他没有食物，就只好拿出一瓶酒，向蛇的口中倒了几滴，蛇快快活活地游走了，青蛙也很快活，渔夫为自己的善举感到高兴。过了几分钟，

渔夫听到有东西在敲他的船板，他低头一看，见那条蛇又回来了，嘴里还衔着两只青蛙，渔夫惊得目瞪口呆。

请问：这个寓言的寓意是什么？只要我们提问，你便不难得出它的寓意。渔夫为什么惊得目瞪口呆？蛇为什么叼着两只青蛙回来了？为什么蛇的行为与渔夫的愿望正好相反？蛇的行为、渔夫的做法给了我们什么启示？这个启示有什么意义？它可以用在什么地方而产生巨大的作用？

通过这样的发问，你能发掘出一种什么样的思维方法？产生什么样的理论？

3. 追问思维

追问思维是由第一个“为什么”所引出的问题,再提问并一直追问下去,直到找出其产生问题的根源,解决问题的思维过程。

请看——机器为什么突然停下来了？

在日本丰田汽车公司，曾经流行这样的思维方法，叫做“追问到底法”。也就是说对公司新近发生的每一件事，都采用追问到底的态度，以便找出最终的原因。一旦找到了最终原因，一方面，对于一连串的问题就有了深刻的认识；另一方面，问题也就迎刃而解了。

比如，公司的 1 台机器突然停了下来，那就沿着这条线索进行一连串的步步紧逼的追问。

问：“机器为什么不转了？”

答：“因为保险丝断了。”

问：“为什么保险丝会断呢？”

答：“因为超负荷而造成电流太大。”

问：“为什么会超负荷呢？”

答：“因为轴承不够润滑。”

问：“为什么轴承不够润滑呢？”

答：“因为油泵吸不上润滑油来。”

问：“为什么油泵吸不上润滑油来呢？”

答：“因为油泵会产生严重磨损。”

问："为什么油泵会产生严重磨损呢？"

答："因为油泵未装过滤器而使铁屑混入进来。"

追问至此，水落而石出，最终的原因找到了，把润滑油换掉，给润滑油装上过滤器，再换上保险丝，机器就能长期正常运转了。

如果不进行一番追问，只是简单地换上一根保险丝，机器短暂转动后又会马上停下来，因为最终的原因没有找到。

4. 目标导向思维

目标导向思维是围绕着目标而产生独特、新颖、有价值的创新方法，达到目标的思维过程。

请看——不在于问什么，而在于怎么问。

康宁玻璃制品公司前任总裁兼首席执行官汤玛斯·麦克欧文讲述了一个在他整个职业生涯中听到的最具创造力的问题。一天，当麦克欧文还是康宁一个实验室的高级化学技师时，康宁的总裁问实验室主管："玻璃有裂痕，为什么你不想想办法解决它？"之后实验室的指导方针就变成了："我们要防止玻璃破裂。"实验室提出了25种防裂方法，其中18种奏效，5种赚来了利润。

这段往事最有意义之处不在于总裁问了什么，而在于他没问什么。他没有问"为什么玻璃会裂？"这样问也许会迫使技术人员苦心研究几个月寻找原因，然后写出一些高水平的科研报告，最后就不了了之了。反之，老板直接提出的是想要的结果：我们怎样才能生产出不会裂的玻璃？这种目标导向式质疑，扩大了解决习题的视野和思路，调动了解决问题的创新性。

◆ 思考题

1. 举例说明什么是发散思维和逆向思维。
2. 如何组织实施头脑风暴法？头脑风暴法有哪些主要原则？
3. 什么是不完全归纳法？
4. 什么是类推法？举例说明为什么类推不完全可靠。

第五章 创业准备

第一节 客观评价自我

梅林·奥尔森说过“人生中最痛苦的事莫过于不得不承认自己没有充分准备。”只有激情和创意，创业是无法取得成功的。

创业能力检测：清醒把握自己。

也许不是每个人都梦想着通过创业获得大众眼中的“成功”，成为媒体宣传的青年企业家、财富新贵，但是自主创业的确有它特殊的魅力，掌舵事业、生活方向的成就感和满足感吸引越来越多的大学生以一种“初生牛犊不怕虎”的精神投入其中。

如果你怀着创业的梦想，请保留心中这份悸动，努力开始创业的准备吧。

你适合创业吗？你创业会成功吗？你在创业团队中适合担任什么角色？这些都是困扰着创业者的难题，那么，创业之前，不妨先来测一测。这些测试，不是“算命”，但是对于我们有一些参考价值。

美国创业协会设计了一份试卷，可以让你在做出决策之前对自己的创业能力有一个初步的了解。也许你正准备或正在创业，不妨做做下面的试卷，当然，我们的测验只能检验你一定的创业能力，在现实中，创业成功与否，除了跟创业能力相关外，还取决于许多方面的因素，因此，以下测试只是一个参考而已。

以下试题请根据你的实际情况回答：“经常”“有时”“很

少”或者“从不”。不要考虑太多，每道题以自己的经验及第一印象为准。

（1）在急需做出决策的时候，你是否在想：“再让我考虑一下吧？”

（2）你是否为自己的优柔寡断找借口说：“是得慎重考虑，怎能轻易下结论呢？”

（3）你是否为避免冒犯某个或某几个有相当实力的客户而有意回避一些关键性的问题？

（4）你是否无论遇到什么紧急任务，都先处理琐碎的日常事务？

（5）你非得在巨大的压力下才肯承担重任吗？

（6）你是否无力抵御或预防妨碍你完成重要任务的干扰与危机？

（7）你在决定重要的行动计划时常忽视其后果吗？

（8）当你需要做出可能不得人心的决策时，是否找借口逃避而不敢面对？

（9）你是否总是在快下班时才发现有要紧事没办，只好晚上回家加班？

（10）你是否因不愿承担艰巨任务而寻找各种借口？

（11）你是否常来不及躲避或预防困难情形的发生？

（12）你总是拐弯抹角地宣布可能得罪他人的决定？

（13）你喜欢让别人替你做自己不愿做的事吗？

计分：“经常”得4分，“有时”得3分，“很少”得2分，“从不”得1分。

50分以上：你的个人素质与创业者相差甚远。

40~49分：你不算勤勉，应彻底改变拖沓、效率低的缺点，否则创业只是一句空话。

30~39分：大多数情况下充满自信，但有时犹豫不决，不过没关系，有时候犹豫是成熟、稳重和深思熟虑的表现。

第二节 创业知识准备

机遇只垂青那些有准备的人。如果没有准备，再好的机会也没有用。

创业者的知识素质对创业起着举足轻重的作用。在知识大爆炸、竞争日益激烈的今天，单凭热情、勇气、经验或只有单一专业知识，要想成功创业是很困难的。创业者需要有创造性思维，要作出正确决策，还必须掌握广博的知识，具有一专多能的复合型知识结构。

一、创业者应具备的相关知识：捕捉机会的实力

创业者应具备多方面、全方位的知识结构，具体来说，可以概括为以下几个方面：

1. 国家关于创业的法律、政策方面的知识

创业者在了解相关政策知识时应注意以下几点：

首先，理性看待创业政策。创业政策是个人创业的助推剂，但不是个人创业的“万能药”，任何人都不能仅仅依靠政策来创业，任何人也不是为了享受政策而创业，这是用好创业政策必须树立的理念。

其次，对症下药，选择合适政策。每个人的创业方向、创业特点各不相同，每项创业政策的适用范围和对象也不同，个人在用创业政策时，要选择适合自己的政策，即要适合自身的创业条件，要适合自身的创业行业，要适合自身的创业类型，要适合自身的创业过程。

最后，发挥政策实际效用。在选择了适合自身的创业政策后，要切实发挥好政策的实际效应，使政策的运用能真正降低经营成本，改善经营状况，提升经营能力，对实现企业的发展壮大有实际作用，使企业走上可持续发展的道路。

2. 创业所在领域的专门知识

创业要选择自己擅长的行业，因为在这个行业，创业者往往具有丰富的专业知识。创业者一旦进入一个行业，就必须尽可能多地掌握这个行业的专门知识。只有对本行业的供需状况、市场前景以及从事本行业的专业知识和技能了然于胸，才能避免盲目性和投机性，争取最大的成功概率。在一个自己完全不了解的行业创业或者不具备所从事行业的专业知识，要想获得成功几乎是不可能的。

3. 相关的商业知识

创业在某种程度上也是一种商业活动，因此在创业过程中对相关商业知识的储备也必不可少，其中包括：合法的创业知识，企业战略知识，企业文化知识，公司成立后的基本权利、责任和义务，营销知识，资金及财务知识，服务行业知识以及创办企业的常用名词与重要文案（章程或协议）。

二、大学生学习创业知识的途径：获取知识的金钥匙

既然有些大学生适合创业，也有创业的激情和梦想，就不能盲目创业，要进行充分准备，才能提高创业的成功率。对于打算创业的大学生来说，学习相关的创业知识是非常必要的。可以通过以下几种途径学习获得创业知识：

1. 大学课堂与大学社团

大学时代是人生的一个黄金时代，是实现自我蜕变、明确人生定位的关键时期。一般来说，大学生的自我意识在大学期间基本觉醒，能找到自己的兴趣和价值所在，从而为自己拟定一个初步的人生规划，这就为以后的成功打下了初步的基础。就有创业意向的大学生来说，大学期间就应为以后的创业做一些初步的准备，积累一些必要的经验。一般来说，大学一年级时，就应主动接受职业价值观方面的教育，开始了解自己的兴趣、特长和专业背景，为今后选择创业、确定职业目标奠定基础。大二、大三时通过参加社会实践和实习活动，对专业的社会需求和发展前景深

入了解，根据实践中自我适应程度的反馈信息，反思和调整自己的职业取向，初步确定与自己能力相吻合的职业选择。例如，要对个人的创业条件进行分析，准确定位。同时看自己是否具备未来的老板气质和心理素质，比如承担风险能力、创新能力、决策能力和领导能力。大学社团活动能锻炼各种综合能力，是创业者积累经验必不可少的实践过程。

2. 媒体资讯

一是纸质媒体，人才类、经济类媒体是首要选择。例如《21 世纪人才报》《21 世纪经济报道》《IT 经理世界》等。二是网络媒体，管理类、人才类、专业创业类网站是必要选择。此外，通过各地创业中心、创新服务中心、大学生科技园、科技信息中心、先导民营企业的网站等都可以学到创业知识。

3. 与商界人士广泛交流

找有创业经验的亲戚、朋友、同学、网友、老师交流，获取最直接的创业技巧与经验；或通过 E－mail 和电话拜访你崇拜的商界人士；或向与你的创业项目有密切联系的商业团体咨询，争取得到他们的支持。

4. 曲线创业

也就是说，先就业、再创业。由于自己刚毕业，各方面阅历和经验都不够，到实体单位锻炼几年，积累一定的知识和经验后再创业。先就业再创业的学生的创业项目通常与过去的工作密切相关。在准备创业的过程中，你可以利用与老板交流的机会获得更多的来自市场的创业知识。

智联招聘曾针对毕业生创业问题在网上专门做过一项调查，在回答“你认为什么时候是最佳创业时机”时，65% 的人认为应先在大公司积累经验，30 岁以后考虑创业；21% 的人认为大学毕业后 1～2 年就要创业；9% 的人认为创业风险太大，还是要慎重；4% 的人没想清楚；只有 1% 的人无论如何都不考虑创业。

由此可见，大学生们的创业心态逐步趋于理性，相比在学校积累创业经验而言，在一家公司工作更接近于实战，不失为一个积累经验的更好选择。

对多数大学毕业生来说，进入一个大型企业或外资公司是一个不错的选择，因为这样的企业相对来说比较正规，各方面保障措施和制度比较健全。而就准备创业的大学生而言，进入一个小公司或许能够得到更好的锻炼。

5. 创业实践

创业实践是大学生学习创业知识的最好途径。

间接的创业实践学习主要可借助学校举办的某些课程的角色性、情景性模拟参与来完成。例如积极参加校内外举办的各类大学生创业大赛、创业计划书大赛、发明专利展赛等，对先导企业家成长经历、对先导企业经营案例开展系统研究等也属间接学习范畴。

直接的创业实践学习主要可通过课余、假期在外的兼职打工、求职体验、参与策划、参与市场调查、试办公司、试申请专利（知识产权局）、试办著作权登记（版权局）、试办商标申请（工商局）、业余参加某些职业知识与证书班培训等事项来完成；也可通过举办创意项目活动、参加或参观中国国际高新技术成果交易会、创建电子商务网站、谋划书刊出版事宜、尝试做自由撰稿人等多种方式来完成。

成功案例：

对于打算创业的你，以下几个小故事并不算什么，但是有时学会借助一些技巧和别人的经验，可能就打开了思路，对于创业是有所帮助的！

1. 善于深入挖掘客户需求

当下许多的APP应用不仅丰富了人们的业余生活，而且为大家带去了许多的方便。

很多人却只是将其当作一种工具，而有心的人不仅娱乐还发现了其中的商机，前段时间嘀嘀和快的干得火热，但当打车软件火热的时候，有人却用这个软件卖药，而且卖的是“痔疮药”！下面我们来看看是怎么回事。

出租车司机由于职业习惯，坐的时间比较长，容易生痔疮。而在一个交通繁华地段，如果用打车软件，用语音或者文字推送一个痔疮药的信息，绝对是最精准的营销。

据说，一条消息会有5个人回复。这个主意简直是太绝了！当你看不明白的时候，别人已经在行动了！

启示：透过本质，看到的是师傅身上的痛苦，比如痔疮、腰肌劳损等问题，深入挖掘客户的需求，从而轻松搞定客户。

2. 善于形成比较，提高利润

一菜摊前摆了两堆菜。

客户问："这边多少钱一斤？"答："1块。"

再问："那边呢？"答："1块5。"

问："为什么那边的卖1块5？"

答："那边好一些。"

于是买了1块5的。

后来发现摊主快速地把1块的一分为二，又变成两堆来，很快1块5一斤的又都卖光了！

启示：当你只有一种价格时，客户的选择只有买与不买，当你有两种价格时，客户的选择变成了"买好的"还是"买差的"，而更多的客户在日常用品上选择了买好的，这无形间为你增加了利润。

3. 用心服务，促进客户重复消费

一家卖高档男士商务装的服装店，推出的会员服务是：每个月免费为你干洗从本店购买的衣服。普通会员1次，银卡会员2次，金卡会员3次。

那么，这家店卖出去的衣服，他们的会员再把衣服拿回来干洗，每次来在等着取衣服时，都要看看这家店的新款服装，看久了，买得也就多了。

这家高档男士商务装的服装店通过免费的干洗服务，锁定了足够多的客户在那里消费。你瞧，赠品就是这么厉害！

启示：用一个小小的增值服务，让客户心甘情愿地消费，从而轻松锁定客户。

4. 善于利用借位来提升形象

韩国乐扣乐扣（LOCK&LOCK）来到中国市场后，做了一件让很多同行看不懂的事情，就是把自己的直营店开在了房租非常高、成本非常高的城市中心广场，乐扣店的左边一家店，经营的就是著名的顶级品牌——香奈儿。

很多人不明白乐扣乐扣到底为何这么做，后来，慢慢就明白了。客户心里认为：能够与香奈儿做邻居的产品，一定也是高端产品。乐扣用一个形象店的成本，直接提高了产品在客户心中的地位。

启示：巧妙借力于其他品牌，提高产品在客户心中的地位。换句话说，你在客户心中的地位，一定程度上取决于你与谁在一起。

第三节 创业者必备的素质

一、领先时代潮流的资本：创业者必备的心理素质

从成就动机理论出发，对成功创业者特征进行分析可以发现，那些拥有创业心理特征的人员比不具备创业心理特征的人员具有更高的实施创业行为的倾向。概括起来，创业者的自我意识应该自信、自主；情感应该理性、执着；性格应该坚强、果断、勇敢。具体言之，创业者的心理素质主要有以下几点：

1. 热爱所从事的行业

美国苹果电脑公司创始人史蒂夫·乔布斯在回忆自己的成功之路时有过这样一段阐述：很多人这样问："我想开一家公司，我该做什么？"而我提出的第一个问题是："你所热爱的是什么？你开的公司想要做什么？"他们大都笑道："不知道。"我给他们的建议是："去找份工作让自己忙碌起来，直到你找到答案为止。你必须对你自己的想法充满自信，强烈感受到愿意为它冒险

的心情，如果你只想拥有一家小公司的话，那就算了吧。”

2. 与众不同的创新精神

可以说，创新是创业的灵魂，是公司兴旺发达的不竭动力。

创业是一项创新活动，很多未知的或不可预料的不确定性因素掺杂其间，虽然有成功的经验可以借鉴，失败的教训能够吸取，但迈克·戴尔曾说过“创业没有准则”。欧·肯迪曾说：“一般的通论都是不对的，所以创业就是要开创一项事业，没有一种可以复制的模式让我们一劳永逸。”

3. 敢于冒险的精神与搏击风浪的勇气

爱略特曾说：“世上没有一个伟大的业绩是由事事都求稳操胜券的犹豫不决者创造的。”

4. 切合实际的理性精神

有一个故事是这样的：一个人问一个哲学家，什么叫冒险，什么叫冒进？哲学家说，比如有一个山洞，山洞里有一桶金子，你要进去把金子拿出来。假如那山洞是一个狼洞，你这是冒险；假如那山洞是一个老虎洞，你这就是冒进。这个人表示懂了。哲学家又说，假如那山洞里的只是一捆柴火，那么，即使那是一个狗洞，你也是冒进。这个故事告诉我们，冒险是这样一种东西，你经过努力，有可能得到，而且那东西值得你去付出。否则，你只是冒进，不值得。

5. 坚定的毅力和百折不挠的执着信念

珍珠的形成过程告诉我们，要获得成功必先经历痛苦，璀璨的珍珠就是成功之后一枚甜蜜的果子。

6. 善于分享的性格特质

优秀的领导者，不一定自己能力有多强，只要懂信任，懂放权，懂珍惜，就能团结比自己更强的力量，从而提升自己的身价。

就创业者而言，创业活动往往不是个人的英雄行为，而是创业者带领一个团队或者作为团队的一员共同努力的一个过程。在这个过程中，创业者需要和团队其他成员分享目标、愿望、理念以及利益，只有这样，才能在团队中建立一种支持性的机制，有利于困难的克服和目标的达成。

7. 良好的商业道德

诚信、诚实、诚恳是一个企业生存和发展的根基。没有良好的品德，而时刻只为自己的个人利益考虑，无法创立企业；即使能够建立企业，最终也难免昙花一现，生命力不会长久。只有企业对顾客、对社会、对员工诚信，顾客、社会和员工才会为企业的发展锦上添花，企业的发展才有土壤。诚信、诚实、诚恳是创业团队的道德要求。

二、承受创业重任的资本：创业者必备的身体素质

所谓身体素质，是指身体健康、体力充沛、精力旺盛、思路敏捷。

现代小企业的创业与经营是艰苦而复杂的，创业者工作繁忙、时间长、压力大，如果身体不好，必然力不从心，难以承受创业重任。

三、拓展阅读：京东商城老板刘强东的成功之路

1. 京东之前，开饭馆赔了 20 万元

成为京东掌门人之前，刘强东主要有三段工作经历：开饭馆、进日企、卖光碟。家境贫寒的刘强东刚进大学时，只带了亲戚朋友凑的 500 块钱，然而大三时，他已靠给别人写编程拥有了一部价值 2.6 万元的“大哥大”。靠编程积累的第一桶金，刘强东开了一家小饭馆，但由于缺乏管理和监督，钱几乎被员工贪光了，最后亏损 20 多万元。在 Japan Life 工作了两年，又做了几份编程方面的工作，终于还清债的刘强东手拿 1.2 万元再次创业。他在中关村租下了一张低价柜台，卖光碟等消费电子品，柜名取作“京东多媒体”，这便是京东商城的前身。到 2003 年，他已经开了 12 家分店，赚到了 1000 多万元人民币。

2. 34 岁时经历“一夜白头”

微胖、浓眉、圆脸，40 岁的刘强东看上去像一个“萌憨”

的青年，唯一给这张面孔增添了“老板”气质的，或许就是额前的小撮白发吧。

上个月刘强东在母校中国人民大学演讲时，专门提到了白发的来历。2008 年，第一轮融资用光后的京东面临着倒闭的危险，正值金融危机，没有人愿意掏钱给一个不知何时能盈利的企业。那段时间，刘强东一天见五个投资人，说同样的话，得到的回答也是一样：“走吧，走吧”。骨子里那种恐惧感，还有那种对兄弟们的愧疚之情，带来的痛苦可以说是无法言喻的。就这样，一个月之间，刘强东便愁白了头，直到现在也没有重新变黑。

3. 每年都会当一天快递员

收到快递时，只顾签收，不爱搭理快递员？在京东购物的话，这个习惯可得改改了。刘强东每年都会当一回快递员，亲自派送几十个快件，若是正赶巧送到你家门口，可别错过难得一遇的跟老板砍价的机会。刘强东对物流非常重视，不仅他自己，连新入职的员工，他都要求他们从基层快递员干起。

京东推出“211 限时送达”之后，刘强东经常赶在 10：48 分这样的时间拍下货品，以检验配送效果。

4. 爱在自家网站购物累计消费 100 多万元

在照顾自家生意这一点上，刘强东可谓十分精明。在接受采访时他曾表示，买东西 90% 都在京东网购，而且自己下单，偶尔也会去竞争对手那里体验一下。

过去七八年间，刘强东在网上累计的消费共有 100 多万元，其中最大件的是送给父母的约 8 万元的 80 英寸电视机。刘强东自己也承认，他确实喜欢淘便宜货，打折季会在网站上买十多件几十块钱的 T 恤。

5. 关于刘强东，还有哪些你不知道的

在中国电商界，刘强东被誉为“打不死的小强”，对外展现的大都是铁腕、强硬、霸气的形象。早期的合作伙伴回忆道，在京东办公室的走廊里，这个胖胖的年轻人把自己的照片挂得到处都是。在他们看来，这反映出刘强东的自负与大胆。刘强东还曾是微博发烧友，粉丝超过200万元，在他的微博多产期，几乎每一条都会被记者弄成新闻。

硬汉也有柔情、呆萌的一面，刘强东的桌子上，摆有十几张儿子的照片。他偶尔也会将自己的自拍照传到网上。

另外，他还喜欢游泳和钓鱼，会演奏乐器，还在街边帮卖艺小伙弹过贝斯。

2013年，刘强东还当选了上海市政协委员，从政是他大学之前一直的梦想。

同学们，看了上述案例，请思考：刘强东的创业体现了创业者什么样的素质？创业成功者最重要的素质是什么？

第四节　创业者必备的能力

创业者的能力是决定创业前途的重要条件，总体来说，创业能力可以概括为三种，即专业能力、方法能力和社会能力，它们对创业的作用也有所不同。

一、专业能力：创业的前提能力

专业能力是指企业中与经营方向密切相关的主要岗位或岗位群所要求的能力。创业者在创办自己的第一个企业时，应该从自己熟悉的行业中选择项目。当然，创业者也可借助他人特别是雇员的知识技能来办好自己的企业，但在创办自己的第一个企业时，如果能从自己熟知的领域入手，就能避免“外行领导内行”的尴尬局面，大大提高创业的成功率。创业者应具备的专业能力主要体现在以下三个方面。

（1）创办企业中主要职业岗位的必备从业能力；

（2）接受和理解与所办企业经营方向有关的新技术的能力；

（3）把环保、能源、质量、安全、经济等知识和法律、法规运用于本行业实际的能力。

二、方法能力：创业的基础能力

方法能力是指创业者在创业过程中所需要的工作方法，是创业的基础能力。创业者应具备的方法能力主要体现在以下九个方面：

（1）信息的接受和处理能力。搜集信息、加工信息、运用信息的能力是创业者不可缺少的能力。创业者不但应具备从一般媒体中搜集信息的能力，随着科技进步和网络技术的普及，还应该具备从网络中获取信息的能力。

（2）捕捉市场机遇的能力。发现机会、把握机会、利用机会、创造机会，是成功企业家的主要特征。

（3）分析与决策能力。通过消费者需求分析、市场定位分析、自我实力分析等过程，根据自己的财力、业务范围，依据“最适合自己的市场机会是最好的市场机会”的原则，作出正确决策，才能实现自己的创业目标。

（4）联想、迁移和创造能力。从别的企业中得到启发，通过联想、迁移和创造，使自己的企业别具特色。并通过这种特色使自己的企业在同业市场中占有理想的份额。

（5）申办企业的能力。创办一个企业，需要做好哪些物质准备，需要提供什么证明材料，需要到哪些部门办哪些手续，怎样办等，均为创业者应具备的能力。

（6）确定企业布局的能力。怎样选择企业的地理位置，怎样安排企业内部布局，怎样考虑企业性质等，都是创业过程中不可回避的问题。

（7）发现和使用人才的能力。一个成功的创业者，肯定是一位会用人的企业家，他不但能对雇员进行选择、使用和优化组合，而且能运用群体目标建立群体规范和价值观，形成群体的内聚力。

（8）理财能力。这不仅包括创业实践中的奖金筹措、分配、使用、流动、增值等环节，还涉及采购能力、推销能力等。

(9) 控制和调节能力。成功的创业者，要对规划、决策、实施、管理、评估、反馈所组成的企业管理的全过程具有控制和运筹能力。

三、社会能力：创业的核心能力

社会能力是指创业过程中所需要的行为能力，与情商的内涵有许多共同之处，是创业成功的主要保证，是创业的核心能力。

创业者具备的社会能力主要体现在人际交往能力、谈判能力、企业形象策划能力、合作协调能力、自我约束能力、适应变化和承受挫折的能力等六个方面。

哈佛大学拉克教授讲过这样一段话："创业对大多数人而言是一件极具诱惑的事情，同时也是一件极具挑战的事。不是人人都能成功，也并非想象中那么困难。但任何一个梦想成功的人，倘若他知道创业需要策划、技术及创意的观念，那么成功已离他不远了。"

第五节　支持大学生创新创业政策及平台

李克强总理在2015年《政府工作报告》中提出："大众创业、万众创新，既可以扩大就业、增加居民收入，又有利于促进社会纵向流动和公平正义。"在论及创业创新文化时，强调"让人们在创造财富的过程中，更好地实现精神追求和自身价值"。

为支持大学生创业，国家和各级政府出台了许多优惠政策。比如《国务院关于进一步做好新形势下就业创业工作的意见》（国发〔2015〕23号）等一系列关于创业的文件，涉及融资、开业、税收、创业培训、创业指导等诸多方面。对打算创业的大学生来说，了解这些政策，有助于走好创业的第一步。

1. 放宽注册资本登记条件

大学毕业生在毕业后两年内自主创业，到创业实体所在地的工商部门办理营业执照，注册资金（本）在50万元以下的，允许分期到位，首期到位资金不低于注册资本的10%（出资额不低于3万元），1年内实缴注册资本追加到50%以上，余款可在3年内分期到位。

2. 享受税收减免优惠

大学毕业生新办咨询业、信息业、技术服务业的企业或经营单位，经税务部门批准，免征企业所得税两年；新办从事交通运输、邮电通讯的企业或经营单位，经税务部门批准，第一年免征企业所得税，第二年减半征收企业所得税；新办从事公用事业、商业、物资业、对外贸易业、旅游业、物流业、仓储业、居民服务业、饮食业、教育文化事业、卫生事业的企业或经营单位，经税务部门批准，免征企业所得税一年。

3. 提供小额贷款

各国有商业银行、股份制银行、城市商业银行和有条件的城市信用社要为自主创业的毕业生提供小额贷款，并简化程序，提供开户和结算便利，贷款额度在2万元左右。贷款期限最长为两年，到期确定需延长的，可申请延期一次。贷款利息按照中国人民银行公布的贷款利率确定，担保最高限额为担保基金的5倍，期限与贷款期限相同。

4. 实行优质高效便捷的服务

政府人事行政部门所属的人才中介服务机构，免费为自主创业毕业生保管人事档案（包括代办社保、职称、档案工资等有关手续）2年；提供免费查询人才、劳动力供求信息，免费发布招聘广告等服务；适当减免参加人才集市或人才劳务交流活动收费；为创办企业的员工提供一次培训、测评服务。

第六节 创业领域的选择

“隔行如隔山”，对于大学生创业更是如此。在创业过程中，是否选择了合适的创业领域，是大学生创业能否成功至关重要的条件之一。

一、选择创业领域应考虑的因素：审时度势

对于一个准备创业的大学生来说，创业领域的选择非常重要，可能直接关系到创业的成败。专家指出，选择创业领域可以从以下几方面进行考虑：

1. 行业的发展前景

选择发展前景好的行业，将会使自己有足够的生存空间和发展空间，不会一下子就处于激烈的同行竞争中。我国产业利润正悄悄转移，而在商海的浮浮沉沉中，各行业境遇早已“三十年河东三十年河西”。那么哪边是河东，哪边又是河西呢？

对大多数创业者来说，进入一个热门行业或者潜在的热门行业会是一个不错的选择，那么何谓热门行业？

“热门行业”是一个相对模糊的概念，而且具有明显的地域和时代特征，不可一概而论，但总体而言，“热门行业”一般具有以下特征：

（1）热门行业是新兴的朝阳产业，发展迅速，机会较多。

（2）热门行业顺应市场经济发展趋势，具有巨大的市场需求或潜在市场需求。

（3）热门行业竞争激烈，人才需求量大。

（4）热门行业的收入水平较高，工作环境较好。

（5）热门行业具有良好的发展前景。

2. 进入行业的时机

行业成熟度决定创业时机。对于创业者来说，选择创业时机在一定程度上也就意味着选择创业所从事的行业。就拿电信增值

业务来说，丁磊、张朝阳、陈天桥等名利双收，就在于他们几年前已经看准了这个行业。

有专家建议，创业者应从行业成熟度的角度来看创业时机。一般来说，行业发展的初期阶段，市场竞争没有那么激烈，进入的企业也不多，中小创业者有更多的发挥空间。到了行业成熟期，竞争激烈和市场的规范必然意味着利润的降低。因此，选择进入有较好的发展前景或市场前景的行业，对于创业者来说至关重要。

3. 创业者自身条件

许多人都曾一度闪过创业的念头，但实际付诸行动的却不是很多，原因是创业要面对的不确定因素实在太多。在没有充分准备的情况下贸然创业，而导致失败，其实也是一件相当不值得的事情。甚至对于因帮助你创业而加入团队的成员以及他们的家属，还需要付出道义上的责任。事先进行充分准备与谨慎的创业评估，是创业者在创业初期应该尽到的职责。创业不应该只是被视为一种英雄的浪漫冒险，而应该是极其严肃的责任与承诺。因此，所有创业者在投入创业行为之前，都必须要深刻自问，我是否已经准备好了？

许多人创业失败，都是因为事前仓促起步，未能在创业前做好充分的准备。虽然也有学者主张，创业者可以在创业失败的过程中学习，但是如果失败是因为自己事前没有做好必要的准备，这种失败将会令人感到非常遗憾。

二、当前适合大学生创业的领域与路径：捕捉现实机会

我国当前政策形势和经济形势日趋向好，为大学生创业提供了广阔的空间。

1. 当前适合大学生创业的领域

1）日用小商品产销领域

日用小商品和人们的生活息息相关，可以说是永不没落的朝阳产业，而且这一领域多生产劳动密集型产品，非常适合于小企

业生产。在这一领域中，除了人们基本生活需要的吃、穿、用，住、行外，还有文、教、体和娱乐产品等。日用小商品产销投资小，经营灵活，特别适合于大学生创业。

2）服务领域

人民生活水平不断提高，对物质和精神需求不断增加，再加上市场的逐渐细分，都预示着服务领域的良好前景。诸如西点咖啡、中西快餐、服饰鞋帽、居家装饰、视听娱乐产品租售、美容护肤、花卉租售、便利连锁等，都是人们生活离不开的。上述行业，一般都以开店面经营为主，可分为独立开店与加盟连锁两种。另外，我国老龄化问题日益凸显，年轻的父母在孩子的教育上舍得投资，于是，为儿童提供教育和为老人提供看护服务的行业，如家教、居家护理、家政服务、托幼等行业也成了热门行业。另外，快速发展中的网络及科技行业仍有相当大的市场空间。

3）专业配套领域

从我国的经济发展态势看，今后国有资本将集中投向基础性领域、支柱性产业和尖端科技，而且外国大型企业在中国的投资正逐步增加。就总体而言，大企业和中小企业相辅相成。因此，像家电、机械、食品等行业的发展都会带动一大批中小企业发展起来。即使是国外进入中国的大企业，也离不开当地中小企业的配套支持。如日本松下电工进入中国后，便和只有 50 人规模的上海盛业有限公司联合，组建家居装饰有限公司，共同开拓家居装饰市场。

4）进出口领域

我国加入世界贸易组织以后，经济全球化特征日趋明显，我国对世界经济的依存度越来越高，我国的进出口贸易额逐年增加，目前我国年进出口总值已进入全球 6 大国行列，不仅民营经济将在外贸中扮演重要角色，而且随着我国经济的快速发展和国际地位的提高，这个领域将会创造更多的项目和发展机会。

5）现代农业领域

十届全国人大二次会议强调，要调整农业产业结构和提高农民收入，很重要的一条是组建“公司+农户+市场”的种（养）植、加工、销售一条龙的产销形式，即发展以农副产品加工业为龙头，以农民家庭为农副产品原材料生产基地，以海内外为目标市场的产销形式。在农产品的初加工和深加工以及综合利用方面，是大有可为的。

6）高新科技领域

高新科技产品代表未来，也非常适合中小企业经营，特别是在技术成熟之前以及技术刚成熟时，不可能大规模地生产，即使是在研制、开发阶段，中小企业也是大有可为的。此外，互联网、电子商务、软件开发等信息产业，起步投资少、对场地要求不高，设备相对简单，一两个素质比较高的科技人员带几个帮手就可以开业。

7）旅游产品领域

随着人们经济收入和生活水平的提高，休闲旅游度假消费将会成为人们生活支出中不可或缺的一部分。因此，旅游产品将会有一个相当可观的市场需求，然而旅游景区在这方面做得还不够，亟待进一步开发。

8）环保领域

目前，国家制定了一系列优惠政策，采取多种有效措施，大力支持环保行业的发展，如加大经费投入、以旧换新发放补贴等。

2. 当前适合大学生创业的路径

大学生要想实现创业梦想，有多种路径可以选择，以下仅列举几种常见的适合大学生的创业路径。

1）加盟连锁经营型

加盟连锁经营，可以直接享受知名品牌带来的影响，分享他人的成功经验，获得资源支持，降低运营成本。对大学生创业者来说，能够获得免费的管理培训，投资额可以控制，能够在最短的时间熟悉项目的渠道与上下游价值链，同时相对而言风险较低。

目前，连锁加盟有直营、委托加盟、特许加盟等形式，投资金额根据商品种类、店铺要求、技术设备的不同从6000元到250万元不等，可满足不同需求的创业者。

加盟创业的最大特点是利益共享，风险共担。创业者只需支付一定的加盟费，就能借用加盟商的金字招牌，并利用现成的商品和市场资源，还能长期得到专业指导和配套服务，而不必摸着石头过河，创业风险也有所降低。

需要注意的是，随着连锁加盟市场规模的不断扩大，鱼龙混杂现象日趋严重，一些不法者利用加盟圈钱的事件屡有曝光。在创业加盟的过程中，最常遇到的创业陷阱包括总部吹嘘夸大连锁店数、权利金一次收齐、自愿加盟式的毛利保证、加盟总部没有注册服务标章、要求加盟者当场签约加盟、安排特定加盟店供加盟者参观等。大学生在选择加盟项目时要理性，不要被天花乱坠的宣传语所迷惑，而应事先进行充足的准备，包括收集资料、实地考察、分析市场等，并结合自身实际情况再做决定。

2）网络创业型

互联网改变了人们的生活，同时也提供了全新的创业类型。网络创业不同于传统创业，无需白手起家，而是利用现成的网络资源。目前网络创业主要有两种形式：网上开店，在网上注册成立网络商店；网上加盟，以某个电子商务网站门店的形式经营，利用母体网站的货源和销售渠道。

网络创业门槛低、成本少、风险小、方式灵活，特别适合初涉商海的大学生创业者。但一定要选择有较完善的交易系统、交易规则、支付方式和成熟的客户群的网站。加盟这些网站，创业者可近水楼台先得月。而且，网上创业受到政府的重视，有诸多的优惠政策和措施保障。

初次尝试网上创业者应注意，事先要进行多方调研，选择既适合自己产品特点又具有较高访问量的电子商务平台，贩卖的商品也要具有独特性和吸引力。一般来说，采取网上加盟的方式，能在投入较少的情况下开业，边熟悉游戏规则，边依托成熟的电子商务平台发展壮大。

3）大赛创业型

大学生创业大赛移植于美国的商业计划竞赛，此类竞赛旨在为参赛者展示项目，获得资金提供平台，Yahoo、Netscape 等企业都是从商业竞赛中脱颖而出的，因此被形象地称为创业“孵化器”。从国内的情况看，创业大赛也扶植了一批大学生企业，如清华大学王科、邱虹云等组建的“视美乐”公司，上海交通大学罗水权、王虎等创建的“上海捷鹏”等。

创业大赛不仅为大学生创业者闪亮登场提供了舞台，更重要的是提供了锻炼能力、转变观念的宝贵机会。对大学生来说，创业大赛是创业“试金石”，通过这个平台，可熟悉创业程序，储备创业知识，积累创业经验，接触和了解社会。

撰写创业计划书是创业大赛的核心部分，并决定着能否吸引投资商的兴趣。一份完善、科学、务实的计划书，就是大学生坚实的“创业基石”。但很多大学生的创业计划由于受到知识、经验的限制，存在对目标市场和竞争对手缺乏了解的问题，分析时采用的数据经不起推敲等诸多问题。这些问题不解决，大赛创业只能是“纸上谈兵”。

4）概念创业型

概念创业，顾名思义就是凭借创意、点子、想法创业。当然，这些创业概念必须标新立异，至少在打算进入的行业或领域是个创举，只有这样，才能抢占市场先机，才能吸引风险投资商的眼球。同时，这些超常规的想法还必须具有可操作性，而非天方夜谭。

概念创业具有点石成金的神奇作用，特别是本身没有很多资源的创业者，可通过独特的创意来获得各种资源，包括资金、人才等。适合具有强烈创新意识但没有很多资源的创业者。

创业需要创意，但创意不等同于创业，创业还需要在创意的基础上，融合技术、资金、人才、市场经验、管理等各种因素，如果仅凭着点子贸然行动，基本上是行不通的。

第七节　创业机会的把握与评估

“机不可失，失不再来”。一个创业者如果能够把握住一个看似十分偶然的创业机会，就很有可能彻底改变一个人的一生。从哲学的角度看，创业机会的出现，看似十分偶然，其实也有一定的必然性。那么，我们应该怎么去选择和把握创业机会呢？

一、借我一双慧眼：把握创业机会

既然机会的偶然出现，也存在着必然性，那么，机会的得来绝不能靠守株待兔。每个创业者都应该主动地去寻找、捕捉和把握创业机会，抓住机会便预示着离成功不远了。

1. 寻找机会的方向

（1）要真正了解客户的需求，了解他们的消费痛苦点、甜蜜点和盲点。只有了解了顾客承受的极限以及心理认识的盲区，才能给自己的产品做比较准确的定位。

（2）要善于理解政府的新政策和行业的新标准，这同样也是大学生选择正确的创业方向的重要参考内容之一。拥有敏锐社会嗅觉的经济人往往能够取得好的回报，就是这个道理。

（3）要懂得技术转型。“一个学 IT 的人在 IT 界算不上什么凤毛麟角的人物，但如果一个扎根于医学界的 IT 人就不得了了！”不要让专业出身限制住自己的发展，领域的转变可能会产生意想不到的效果。此外，不断迸发的新点子、新创意也有助于筹划的完善和缜密。

“开花结果”的书——瓜果书。

瓜果书最早起源于日本，日本最早致力农业高新技术产业化研发推广，瓜果书的设计和制作发源于无土栽培技术的勃发。在日本农产省和日本有机农业研究会的共同推进下，瓜果书应运而生。瓜果书，通俗来讲，就是一种“能长出花花草草、瓜瓜果果的有机书”。

但这个美丽的童话有着坚实的科学基础和依据。瓜果书，本质上是结合了工业设计的先进理念和园艺栽培技术的成熟技术，从而打造出的极具创新意识的工业产品。瓜果书里边含有膨化剂、高效营养介质以及迷你种子。在日本，各地商场和书店均有“瓜果书”出售，诸如“番茄书”“黄瓜书”“茄子书”等应有尽有。这些外貌似书本的产品表面包装有防水纸，其内塞有石绒、人造肥和种子等。人们购回后按照其内附赠的种植说明，只要每天浇水，便能长出手指粗细的黄瓜、弹丸似的番茄、拳头大的黄瓜等；一般情况下，一本“番茄书”经培育可长出 150 ~ 200 个迷你果，一本“黄瓜书”可结出 50 ~ 70 条袖珍瓜。这种时尚新颖的创意产品一度在日本成为最为畅销的工艺创意产品。

现在的瓜果书，还处于书本与有机介质的结合阶段。有机介质借助于书本外观的创意设计，从而实现有机介质和种子的生长发芽、开花结果。

瓜果书的未来充满诱惑，瓜果书的未来就是“书本开花结果”的童话成真。

2. 捕捉创业机会的方法

1）头脑风暴法

具体要求和原则见第四章第五节。

2）联想法

许多发明和创新都源于发明者发现了事物、过程、材料、技术和人之间新的关系。若想提高创造力，就尝试寻找身边的人和事之间不同寻常的关系。对这些关系的洞察可以导致新的创意、产品和服务的产生。

例如，把果汁加到饮料中就成了果汁饮料；把内燃机技术和车轮结合在一起发明了汽车。

3）触发创意

每天都会有很多触动你的东西，这些都可以用来激发思维：抽象画、鼓舞人心的故事、不完整的想法、小技巧等，把这些能触动你的东西放在经常能看到的地方——冰箱上、电话旁等，你永远不会知道什么时候它就成了你成功的垫脚石了。

4）梦想法

所谓“日有所思，夜有所梦”，梦想法即因创业者经常的苦思冥想，以致在做梦的时候出现“灵感”，来发现问题及其解决的办法。但这种灵感往往是稍纵即逝的，因此，对每个灵感都应立即记录下来，并作进一步的调查研究。对“梦来之笔”，不必考虑所有负面因素或对资源的要求。

二、考验你的胆识：准确评估创业机会

创业机会的存在并不意味着它就必然有执行的价值。对创业机会进行准确评估是创业者不可忽视的一大环节。一般而言，较好的创业机会有以下五个特征：

（1）在前景市场预测中，能够比较准确客观地预计，今后5年中的市场需求会稳步快速增长。

（2）创业者能够获得利用特定机会所需的关键资源，其中包括自有资源、外在资源、自然资源以及社会资源等。

（3）创业者不应被锁定在“刚性的创业路径”上，而是应该可以中途调整创业的“技术路径”。

（4）创业者可以通过创造市场需求来创造新的利润空间，牟取额外的企业利润。

（5）特定机会的商业风险是明朗的，且至少有部分创业者能够承受该机会的风险。

对于特定创业者而言，面对特定的创业机会，必须回答以下五个问题：①自己是否拥有利用该机会所需的关键核心资源？②创业者能否“架桥”跨越“资源缺口”？③遇到竞争力量时，创业者是否有能力与之抗衡？④是否存在创业者可以创造的新增市场以及可以占有的远景市场？⑤创业者是否有能力承受利用特定机会的商业风险？

评估创业机会的目的是在众多的机会中，通过分析、判断和

筛选，发现利己的、可以利用的创业的商业机会。

曾有人言：“机会之中蕴含着商业利润，发现具有吸引力的商业机会是创业成功的基石。”一些创业者的经验表明，固然抓不住机会无法创业，但抓错了机会则有害于创业。

三、拓展阅读：四个白手起家的成功创业故事案例

1. 200 元起家两年赚 300 万元

潘某 2007 年刚来广州时口袋里只有 200 元，而现在他已经是有楼有车的大老板。因生意繁忙，潘某曾一度想退学，不过最后还是坚持了下来。

初来乍到做家教卖 T 恤赚外快，当年只有 22 岁的潘某出生在贵州一个小县城的工人家庭，一家五口全靠在供电局当技术工的父亲每月 1000 多元的工资维持生计。2007 年，潘某考入中山大学地理科学与规划学院。来到广州后，为了减轻父母的负担，潘某不仅申请了学校的勤工助学，还四处打工赚钱。

当他揣着荷包里勤工助学赚的仅有的 200 元去市中心准备闯荡时，百货大楼琳琅满目的商品和滨江东“天价”的楼盘让他顿时蒙了，“我到底要奋斗多少年才能在这个城市容身?”于是在很多同学还在尽情享受大一优哉游哉的校园生活时，潘某开始赚外快，做家教、推销信用卡、卖 T 恤等工作。

小试牛刀从院服开始。2007 年年底，学校公开招投标一些院系的院服定做项目，潘某看到了商机。潘某首先“摸查敌情”。他从学生会弄到了参与招投标公司的名单，并扮成顾客挨个儿打电话到那些公司问出不同质量服装的底价。然后，他直接在网上查出一些生产商的地址，主动上门与厂家谈生意。

学校的院服投标价和货源确定后，潘某私下向学院有理有据地分析自己代理的服装在价格和质量上的优势以博取印象分。投标当日，他一人以 5 家公司的名义参与投标。最后，他竟然赢了做了几十年生意的行家，投下学校的院服项目。虽然第一个院服生意只赚了 2 万元，但这却让他在创业路上找到了感觉。

潘某头脑灵活能够见机行事，后来，潘某无意间认识了一名做安全监控设备的商人朋友，而他此时又得知同学家中开发的房地产项目正好在招标安检设备，于是潘某充当了双方谈判的桥梁促成了这一单生意，竞标成功后，他一下就赚了 50 万元。

赚到这笔钱后，他第一时间给父母汇去了 10 万元，吓得母亲惊恐地在电话中问了 10 多次“钱从哪里来的”。几年间，潘某陆续做了外墙砖生意、与朋友合伙开酒吧，并开始投资股票并利用“第一桶金”继续生财。今年 3 月，潘某还投资了 50 万元在大学城开了间网络公司。

经商关键点：小本钱并不一定不能成就大事业，关键在于你的思路。

2. 6 角钱一斤赚上千万

有位农民孙某，有一年到北京务工，一次，他与几个老乡上街，途经一个市场，口渴难耐，想买一些水果吃，可那些水果高昂的价格令他们望而止步了。忽然，他看到一堆枣，那是他家乡的大枣。他知道那枣在家乡挺便宜，只要 6 角钱一斤，于是他决定买一斤解解渴，一问价格，结果令他大吃一惊：3 元 5 角一斤！“这么贵呀，你们赚得太黑心了！”同行的一位老乡说。

说者无意，听者有心，孙某想，这大枣一来一往价格相差这么大，该多有赚头呀！于是，他立即返回家乡，凭着老乡关系，赊了 3 吨大枣，搭了一辆车送到北京，他来到丰台区的一家大市场，将大枣以 2 元 9 角的价格批发给小贩们，这鲜红的大枣顿时被抢购一空，就这样一个月内他往返北京与山东达五六次。孙某这样做了半年，路也熟了。他不仅经营大枣，还开始经营山东的其他土特产，生意一步步扩大，一步步红火，至今他已是拥有上千万资产的山东土特产经销商。

经商关键点：资本并非创业的唯一条件，人的贫穷，主要是在于思想的贫穷。

3. 一分钱没花就开店

我的一位朋友许先生，在路边有一铺面，原来是开饮食店的，因经营不善亏了本，想改行又没本钱，只好关门。整天只见他在街头走过来又走过去，有一天他惊喜地发现，在广西大新县的土湖小镇，一种装粮谷用的铁皮桶很畅销，而以往都从邻县进货，没有一个加工厂。于是他跑到邻县天等镇一家铁皮桶加工店与老板做起了交易。他以门面入股，厂家以资金、设备、技术入股，在土湖合资开一家铁皮桶加工店。这是在土湖的独家生意，厂方考察后同意与许先生合作。由此，许先生没有投入一分钱就成功地做起了铁皮桶加工厂的老板。同时他还学会了制作工艺，又学技术又赚钱。一年后，掌握了技术并积累到创业资金的许先生就自己独干了，成功地当起了老板。

经商关键点：不投入一分钱，让你自己做自己的老板。

4. 一无所有两个月办加工厂

1997 年，在福建打了三年工的黄先生返回土湖，除了学到一手制作豪华门的手艺外，其他身外之物一无所有，他了解到土湖没有一家豪华门加工厂，知道这冷门行业一定赚钱，才赶回家乡发展豪华门这个冷门的行业。但他既没有一分钱，也没有带来任何工具，却在两个月内成功地办起了豪华门加工厂。

原来，早在福建打工的他，每次回家都没有放过任何机会，他总是找这人谈谈、那人说说，终于找到一位愿出资与他合作的伙伴，他只以技术入股，在身无分文的情况下办起了豪华门加工厂。俗话说，馈人千金不如授人一技，只要拥有某种技术特长，并积极开发利用，你就可以靠着这个技术发财致富。

经商关键点：只要善于利用机会，别人赚钱，自己也赚钱。

第八节　商业模式的选择

免费并不意味着亏本，那么，如何用免费的手段赚钱？如今，做大做强已经不再是唯一的商业模式了。发动头脑风暴，看下面这个公司教你颠覆传统理念的商业模式！

市场上出现过一个品牌叫“梦露”，它只做女式睡衣产品，销售价格为188元一件，只有两种款式，吊带的和齐肩的，也只有两种颜色，橙色和紫色。他们用了一个不一样的销售方式——送。怎么送呢？免费。如果你穿了感觉很好，就请你帮我们做口碑宣传。

如果这件睡衣送给你，你会要吗？当然会。

但是他提了另外一个要求，我们送给你是可以的，快递费你出可以吗？快递费是23块钱一件，但是支持货到付款，支持退货。消费者是零风险。也就意味着你花23块钱快递费可以拿到一件价值188元的女士睡衣，你们愿意吗？也许第一次您看到可能不会动心，但是如果您发现同一时段竟然有157家网站都在为它打广告，您会不会点开看一看？那么，我相信至少有80%的人都会订上一件。

免费送，到底送多少呢？第一阶段送1000万件，我们计算一下，188元一件，1000万件，等于多少钱？18.8亿元人民币，这家公司愿意拿18.8亿砸一个市场，各位告诉我有这样的公司吗？应该没有，或者很少。也许很多人都会想，他们是赔钱赚吆喝。但是这家公司既不是中国500强，也不是世界500强，这时候，很多人即使只为了满足一下好奇心，都会定一件。于是，你就会留下名字、电话、手机、地址，13天后，快递真的送到你家了，你打开信封一看，这个睡衣质量真不错，在市场里面可能超过188元或者288元的产品，你要不要付这23块快递费？

很多人看不明白，这家公司是干什么的？是做慈善，还是赔钱赚吆喝？

好，下面我带着大家算一笔账，1000万件睡衣免费送，首先我们需要解决货源问题。做生意的人都知道，中国义乌小商品批发市场世界闻名，在那有很多小型的服装加工厂，找它们制作，成本可以很低。

量大从优。1000万件，成本完全可以降低，值得一提的是，赠送的是夏天的女式睡衣，款式简单又省布料。

为什么8块钱成本的睡衣在商场里面可以卖到188元？今天

如果我们买双鞋子，市面成本是50元，可是到商场里面不是名牌的卖300元，是名牌的卖500元，好，请问50元到300元中间的钱去哪儿了？商场！没错，商场收了钱的27%到33%，营业员分了12%。“梦露”睡衣生产成本只有8块钱，但是到消费者手中没有任何商场环节,所以8块钱的睡衣拿到商场里卖188元。

这样消费者真正得到了实惠，消费者开心不开心？

消费者觉得赚了，肯定开心！

接下来就是快递的问题了，我们平时快递一样最小的东西，至少需要10块钱，但是，如果我一年有1000万件快递要在你的公司运送，可不可以便宜？所以，最后5元敲定，因为夏天的女式睡衣很轻，又很小，一个信封就可以装下。

下面就剩下广告了。本来网上做这种免费送东西的广告是不需要花钱的，因为网站要的是浏览量，今天你试试看，如果产品免费送，肯定会有很多网站帮你打广告。但是，为了让我的睡衣送得更好，只要在你家的网站上送出去一件，我就给你3块钱的提成，你是不是会把广告打得更疯狂？于是，所有的网站都帮着打广告。

好，我们再算一笔账。

23块钱减去8块减去3块减去5块还剩下多少？7块，那么就是说，他们实际上送一件睡衣只付出了16块钱的成本，但是，消费者却付了23块钱的快递费。也就是说，他们只要送一件睡衣就赚了7块钱，中国有13亿人口，一年免费送一千万件可不可以送出去？答案是，当然可以。最后，他们送睡衣一年就赚了7000万。

这家公司做了什么？快递谁送的？快递员！广告谁做的？网站！钱谁赚了？他们赚了！

好，接下来，我们再算一下其他人的利润，你觉得卖出来8块钱的睡衣，这个生产睡衣的工厂一件能赚多少钱？每件只能赚1块钱，但是一下接了个1000万的单，厂家要不要做？

快递公司收5块钱，请问快递公司能赚多少钱？也是每件一块钱。网站打广告本身是没有什么成本的，所以，网站的纯利润是每件 3 块。这三个干活的加在一起，一件才赚了 5 块钱，但是，他们什么都没干赚了多少钱？7000 万元人民币。

各位，这家公司有多少人呢？这家公司从总裁、设计总监、销售总监到会计，全公司加在一起四个人。四个人分这 7000 万怎么都有得赚，最关键的是他们什么都没做。而且，每个人都很开心！

这就是商业模式的厉害之处。

一、商业模式简介

简单地讲，商业模式就是企业或公司是以什么样的方式来盈利和赚钱的。构成赚钱的这些服务和产品的整个体系称之为商业模式。

换而言之，为实现客户价值最大化，把能使企业运行的内外各要素整合起来，形成一个完整的高效率的具有独特核心竞争力的运行系统，并通过最优形式满足客户需求、实现客户价值，同时使系统达成持续赢利目标的整体解决方案。

二、商业模式历史发展

1. 店铺模式

一般地说，服务业的商业模式要比制造业和零售业的商业模式更复杂。最古老也是最基本的商业模式就是“店铺模式”（Shopkeeper Model），具体点说，就是在具有潜在消费者群的地方开设店铺并展示其产品或服务。

大多数的商业模式都要依赖于技术。互联网上的创业者们发明了许多全新的商业模式，这些商业模式完全依赖于现有的和新兴的技术。利用技术，企业可以以最小的代价，接触到更多的消费者。

2. 饵钩模式

随着时代的进步，商业模式也变得越来越精巧。“饵与钩”

(Bait and Hook)模式也称为“剃刀与刀片”(Razor and Blades)模式，或是“搭售”(Tied Products)模式，出现在20世纪早期年代。在这种模式里，基本产品的出售价格极低，通常处于亏损状态；而与之相关的消耗品或是服务的价格则十分昂贵。比如说，剃须刀(饵)和刀片(钩)、手机(饵)和通话时间(钩)、打印机(饵)和墨盒(钩)、相机(饵)和照片(钩)等等。这个模式还有一个很有趣的变形：软件开发者们免费发放他们的文本阅读器，但是对其文本编辑器的定价却高达几百美元。

3. 硬件+软件模式

苹果以其独到的iPod+iTunes商业模式创新，将硬件制造和软件开发进行结合，以软件使用增加用户对硬件使用的黏性，并以独到的iOS系统在手机端承载这些软件，此时消费者在硬件升级时不得不考虑软件使用习惯的因素。

4. 其他模式

在20世纪50年代，新的商业模式是由麦当劳(McDonald's)和丰田汽车(Toyota)创造的；20世纪60年代的创新者则是沃尔玛(Wal-Mart)和混合式超市(Hypermarkets，指超市和仓储式销售合二为一的超级商场)；到了20世纪70年代，新的商业模式则出现在FedEx快递和Toys“R”Us玩具商店的经营里；20世纪80年代是Blockbuster，Home Depot，Intel和Dell；20世纪90年代则是西南航空(Southwest Airlines)，Netflix，eBay，Amazon和星巴克咖啡(Starbucks)。而没有经过深思熟虑的商业模式则是许多网络公司的一个严重问题。

每一次商业模式的革新都能给公司带来一定时间内的竞争优势。但是随着时间的改变，公司必须不断地重新思考它的商业设计。随着(消费者的)价值取向从一个工业转移到另一个工业，公司必须不断改变它们的商业模式。一个公司的成败与否最终取决于它的商业设计是否符合消费者的优先需求。

三、商业模式构成要素

创业公司在商业模式上常见的失误有：做出来的解决方案没有市场需求，产品缺乏特定的市场，产品总是免费赠送。一个好的商业模式至少要包含以下10个基本元素中的前7个。

1. 价值定位

创业公司所要填补的需求是什么或者说要解决什么样的问题？价值定位必须清楚地定义目标客户、客户的问题和痛点、独特的解决方案以及从客户的角度来看这种解决方案的净效益。

2. 目标市场

目标市场是创业公司打算通过营销来吸引的客户群，并向他们出售产品或服务。这个细分市场应该有具体的人数统计以及购买产品的方式。

3. 销售和营销

如何接触到客户？口头演讲和“病毒式”营销是目前最流行的方式，但是用来启动一项新业务还是远远不够的。创业公司在销售渠道和营销提案上要做得具体一些。

4. 生产

创业公司是如何做产品或服务的？常规的做法包括家庭制作、外包或直接买现成的部件。这里的关键问题是进入市场的时间和成本。

5. 分销

创业公司如何销售产品或服务？有些产品和服务可以在网上销售，有些产品需要多层次的分销商、合作伙伴或增值零售商。创业公司要规划好自己的产品是只在当地销售还是在全球范围内销售。

6. 收入模式

你如何赚钱的？关键要向你自己和投资人解释清楚你如何定价，收入现金流是否满足所有的花费，包括日常开支和售后支持费用，然后还有很好的回报。

7. 成本结构

创业公司的成本有哪些？新手创业者只关注直接成本，低估了营销和销售成本、日常开支和售后成本。在计算成本时，可以把预估的成本与同类公司发布出来的报告对比一下。

8. 竞争

创业公司面临多少竞争者？没有竞争者很可能意味着没有市场。有 10 个以上的竞争者表明市场已经饱和。要扩展开来想一想，就像飞机和火车，客户总有选择的机会。

9. 独特的销售方案

创业公司如何使自己的产品或服务与众不同？投资者要看到创业公司拥有的一种可持续的竞争优势。短期打折或促销不是独特的销售方案。

10. 市场大小、增长情况和份额

创业公司产品的市场有多大？是在增长还是在缩小？能获得多少份额？VC 风投寻找的项目所在的市场每年要有两位数的增长率，市场容量在 10 亿美元以上，创业公司要有 10% 以上市场占有率的计划。

四、拓展阅读：2015 年创业企业十大创新商业模式案例

在互联网思维被赋予多重定义的时代，商业模式和传统的商业模式最大的区别在于，重新定义了客户价值。管理学大师彼得·德鲁克曾经说过："当今企业之间的竞争不是产品之间的竞争，而是商业模式之间的竞争。"

在互联网思维被赋予多重定义的时代，商业模式和传统的商业模式最大的区别在于，不再是关于成本和规模的讨论，而是关于重新定义客户价值的讨论。商业模式就是如何创造和传递客户价值和公司价值的系统。可见，客户价值以及客户价值主张的重要性非同一般。

2015 年是万众创业年，众多创业企业爆发，各种各样的创新型商业模式出现在市场中。品途网梳理了 2015 年各行各业的

创业企业中具有代表性的创新商业模式案例，供中小型创业企业参考。

1. 大疆——消费级无人机市场的霸主

企业介绍：深圳市大疆创新科技有限公司（DJI - Innovations，简称 DJI）成立于2006 年，是全球领先的无人飞行器控制系统及无人机解决方案的研发和生产商，客户遍布全球 100 多个国家。它占据着全球 70% 的无人机市场份额。

创新性：无人机以前主要是应用在军事方面，而大疆是第一个将无人机应用在商业领域并获得成功的企业。大疆无人机如今已被应用在军事、农业、记者报道等方面，是可以“飞行的照相机”。

品途网短评：这家公司将目标受众从业余爱好者变成主流用户，而且它在这一过程中还能占据市场的主导地位，这种成功的案例在科技行业发展史上实属罕见。创新指数：5 颗星。

2. 滴滴巴士——定制公共交通

企业介绍：2015 年 7 月 15 日，继快车、顺风车之后，滴滴快的旗下巴士业务“滴滴巴士”也正式上线。目前滴滴巴士已经在北京和深圳拥有 700 多辆大巴、1000 多个班次。

创新性：滴滴巴士是第一个尝试将巴士进行多场景应用的定制巴士。滴滴巴士是关于定制化出行的城市通勤定制服务。它根据大数据测算并推出城市出行新线路。滴滴巴士还将巴士进行多场景应用，比如旅游线路定制、商务线路定制等扩展了巴士出行的场景。

品途网短评：城市通勤定制服务出现的时间并不长，却发展得很快。它是关于定制化出行的一种初步尝试。事实上，做定制服务的门槛是极高的，而滴滴巴士母公司滴滴出行的互联网技术和用户基础为其创造了有利条件。

3. 百度度秘——表面它陪你聊天，其实你陪它消费

企业介绍：度秘是百度在 2015 年的世界大会上全新推出的，为用户提供秘书化搜索服务的机器人助理。

创新性：度秘将人工智能带到了可以广泛使用的场景中，是百度强大的搜索技术和人工智能的完美结合体，可以用机器不断学习和替代人的行为。

品途网短评：提起百度就是竞价排名，如今度秘终于可以升级这个原始的广告模式了。今年百度大会上推出的度秘是聊天机器人＋搜索引擎＋垂类O2O的整合型产品。它把现在互联网最热最精尖的技术全集合在了一起，百度大动干戈在百度世界大会上发布这款产品，化繁为简，满足了“懒人”生平夙愿。

4. 人人车——“九死一生”的C2C坚挺地活了下来

企业介绍：人人车是用C2C的方式来卖二手车，为个人车主和买家提供诚信、专业、便捷、有保障的优质二手车交易。

创新性：它首创了二手车C2C虚拟寄售模式，直接对接个人车主和买家，砍掉中间环节。该平台仅支持上线车龄为六年且在10万公里内的无事故个人二手车，卖家可以将爱车卖到公道价，买家可以买到经专业评估师检测的真实车况的放心车。

品途网短评：C2C虚拟寄售的模式被描述为“九死一生”，是因为：第一，二手车属非标品；第二，卖车人和买车人两端需求是对立的；第三，国内一直缺乏第三方中立的车辆评估，鱼龙混杂，因此二手车C2C交易困难重重，想法大胆又天真。人人车不被看好却能逃过一劫，是因为其省去所有中间环节，将利润返还给消费者。创始人李健说：“如果我能成功，B2C都要失业了。”

5. e袋洗——力图用一袋衣服撬动一个生态

企业介绍：e袋洗是由有20余年洗衣历程的荣昌转型而来的O2O品牌，采取众包业务模式，以社区为单位进行线下物流团队建设，即在每个社区招聘本社区中40～60个人员作为物流取送人员。

创新性：e袋洗是第一个以洗衣为切入点进入整个家政领域的平台。e袋洗的顾客主要是“80后”，洗衣按袋计费：99元按袋洗，装多少洗多少。e袋洗致力将幸福感作为商业模式的核心和主导，推出新品小e管家，通过邻里互助去解决用户需求，满足居民幸福感。小e管家在小e管洗、小e管饭的基础上，计划推出小e管接送小孩、小e管养老等服务，以单品带动平台，从垂直生活服务平台转向社区生活共享服务平台，以保证C2C两端供给充足。

品途网短评：e袋洗在搭建成熟的共享经济平台后，不断延伸出更多的家庭服务生态链，打造一种邻里互动服务的共享经济生态圈。集合社会上已有的线下资源，通过移动互联网实现标准化、品质化转变，帮助人们在生活中获得更便利、个性的服务。

6. 实惠APP——团购不彻底，直接免费

企业介绍："实惠APP"是一款基于移动端，主打社区的生活服务类APP。用户通过入驻实惠APP上自己工作的写字楼或居住的社区，可以领取实惠或商家提供的优惠礼品，享用身边的生活服务和便利商品，同时进行邻里间的社交，让用户生活更便捷、更实惠。

创新性：实惠商业模式的创新之处是做免费的团购——颠覆团购低价模式直接0元团购。通过平台将商家提供的免费福利派发给中奖的用户。它以城市的上班族为主要的对象，可以在写字楼或者社区的位置信息中录入其位置附近的商家名称和商品的福利活动，并通过附近福利、免费抢福利、幸运老虎机、品牌大乐透等趣味方式推送给用户，使用户既能得到实惠，又得到良好的游戏体验。

品途网短评：实惠APP开启的创新"免费O2O"模式促进了商家和用户的良性互动，实惠把用户、商户、物业连成一个有机整体，不仅和大型商户开展合作，更包含在社区间的居民、商户、物业等基于地理位置的连接，可看成一个小的社群系统，并围绕这个小的系统展开的线上订单和线下服务。

7. "干净么"——餐饮界的"360"，免费还杀毒

企业介绍："干净么"是一个互联网餐饮安全卫生监管平

台，基于移动互联网并连接各个环节、各个部门的第三方卫生监管平台，同政府、媒体、商家、用户等多方互动来进行监管。目前在干净么的APP上有几百万条数据，15万家餐厅的食品安全等级评价。

创新性：它是第一家利用互联网思维来打食品安全这场仗的第三方平台，不仅对餐饮商家进行测评、监管，还包含学校、幼儿园、单位食堂等在内，用户可以查阅自己感兴趣商家的卫生安全等级，从而判断是否就餐。

品途网短评："干净么"就好比餐饮界的"360"，免费还杀毒，目标就是通过扬善惩恶使餐饮行业进入良性竞争循环。食品安全需要社会共治，"干净么"就是连接政府、媒体和消费者的一个纽带。

8. 很久以前——不久的将来给小费将成为常态

企业介绍：很久以前是北京簋街一家烧烤店，店内推出的打赏制度被各大餐饮集团引用。

创新性：第一家将餐厅给小费的形式进行互联网思维改良的餐厅。打赏制度：打赏金额为4元，打赏人是到店里用餐的顾客，被打赏人是前厅员工，包括服务员、传菜工、保洁人员、炭火工。打赏规则：①前厅员工可以向顾客介绍打赏活动，但只能提一次；②前厅员工不能向顾客主动索取打赏。展现形式：店内、餐桌展示牌及员工胸牌上印有活动内容——"请打赏：如果对我的服务满意"，吸引顾客眼光。

品途网短评：可别小看了打赏这个小制度，已经有很多的餐饮连锁企业开始使用这个制度了。顾客花4元钱既买了好的服务，又让服务员增收，大大提升了服务员的积极性。

9. 多点（Dmall）——不是多点少点的问题而是快点

企业介绍：多点是一个以超市为切入口的O2O生活服务平台，将日常生活消费和生鲜产品作为突破口。

创新性：多点的创新点与京东到家、天猫超市等截然不同。它与商超之间完成系统上的对接：动态地获取商超库存价格等重要数据，同时，多点通过数据分析及供应链控制能力，将 C2B 模式引入商超，解决了其生鲜进销问题。同时，多点自建物流，有自己的配送员。在用户下单后，多点会和合作商家一起分拣货物，然后送货上门。

品途网短评：用户从下单到收获，全程所花时间不超过 1 小时，多点可以说是用户的网上超市，只不过模式比较轻，也比较快。

10. 云足疗——上门服务中的垂直环节

企业介绍：云足疗于 2015 年 1 月正式上线。用户通过云足疗 APP 或微信、电话预约，可以随时随地享受足疗、修脚、理疗服务。用户可以根据云足疗平台上项目、价格、距离、籍贯等信息，选择符合自己要求的服务项目、服务师傅。

创新性：云足疗是第一家也是唯一一家上门足疗 O2O 平台。云足疗砍掉了到足疗店等候等中间环节，让技师和顾客实现无缝对接，不仅解放了长期局限在足疗店的技师们，让他们获得了比同行更高的薪资，同时也让顾客体验到低价便捷的优质上门养生服务。云足疗率先实现了上门足疗服务的标准化，平台通过面试、实名认证、技能考核、系统培训等严格筛选，来保障上线的技师的专业技能和高服务水准。

品途网短评：云足疗属于上门服务中的垂直环节，在 O2O 垂直领域是值得开发的沃土。团队拥有 15 年服务行业的线下实体店的经验，是其能够在资本寒冬中获得融资的关键。

对上述商业模式进行梳理不难发现："成功商业模式"可进一步划归为"基于技术突破与创新"和"主要依托产业价值链融合与分解"两类，并在不同的领域与产业价值链条上做出了不同程度的创新。

这表明，成功的商业模式非常一样而又非常不一样。非常一样的是创新性地将内部资源、外部环境、盈利模式与经营机制等有机结合，不断提升自身的协调性、价值、风险控制能力、持续发展能力与行业地位等。非常不一样的是在一定条件、一定环境下的成功，更多的具有个性，不能简单地拷贝或复制，而且必须通过不断修正才能保持企业持久的生命力。

想要创新商业模式只研究商业模式是远远不够的。借鉴基础上的创新永远是商业模式中商业智慧的核心价值。

第六章　创业计划书

创业计划书，又称为商业计划书，是由创业者准备的描述创办一个新企业时所有相关的外部要素及内部要素的书面材料。创业计划书有固定的格式，由封面、摘要、目录、历史、企业说明、目标、市场定位、产品或服务说明、管理结构、财务数据和附录构成。创业计划书的价值在于对决策的影响，可以让你的创业一路畅通。创业计划书好不好，关键在于“令人信服”四个大字。真实、创意、回报、管理，构成创业计划书令人信服的四要素。创业计划书的编写没有我们潜意识的那么简单，它的完成是一项大工程。一般来说，创业计划书的编写分为三个步骤：细化创业计划构想；进行市场（客户）调查；文档制作。由于创业计划的所属领域以及创业计划编写目的不同，创业计划的编制方法及步骤也会存在差异。在实际编写过程中，三个阶段之间的分界线并不是那么清晰，很多情况下是交叉进行的。编写创业计划书在很大程度上是为了吸引投资商进行投资，必须站在投资商的角度来编写。“挑战杯”大学生创业计划书中的“纸上谈兵”带来的启示是，少些空谈，多些实战。张华创业的案例告诉我们，在大学生创业的过程中，大学生创业不仅需要创业计划书，而且需要一份令人信服的创业计划书。

不少人通常都有这样的想法，几万块钱的生意而已，为什么还要长篇大论地去写计划书？“有些创意可能听起来很棒，但是当你把所有的细节和数据写下来仔细一琢磨，就会发现其实失败无疑——问题是，有多少人会去认真写计划书呢？”YBC 福建办导师、泰讯软件技术服务有限公司董事长陈锐华的问题让课堂上的同学们沉默思考了好一会。这是发生在创富课堂上的一个场景。透过这些现象，我们不难发现，创业计划书虽是“纸上谈兵”，但又不止“纸上谈兵”。创业计划书里有大学问需要琢磨，也有小细节需要留心。下面的内容，将带你一路去探究。

第一节 创业计划书

打开电脑或者铺开纸张，总觉心中的创业思绪万万千千，想要将这些创意一一详述，对着屏幕或者紧握笔杆，要么千头万绪却写不出只言片语，要么千言万语写出来却不知所云。这就是当前很多大学生在创业的道路上遇到的困境。很多人懂得“没有创业计划，就没有创业成功”的道理，但是对于创业计划书的真正内涵和价值，却没有系统的认知。因此，严格来说，很多大学生并不清楚创业计划书的编写过程是一个整理思想，运筹帷幄的过程。那么，到底什么是创业计划书呢？

一、创业计划书的概念

创业计划书，又称为商业计划书，是由创业者准备的描述创办一个新企业时所有相关的外部要素及内部要素的书面材料，大致可以分为两类：第一类是略式创业计划书，比较短小精悍；第二类是详式创业计划书，它不仅仅是一种业务构思的策划和一份信息披露，而且是吸引投资的宣传单，更是以后团队创业的指导书。它不但在企业运营之初扮演着重要的角色，而且在实际运作中继续发挥着它作为管理工具的作用。创业计划的基本目标在于：分析商机，说明创业者的基本思想和期望目标；描述创业者抓住机会的战略；分析说明影响创业成败的关键因素；分析并确定筹措创业资金的办法。编写创业计划书，其主要作用可以归结为以下几个方面：第一，理清创业思路，产生创业的激情。第二，帮助创业者寻找投资者、合作者以及供应商、销售商，赢得他们支持与理解。创业计划书的编写过程，是一个整理思想、调研市场、捕捉商机、运筹帷幄的过程。立志于创业的大学生，应当熟练掌握创业计划书。

作为大学生自主创业文件的计划书，是宣传自身优势、成功融资等项的必备文件。创业计划书的典型格式如下：

封面：这里主要涉及企业名称、地址和电话号码、负责人、日期等。

摘要：包括目标宗旨说明、产品或服务说明、营销计划、财务预算等。

目录：即创业计划书目录。

历史：包括负责人的背景或公司的起源、产品或服务的历史、组织结构、企业历史的简要说明等。

企业说明：向投资者或者读者介绍创业企业的性质和形式。

目标：即企业所要达到的一系列成果，目标由一系列计划组成，有利润计划、营销计划、生产计划、质量控制计划、财务计划等。

市场定位：即确定目标市场、市场分析、分析竞争对手、产业分析等。

产品或服务说明：说明产品或者服务的研究和开发状况、专利，商标和产权状况。

管理结构：即企业的组成团队，包括由谁执行计划、组织结构图、信息流程图、员工政策等。

财务数据：主要有预计损益表、预计现金流量表、预计资产负债表、成本利润分析等。

附录：在附录中主要附上企业历史的详细说明、主要员工的简历、主要环境因素预测、产品说明手册、推荐信等。

二、创业计划书的作用

美国的一位著名风险投资家曾说："风险企业邀人投资或加盟，就如同向离过婚的女人求婚，而不像和女孩子初恋。双方各有打算，仅靠空口许诺是无济于事的。"对于正在寻求资金的大学生创业者来说，创业计划书就是成了他们的通行证。在实践中，很多大学生创业成功就是在编写计划书上最后赢得投资人的注意。由此看来，创业计划书的意义非同小可。一位教授在讲到创业计划书的时候问同学们："创业计划书有多大的价值?"学生回答说："几千美元到上万美元。"教授摇摇头说："不对，差远了。创业计划书的价值在于对决策的影响，就这点来说，创业计划书的价值是无法衡量的。"对于大学生来说，创业计划书首先是把计划中要创立的企业推销给大学生自己。由于整个大学生创业团队已经组建，基本要素都已经具备，一份步骤详细、目标明确的大学生创业计划书就如航海灯一样为整个团队指明了前进的方向。因此，创业计划书具有让你的创业一路通畅的作用，它对于大学生或者投资人的意义应当为我们所认知。

首先，对于大学生来说，创业计划书是把计划中要创立的企业推销给自己，同时为自己的创业点明前进的方向，让你高瞻远瞩的策划企业的未来前景，制定奋斗目标。通过创业计划书的编制，大学生创业者建立了自信，看到了自己未来企业的发展，也是一种对自身能力的正确估价。创业计划书可以使你有计划地开展创业活动，通过分析和论证创业项目的可行性，增加成功概率，减少失误。仔细想想，如果整个创业团队做出来的创业计划书连自己都无法说服的话，又怎么能让投资者信服呢?因此，大学生创业者通过创业计划书，能够以一个严谨认真的态度对自己所拥有的资源、已知的市场情况和未来的投资回报等做一个细致的分析，做到心中有数，增加创业成功的概率。

其次，对投资者来说，能够透过创业计划书看到新创建企业的概况。创业计划书是创业融资的必备工具，创业的成功离不开资金的支持，如果没有创业计划书，大学生创业者无法明确创办企业到底需要多少资金或者还缺多少资金。在这种情况下，他们是无法从其他投资者或者组织获得投资和贷款的。投资者需要从创业计划书中看到新创企业的成长能力，并估算投资后能够在多长时间获得多少回报。因此，投资者都要求创业者提供创业计划书，他们会根据创业计划书进行评价和筛选，选择他们认为最有发展潜力的企业进行投资。

第三，对于政府或者合作者来说，创业计划书的优劣是最有说服力的。大学生创业者在政府的政策指导下进行创业，利用政府资金实现梦想，就必须有高质量的“敲门砖”。例如，“挑战杯”中国大学生创业计划竞赛就是最好的证明，每届的金奖得主肯定有细致周密的创业计划书。大学生在招募股东或者合伙人时，创业计划书的重要性也十分明显，创业计划书提供了企业全部的现状和未来发展的方向，也为企业提供了良好的效益评价体系和管理监控指标，这些潜在的合作者会以此为依据判断是否与大学生创业者展开合作。

第二节 写一份令人信服的创业计划书

创业计划书好不好，关键在于“令人信服”四个大字。就是说，“令人信服”是检验创业计划书是否可行的根本标准。令人信服不仅仅是站在自己的角度觉得创业计划书非常的完美可行，更要站在阅读者或者投资者的角度来评审创业计划书的可信度，只有他们觉得计划书可信、可行，才会真正的赢得创业的活力和动力。在“挑战杯”中国大学生创业计划竞赛中，有很多团队的创业计划书是在评委的追问下显露出自身无法令人信服的缺陷而惨遭淘汰的。那么，该如何写一份令人信服的创业计划书呢?

一、创业计划书令人信服的四要素

要使投资者或潜在的投资者对一个新的创业项目充满信心，并非要创业计划书写的如何复杂，而在于创业计划书是否能提供准确的分析、周密的实施方案和步骤、可行的管理办法和技术、理念及管理上的创新。通常，一份令人信服的创业计划书主要包括以下四个要素：

第一，真实。真实是创业计划书令人信服的首要要素，只有真实的想法和计划才具有现实的可操作性。真实的意思就是在创业计划书中，从公司简介到市场分析再到风险评估，必须是由真实有效的数据组成。而且，在创业计划书编写之前，必须确定整个团队有实在的技术或者用以推广的产品和服务。一份缺乏真实性的创业计划书相信是没有人愿意浪费时间阅读的，更不用说耗资投资了。在“挑战杯”中国大学生创业计划竞赛中，我们就发现很多被淘汰的作品都是凭空捏造出来的。在创业的过程中，我们面对的评委和投资者都是市场上的专家，他们对数据的敏感和对市场的了解都是相当深刻的。因此，作为诚信教育下的大学生，其创业计划书必须保证里面内容的真实性。

第二，创意。一个成功的创业计划往往与新颖的立题密切相关。新颖而且富有创意的计划更能引起他人的注意，获得他人的青睐，从而加重创业成功的砝码。如果创业计划书中的观点毫无特色，仅仅是他人已有的做法或者不切实际的凭空捏造，那么就算再逻辑严谨、格式准确的计划书也没法打动评委或者投资者的心，因此也就无法敲开市场的大门。广东省一理工学院的情侣毕业之后，突发灵感，将普通的荣誉证书改为“爱情证书”，并在证书里面写上情侣之间的悄悄话，并郑重的盖上“天长地久爱情协会”的印章互赠给情侣。这样，一来比鲜花存放时间更久，二来又有新意的表达和纪念了两人之间的感情，因此，这样的“爱情证书”很快就获得了市场的认可，比一般的贺卡的销量还要红火。这就体现了创意在大学生创业过程中的重要性。在编写创业计划书的过程中，一定要分析自己的项目是否具有创意，哪怕刚开始是模仿别人的观点或者做法，在经过精心的考虑和市场调查之后也会有自身切实的想法，这样具有创意的创业计划书才具有可行性和可投资性。在创意的基础上，创业计划书的编制要条理清晰、简明扼要，最好的方法是将计划书分成几个层次，可以使读者能够尽快地掌握创业计划书的基本要点，了解支持创业主题成立的要素。

第三，回报。通常投资者都是以投资回报或者潜在回报来评价创业计划书的，因此，计划书中的财务决策数据要经过慎重考虑和精心准备。对于特定环境下不确定性导致的营运预算结果，要进行专门的讨论，不仅要进行财务数据的预测，还要进行非财务数据的预测。在市场分析和财务计划制定之后，必须将投资者能够得到的回报加入到创业计划书中。对于投资者来说，只有能够得到回报的投资才是有价值的，而不在乎这些创业计划是否花费了创业者多少的心血。由于现实中有许多花钱甚多却仍处在亏损状态的创业公司，因此投资者如果看不到投资的回报，是不会做出任何承诺的。

第四，管理。若是没有优良的经营理念，一个企业是难以成功的。以 Yahoo 为例，原始创作者杨致远及 David Filo 固然是今天 Yahoo 居功至伟的催生者，但若是没有以 Tim Koogle 为首的企业管理人才，Yahoo 可能没有今天的规模及成功。这就说明在创业团队中，必须有合适的人将整个团队组合起来，整个创业团队的组建和维护必须体现在创业计划书中，因为创业活动最终是由人来完成的，如果缺少齐心合力的人，那么正如上一章所讲的那样，就算整个团队是由高学历的人员组成，那么最终也会面临团队的解体和创业的失败。团队领导应该寻找互补的团队组成人员，弥补彼此缺点，以面对创业的挑战。

二、循序渐进完成创业计划书

细化创业计划的工作构想，是完成创业计划的第一步。任何一项系统性的协作过程都需要计划，创业计划书的编写过程也是如此。一份创业计划对于创业企业来讲具有极其重要的意义，因此，创业计划的构思也应该得到必要的重视。这个阶段所要做的工作有：①确定创业计划的目的与宗旨。虽然创业计划的制定都应遵循创业计划的一般性的目的，但是具体涉及编写某一新创企业的创业计划，都应该有比较具体的目的。这有助于编写人员尽快进入工作状态，从而提高创业计划的编写效率和编写质量，使创业计划更具有针对性；②确定创业计划的篇幅与总体框架。在创业计划的编写之初，应该对所要编写的创业计划有一个比较完整的构思，包括创业计划篇幅及总体框架的设计。根据创业计划的编写目的与宗旨，确定编制略式创业计划还是详式创业计划。根据创业计划的具体目的确定创业计划的总体框架，包括创业计划所应涉及的重要因素的取舍方案及议题的增减计划，做到在创业计划编写之初即对拟编写的创业计划有一个明确的总体把握；③创业计划编写的日程安排。在创业计划编写之初，应确定编写日程。一般来讲，创业者的时间是非常宝贵的，没有时间单独为制定创业计划而花费大量的精力。一个相对稳定的日程安排，有助于创业者合理利用时间并有效地组织编写人员完成创业计划。此外，大部分创业计划是为满足企业的融资需要而编写的，而企业的融资期限是有相应的时间性的。由于竞争的日益加剧，机会往往转瞬即逝。在这种情况下，制定一项合理的编写日程安排有利于创业企业把握商机、出奇制胜，从而在激烈的竞争中确立优势；④确定编写小组的人员构成。在精心组建大学生创业团队之后，就该在明确分工的基础上，明确责任与义务。编写小组的成员基本由部门以上负责人组成，必要时可加入一位对创业计划有相关经历或专业知识的人员，以提高创业计划的规范性。

创业者在细化创业计划构想之后，创业者要充分考察市场的现实情况，广泛收集有关市场现有的产品、现有竞争、潜在市场、潜在消费者的具体信息。市场调查就是有目的、有计划、系统地收集、整理和分析商品或劳务在市场经营活动方面的情况和资料，从而进行预测、决策和制定经营计划的一种经济活动。如果预测结果不乐观，或预测的可信度让人怀疑，那么投资者就要承担较大风险，这对多数风险投资家来说是不可能接受的。在对顾客和竞争对手充分调研的基础上，市场预测以创业方案大纲作为考虑问题的框架，尽可能将市场和谋略等分析得细致透彻。创业者在进行市场调查时，要注意一个倾向，即千万不要只搜集对自己有利的信息，而不去收集或者故意忽略对自己不利的信息。在收集信息方面，创业者一定要做到客观公正，因为阅读你的创业计划书的战略合伙人或风险投资人会毫不留情地对你的计划提出质疑。他们都是一些非常专业的人士，提出的问题会非常尖锐。如果创业者单从利己的方面收集信息，在遇到苛刻的质疑时就会乱了手脚，不能举出充足的证据来解答对方的疑问，就会失去时机。创业者在市场调研时，既要研究有利的一面，又要研究不利的一面，特别是对风险要有充分的研究，并尽可能地做好准备。战略合伙人或者风险投资人并不畏惧风险的存在，他们知道没有高风险就没有高回报，因而风险是不足畏惧的，值得畏惧的是风险企业的经营者对风险没有充分的认识，也没有认真的准备。市场调查收集的信息主要包括以下几个方面：①需求调查。在调研中，市场需求量，现有和潜在市场、商品或劳务的竞争力的信息是必须搜集的，这些信息可以帮助创业者更客观的分析市场状况，掌握及时的信息，在创业计划书的创作过程中提供客观真实的数据；②调查货源情况。只有具备充足的货源，才能保证正常运转，以获得丰厚的收益，所以调查了解货源情况极为重要。同时应掌握货源调查的基本内容。你只有对这些情况了如指掌，才能理智地作出分析和判断，防止把钱“扔在水里”；③价格与销售调查。价格水平的高低及其变动情况，对商业投资项目的造价和投资项目投入经营后的经济效益具有风向标的意义。在创业计划书编写之前，应了解商品价格变动及其趋势，分析测算出价格变动对于总投资的影响程度，从而及早采取应对措施，争取在可能的价格波动中始终占据主动地位；④预测商品销路。在市场调研中，商品销路的预测是一项必不可少的准备工作。商品销路如何，直接关系到创业的经济效益。如果你经营的商品销路不好甚至没有销路，要想赚取利润，那是不大可能的。事实上，要想掌握商品今后的销路，需要综合了解多方面的情况。

市场和客户调查结束之后，创业者便掌握了最新的数据资料，此时便要开始创业计划书的编写过程。创业计划书的文档制作需要花费非常多的时间和精力，因此，这个阶段在整个创业的过程中起着举足轻重的作用，在这一阶段应该完成以下工作：①创业计划书的初步编写。创业计划书包括的内容繁多，因此创业计划书的初步编写要认真细心，以市场调研为客观依据，由创业者本人或者由创业者授权的能够准确领会创业者创业思想的人编写。只有这样，才能保证该部分可以准确反映创业企业的整体思路和构想，并对整个创业计划的编写提供有力的指导。在其他部分都完成之后，更要认真完成执行总结，执行总结是创业计划的读者最先看到的部分，也是风险投资商决定是否阅读创业计划正文的依据。因此，执行总结的编写成功与否，对整个创业计划乃至创业者创业思路的落实都具有十分重要的意义；②创业计划书修改、完善。在创业计划书写完之后，创业者最好再对计划书检查一遍，看一下该计划书是否能准确回答投资者的疑问，争取投资者对本创业计划的信心。一旦创业计划的草稿成文并获通过，就应立即交给公司的专业顾问（市场中介机构）。律师、会计师或者咨询师都有与投资者、银行和证券交易所打交道的经验，他们非常清楚创业计划中包含的内容应该如何陈述，他们还会就使用哪类语言表达更合适提供建议。例如，表述投资者预期获得的回报，采用绝对肯定的表述——按投资者的投资数额每年收到至少 100% 的回报，而这一预计如果没有实现，会给创业者带来极端不良的后果。在完成了创业计划的写作之后，应该在此基础上，加入必要的补充材料。大体内容应该包括以下几个方面：市场调查报告、企业产品说明、有关的新闻报道、企业平面示意图以及主要管理者简历等有助于读者全面了解创业企业各方面信息的资料。最后，正如我们通过封面评价一本书、通过着装评价一个人一样，读者也通过创业计划的外表来评价创业计划。除了清晰、简明的书写外，创业计划的装订、打印以及组织方式都会向读者传递某种信息。创业计划中大量的信息是保密的，因此，不能让它落人未经许可的消费者、供应商和竞争者之手。

以上介绍了编写创业计划的三个阶段。但是，由于创业计划的所属领域以及创业计划编写目的不同，创业计划的编制方法及步骤也会存在差异。在实际编写过程中，你会发现三个阶段之间的分界线并不是那么清晰，很多情况下是交叉进行的。创业者以及创业计划编写小组的成员应该根据创业计划的具体情况，采用灵活的方式方法来解决这些问题，使编写过程更加迅速、计划更加有效。创业计划书中的各个方面都会对筹资的成功与否产生影响。因此，如果你对编写创业计划书还不太熟悉，最好去查阅一下计划书编写指南或向专家请教。

编写创业计划书的“6C”规范：

第一是Concept（概念），就是要进行阐述，让别人知道你要卖的是什么。

第二是Customers（顾客），顾客的范围要很明确，不能笼统，比如说认为所有的女人都是顾客，那五十岁以上、五岁以下的女性也是你的客户吗。

第三是Competitors（竞争者），竞争者的意思就是需要问，你的东西有人卖过吗，别人做得怎么样，你所出售的产品是否有替代品，竞争者跟你的关系是直接的还是间接的。

第四是Capabilities（能力），要卖的东西自己懂不懂，有没有实力做好，譬如说开餐馆，如果师傅不做了找不到人，自己会不会炒菜？如果没有这个能力，也要有鉴赏的能力，不然最好是不要做。

第五是Capital（资本），资本可能是现金，也可以是有形或无形资产。要很清楚资本在哪里、有多少，自有的部分有多少，可以借贷的有多少。

最后是Continuation（持续经营），当事业做得不错时，将来的计划是什么。

第三节 投资商的偏好与创业计划书主要内容的编写

创业计划书有典型格式，但是创业计划书的编写并没有固定的格式。在内容选择上，一方面要满足创业计划书最基本的方面，另一方面要根据自身所要创业的实际情况分清主次和进行取舍。然而，在创业计划书编制的时候一定要考虑一个问题，就是创业计划书的阅读对象是谁。虽然说创业计划书是将创业者的创业思路以及前期市场调查的内容进行梳理和分析，但是编写创业计划书在很大程度上更是为了吸引投资商进行投资。如果计划书的编制仅仅是站在创业者或者团队的角度来讲，而其他人完全看不懂，那么严格意义上来说，这样的创业计划书是失败的，因为这样的创业计划书无法得到投资者的投资，没有资金的创业是无法成功的。这样的创业计划书除了造成人力、物力上的浪费，其他的收益一点也看不到。是什么原因造成这样的局面呢？主要是因为很多人不了解投资商的偏好，无法站在投资商的角度考虑创业书内容的编制。

一、执行总结

该部分是整个创业计划的概括，包括：①创业计划的创意背景和项目的简述；②公司介绍及主要产品和业务范围；③目标市场的描述和预测；④竞争优势和劣势分析；⑤经济状况和盈利能力预测；⑥团队概述；⑦预计能提供的利益。

执行总结列在创业计划书的最前面，它浓缩了创业计划书的精华，涵盖了计划的要点，应一目了然，执行总结要简明、生动，以便投资者在最短时间内评审计划并做出判断。通常，投资者总是先阅读创业计划书的执行总结部分，通过从该部分获取的信息来判断是否有继续读下去的必要。也就是说，如果创业计划书的执行总结部分不能激起投资者的兴趣，那么，创业计划书后面部分，即使写得再好，也就很可能无缘与投资者见面了。因此，执行总结部分的重要性就不言而喻了，所以创业计划书的作者们一般都把它作为提供给投资者的一个简洁的计划介绍来看待，目的是为了激起投资者们的兴趣。从这一角度来说，虽然我们并不能担保一个写得很好的执行总结便能为一个项目带来投资，但一个写得不好的执行总结却一定可以使投资者决定放弃对该项目的投资。在这里面，一份好的创业计划书应该包括上面所列举的内容，尤其重要的是应该包括预期投资者所得到的回报。

因此，创业计划书一定要投入足够的时间把它写好，让计划书尽量显得清晰、客观和逻辑性强，以便让投资者在简短的时间内能够充分理解手中的商业计划，而进一步的深入探讨则应该放在计划的后面部分进行。

二、产业背景和公司概述

这部分内容主要包括：①详细的市场分析和描述；②竞争对手分析；③市场需求；④公司概述，应包括详细的产品/服务描述以及它如何满足目标市场顾客的需求，进入策略和市场开发策略；⑤制订行动计划，资金和其他资源的分配方案等。

这部分的目的不是描述整个计划，也不是提供另外一个执行总结，而是对公司做出介绍，重点是新创公司的理念和战略目标，让投资者更加清楚地明白你所要创建的企业是什么性质的。例如，回答公司的业务是什么；公司想取得一个怎样的市场和产品（服务）领域；公司关键性的成功因素是什么；公司用怎样的战略去达到这些目标，是差异性市场营销还是集中式市场营销等等，重点是给公司定位，也就是说战略是什么，关键的制胜因素是什么，给投资者一个清晰的远景规划，使他们知道你在做什么，让他们马上使自己的疑惑在计划书中找到答案。

在产品（服务）介绍部分需要做出的说明，既要准确，又要通俗易懂，使不是专业的投资者也能明白。产品介绍要附上产品原型、照片或其他介绍，要能回答以下问题：顾客希望企业的产品能解决什么问题，顾客能从企业的产品中获得什么好处；企业的产品与其对手相比有哪些优缺点，顾客为什么会选择本企业的产品；为什么企业的产品定价可以使企业产生足够的利润，为什么用户会大批量地购买企业的产品；企业对发展新产品有哪些计划等等。产品（服务）介绍的内容比较具体，因而写起来相对容易。虽然夸赞自己的产品是推销所必需的，但应注意，企业所做的每一项承诺都是“一笔债”，都要努力去兑现。因为创业者和投资家建立的是一种长期合作伙伴关系。空口许诺，只能得意于一时。如果企业不能兑现承诺或偿还债务，企业的信誉必会受到极大的损害。

三、公司战略

阐释公司如何进行竞争，包括：①在发展的各阶段如何制定公司的发展战略；②通过公司战略来实现预期的计划和目标；③制定公司的营销策略。

制定公司战略时，创业者首先需要分析公司经营的特征。创业者应该知道，公司真正经营的是什么业务。在任何情况，组织必须有一个明确界定的目标，它应以简单的任务说明书的形式表达出来，指明公司的最终目标。其次，分析宏观环境，分析那些影响公司的外在的，或不可控制的变量。这些变量包括社会文化因素、政治法律因素、科学技术因素、经济因素和竞争因素。从中寻找市场机会，外部环境大变化会为企业带来机会，企业必须抓住机遇，才能获得成功。再次，创业者制定目标并使之量化，目标有不同的类型：有些公司希望在销售收入方面，成为它们所在行业的领导者；而有的公司则以投资回报率来衡量，把目标集中在利润的获得上。所有的目标必须是可以量化的，并且用数字的形式表达出来，市场份额可用百分比表示，销售额可用绝对金额表示等等。对于实现目标的时间限制或标准，应具体地加以说明。最后制订行动计划，即制定战略和战术，用以实现目标，这些计划必须是合乎逻辑和能够完成的（即具有现实性），它们也必须与企业的文化相一致。

制定战略之后，创业者还得对公司的战略进行评价，如何进行评价呢？评价方法之一，专家和投资商的意见。这种方法建立在企业外部顾问的专业知识基础上，能为创业者带来高度专业化和有价值的帮助。对于那些已经采取的、有可能出现问题的行动，创业者可以聘请这样的顾问在公司里进行日常业务的咨询。评价方法之二，销售人员的估计。这种信息来源能够带来很大的价值，因为销售人员一般说来是最接近顾客的。这种方法对于那些产品生命周期短、技术更新快的行业尤为重要，这种方法的主要缺点是存在潜在的偏见，因为他们总认为，自己的估计将被领导用作提高销售定额的依据。评价方法之三，顾客调查和市场测试。顾客调查涉及利用市场调查技术，直接从顾客那里收集信息。评价方法之四，小组讨论。这是由委员会或小组做出决定。小组的所有成员，都必须就单一的决定达成共识（即提出一个人人都可以接纳的方案）。当这种方法发挥作用时，它常常显示出团队的内聚力。评价方法之五，德尔菲法。这是集合意见法的一种变异形式。每个参与者递交他们的个人估计值，这样，他们就会照顾到不同意见而重新考虑他们的原始数值。参加者应该背对背，不能相互碰面。一般的，他们把预测值邮寄或送到组织者手中，由组织者汇总各人的看法后再返还给他们。他们可以在不受别人干涉的情况下，客观地分析手中的数据。这样反复几次，答案就会趋于一致。从这种意义上来讲，它可以被看作是小组讨论和集合意见的混合体，综合了上面两种方法的长处。

这只是几种常用的方法，其他还有如回报矩阵、决策树、集合或综合预测法等，这里就不一一介绍了。

四、总体进度安排

公司的进度安排，包括以下重要事件：①收入来源；②收支平衡点和现金流；③市场份额；④产品开发介绍；⑤主要合作伙伴；⑥融资方案。

创业计划书中的进度安排要包括新创企业的收入来源，这样可以保证投资者看到企业的生存能力，在产品开发的过程中，应包括：产品制造和技术设备现状；新产品投产计划；技术提升和设备更新的要求；质量控制和质量改进计划。在寻求资金的过程中，为了增大企业在投资前的评估价值，创业者应尽量使总体进度安排更加详细、可靠。

另外，创业者需要选择恰当的资本构成，在风险投资者、投资公司、政府机构、公司、个人和银行中做出选择。简单地说，资本是一个企业运行的燃料。企业要想获得多大程度的发展，就必须添加多少燃料。有趣的是，大多数初创企业的失败，不是由于缺乏通常的管理技巧或是缺乏适当的产品，而是由于缺乏足够的资金。事实上，许多本应当成功而实际上没有成功的企业，几乎都是由于资金短缺造成的。因此，创业者必须考虑适合自己的融资方案。

五、关键的风险、问题和假定

这部分内容主要包括：①关键的风险分析（财务、技术、市场、管理、竞争、资金撤出、政策等风险）；②说明将如何应付或规避风险和问题（应急计划）。

创业者的公司在市场、竞争和技术方面都有哪些基本的风险。而这对于投资商来说是特别重要的问题，如果风险评估缺乏，那么投资者就可能面临投资失败的危险。因此，创业者应该详细分析这些风险和不利因素，并做好准备怎样应付这些风险；就创业者看来，新公司还有一些什么样的附加机会；在创业者的资本基础上如何进行扩展；在最好和最坏的情形下，创业者的五年计划表现如何；如果创业者的估计变得不那么准确，在这里就应该估计出误差范围到底有多大。如果可能的话，对关键性参数作最好和最坏的设定。估计出最好的机会和最大的风险。通过这种练习，投资者可以更容易估计新公司的可行性和其相应的投资安全性。变换一些参数，比如说价格和销售量，看对创业者的计划影响如何。

六、公司资金管理

这部分内容主要涉及：①股本结构与规模；②资金运营计划；③投资收益与风险分析；④财务预测；⑤财务假设的立足点；⑥会计报表（包括收入报表，平衡报表，前两年为季度报表，前五年为年度报表）；⑦财务分析（现金流、本量利、比率分析等）。

对公司的资金进行管理，就是要对财务进行规划。财务规划需要花费较多的精力来做具体分析，财务规划一般要包括以下内容：创业计划书的条件假设；预计的资产负债表；预计的损益表；现金收支分析；资金的来源和使用。流动资金是企业的生命线，因此企业在初创或扩张时，对流动资金需要有预先周详的计划和进行过程中的严格控制；损益表反映企业的赢利状况，它是企业在一段时间运作后的经营结果；资产负债表则反映企业某一时刻的状况，投资者可从资产负债表中得到的比率指标来衡量企业的经营状况和可能的投资回报率。

可以这样说，一份创业计划书概括地提出了在筹资过程中创业者需做的事情，而财务规划则是对创业计划书的支持和说明。因此，一份好的财务规划对评估企业所需的资金数量，提高企业取得资金的可能性是十分关键的。如果财务规划准备的不好，会给投资者以企业管理人员缺乏经验的印象，降低风险企业的评估价值，同时也会增加企业的经营风险，那么如何制订好财务规划呢？这首先要取决于风险企业的远景规划，是为一个新市场创造一个新产品，还是进入一个财务信息较多的已有市场。企业的财务规划应保证和创业计划书的假设相一致。事实上，财务规划和企业的生产计划、人力资源计划、营销计划等都是密不可分的。

第四节　“挑战杯”中的“挑战”

伴随着“挑战杯”的成长，大学生创业计划书呈现出不同的特点，并随着时间的向前推移而趋于完善，不过，对于创业计划书的不足，对于新创业的大学生来说，仍旧是需要注意的。透过历年“挑战杯”中的大学生创业计划书，可以找到一些有助于大学生创业计划书编写的智慧。

一、“纸上谈兵”终觉浅

从历届“挑战杯”来看，大学生创业计划书中反映出了不少缺点或不足，最大的莫过于纸上谈兵。对于新创业的大学生来说，了解这些缺点或者不足，对于指导自己在创业的道路上减少挫折是很重要的。全国大赛的一些评委，都是风险投资界人士或者行内的专家，他们对创业计划书的要求是颇为苛刻的，而且注重社会实际，不会跟你纸上谈兵。评委通常最看重三个要点：技术风险问题、市场风险问题和财务风险问题。在“挑战杯”中国大学生创业计划竞赛中，创业计划书的“纸上谈兵”主要表现为：

第一，文字晦涩，重点不突出。仔细研究那些没有通过大赛选拔的作品，我们发现在前几届的创业计划竞赛中，这个问题很严重，有的用一些很专业晦涩的词汇，让阅读者半天也不知所云；有的在内容上语言啰唆，一个意思的表达要用几个片段来说明；有的结构不合理，通篇下来都像在陈述一个问题，没有重点。这些都在很大程度上影响着计划书的效果。一般来说，全国大赛的评审，通常是一个评委在半天里要看 8 ~ 10 件作品。算下来，也就是一件作品大约 15 分钟，这里面还要包括扣分和写评语的时间。此外，答辩的时候，各个创业团队的时间可能更短，因此更应该突出重点，浓缩出概要和亮点。为此，一份文字流畅，简明扼要，重点突出的创业计划书是很重要的，这样才能够为自己的整个团队赢得更多的时间和机会。

第二，创新意识不强，不够创新。大学生创业，应该要强调技术含量高的作品，要能够是高新技术，或者有“亮点”，而非一般的买卖东西。一个好的创意，应该要包含三个特点：独创性、先进性和可靠性。然而，在以往的大学生创业计划书中，创业计划常常是在重复着以前的观点，有的已经是别人开始做的，有的是已经成体系的，在这些所谓的“创新”中，看不到自己独特的观点和特色，非常缺乏创新意识，甚至没有勇气去改变，只希望在原有创意的基础上抢占一些市场份额，而不是重新开创一个新的市场。

第三，市场调查不充分。好的市场调查会是创业计划书成功的一半。一份商业计划书里面，通常都有五六页是市场调查的内容。第一、第二届大赛里，有一个项目是关于医疗设备的，起初很不被看好，因为他的目标市场定在大城市的医院，经过调查，前景并不好。后来，他们整个创业团队做了整整好几个月的市场调查，终于发现，这种设备在县级的医院里很受欢迎，从而找到了解决方案。第五届“挑战杯”中国大学生创业计划竞赛中，有专家指出：“内地高校的参赛作品恐怕90%都很难进入实际操作阶段，我感觉很多计划都是凭借自己的想象做出来的，在形成最后的创业计划书之前，很少与客户进行面对面的交流。台湾则有所不同，我们要求学生在参赛之前，必须至少拜访五个以上的客户，听取他们的意见。同时，还要求为作品设计广告，一切都要完全按照真正的市场操作来进行。”由此可见，市场调查是非常重要和有用的。一个好的市场调查，要可信、可靠，不过，要做到这两点是十分不易的，因为市场调查是非常辛苦、乏味的事情，但是，它又是一个好的创业计划书中不可缺少的部分，它是投资者进行投资的“眼睛”，也能够帮助大学生创业团队确定准确的市场定位和产品价格。市场调查报告一定要经得起推敲，经过调查，不仅要对市场有所了解，还要能够了解到自己的竞争对手的状况。

第四，创业计划没有商业化。这里主要是讲财务问题。很多大学生的创业计划书中都没有清楚地告诉投资者，你的项目要投入多少资金，大学生在创业过程中通过何种方式赚钱的，对投资者是采用何种方式进行汇报的，什么时候能够回收成本等等，而是简简单单地介绍了一些财务理论及其注意事项，这是非常不够的。因为，所有的投资都是商业投资，商业投资就是要讲究回报。你要求的投资额，一定要是有可行性分析的，不能光靠空想去确定一个数额。以前，一些项目，笼统的提出一个几百万、上千万的整数数额，这样是很不好的，你的每一笔钱都应该要有一个具体的计划和去向。

二、不只是“纸上谈兵”

面对纸上谈兵的困境，随着“挑战杯”的继续，中国大学生创业计划大赛中的创业计划书也出现了不同于以往的新变化，许多创业计划书写得相当专业，显示出当代大学生能熟练运用知识和技能来实现创业梦想，这些新变化主要体现在：

第一，关于技术的独创性问题。以前的一些作品，独创性不够，但是，独创性往往是评委第一关心的问题，是占领市场的关键。一个好的专利性的作品，不要是低水平的重复建设。例如，以前的一些参赛作品，内容是网络广告，但是这种东西在国内外已经比较多了，没有什么新意。在网络界里流行着一句话，就是“互联网只有第一，没有第二”。不是不允许大学生做跟以前相似的东西，只是要比人家先进。以前的大学生创业计划书理论性过强，对技术风险估计不足，看起来可行，实际上经不起推敲。但是最近几届发现，现在的参赛创业计划书，体现了很强的独创性，内容也能够经得起评委的推敲，不再是单纯的模仿别人。

第二，市场分析的问题。以前的项目中，大学生对市场分析这一块做得比较粗放，对行业的审视也缺乏深度，跟风险投资家的要求还有较大差距，因为市场是动态变化的，我们就要对市场进行动态的分析。以前大家做市场分析，主要是主观推论，过于理想，把自已放在相当高的位置上。现在，通过大学生提交的创业计划书的分析，他们能够认认真真地做好市场调查和分析。有些大学生创业团队项目一开始就把目标瞄准全国大赛上，都舍得花一个暑假的时间，好好去做市场调查分析，以便回答好：客户到底是谁，客户为何会接受你的产品，你的产品吸引力何在等问题。

第三，资本运营风险。以前的参赛项目，对财务分析缺乏经验，财务分析做的过于简单，其中的虚拟成本比较大，风险准备却不足。现在经过几届大赛的洗礼，大学生也不会再忽视科研投入费用和营销费用的开销。另外，在融资的时候，能够合理地估计自己的技术价值，既不会妄自菲薄也不会目中无人，很多大学生创业团队能够在一开始就请评估公司评估一下自己的技术价值的大小，从而给自己的技术一个合理的定位，避免了赚了小钱，丢了大钱的情况。

最后，大学生创业者在完成创业计划书的过程中，最深的感受是这个过程中创新意识、创新能力和创新精神的培养，并通过这些提高自身的素质。完成一份创业计划书不是容易的事情，他与平时学习一门功课截然不同，不仅需要投入大量的时间和精力，而且需要综合的知识和能力，还需要一个团队精诚合作，同心协力的工作才能够完成。这期间肯定遇到过很多的问题和困难，但是大家都努力过，经历过，并且清晰地意识到学到了课堂上永远学不到的知识。

三、少些空谈，多些实战

“挑战杯”中国大学生创业计划竞赛在给社会带来财富的同时，也给我们带来了一些思考。“挑战杯”在宣传风险投资理念的同时，以“崇尚科学、追求真知、勤奋学习、锐意创新、迎接挑战”为宗旨，传播自主创业意识。在“挑战杯”继续开展的同时，大学生们对实事也给予越来越多的关注，越来越多的创业计划书是以社会问题为基础的，这些问题体现着时代的特色，更体现着大学生对社会的关注。我们也应该转换思维，虽然大家常说纸上谈兵的弊端，做任何事情要实事求是，结合实际，而不是以“拍脑袋”的方式进行空想。但是我们发现，理论功底的扎实也很重要。在创业的前期，有一个内容规范的“一纸文书”作为创业的指导是必要的。当然我们也不否认联系实际，进行实战的重要性，毕竟创业是一项具体的活动，而不是一项理论上的思维。在大学生进行创业的时候，必须将“纸上谈兵”与讲求实战相结合，不能偏废任何一方。缺少“纸上谈兵”，实战将是没有灵魂的行为，同样，没有实战进行实践的“纸上谈兵”，也仅仅是一纸空文罢了。

纵观各届创业大赛，每一届都不乏有创意、有思想的创业计划，但是在赛后，我们却发现，几乎很少有学生科技作品能够转化成现实生产力，这种自相矛盾的现象却实实在在地发生着。这首先可能是由于大学生作品开发周期短，难以商品化。“挑战杯”两年一次，大学生作品最多只有两年的开发周期，离实际应用还有很长的路，学生们不具备把作品商品化的精力和能力。而更重要的应该是受我国“产学研”结合能力不足的大环境影响。“产学研”相结合，在我国已提出多年，但效果一直不明显，归根结底是科研体制的原因。不少科研院所的研究工作追求的是获得各种奖项，以证明自己的科研实力，争取到更多的研究经费，缺少面向社会和服务企业的动力和途径。科研单位如此，大学生科技创业活动亦然。

因此，如果仅仅是为了举办竞赛活动，那么这样的竞赛完全没有意义，每年投入大量的人力物力纯粹是资源的浪费，这样的“纸上谈兵”完全起不到应有的作用。而如果国家能够将活动的举办和将活动中胜出者的创意真正的结合起来，那么“挑战杯”中国大学生创业计划竞赛将更能够代表一种青春，一种活力。

第五节 典型案例研究

——张华的创业计划

一、案例回放

张华毕业于某名牌大学，经过多年的业余研究，他在室内环境污染治理方面取得了一项重要的技术突破，这项技术如果在实际中得到应用，前景非常广阔。于是张华辞去原来的工作，准备自己创业。但由于多年的积蓄都用在了室内环境污染治理的研究上，在七拼八凑注册了一家公司后，已经无力再招聘员工，购买实验试验材料了。无奈之下，张华想到了风险投资基金，希望通过引入合作伙伴的方式解决困境。为此，他多次与一些风险投资机构或个人投资者接洽商谈，虽然张华反复强调他的技术多么先进，应用前景多好，并拍着胸脯保证投资他的公司回报绝对低不了，但总是难以令对方相信，而且他对于投资人问到的多数数据也没有办法提供，如市场需求量具体有多少？一年可以有多大的销售量？投资后年回报率有多高？就连招聘一些技术骨干也比较困难。

这时，曾经在张华注册公司时帮助过他的一位做管理咨询的朋友一句话点醒了他，“你的那些技术有几个投资者搞得懂？你连一份像样的创业计划书都没有，怎么让别人相信你？投资者凭什么相信你?”。于是，在向相关专家请教咨询后，张华又查阅了大量的资料，然后静下心来，从公司的经营宗旨、战略目标出发，对公司的技术、产品、市场销售、资金需求、财务指标、投资收益及投资者的退出等方面进行了分析和论证，当然这个过程中，他还得时不时搞一些市场方面的调查。一个月后，他就拿出了一份创业计划书初稿，经过几位相关专家的指点，又再次进行了修改和完善。凭着这份创业计划书，张华不久就与一家风险投资公司达成了投资协议，有了风险投资的支持，员工招聘问题也迎刃而解。

现在，张华的公司经营得红红火火，年销售利润已达到500万元。回想往事，张华感慨地说：“创业计划书的编制与我搞的环境污染治理材料要求差不多，绝不是随便写一篇文章的事。编制计划书的过程就是我不断理清自己思路的过程。只有创业家自己思路清楚了，才有可能让投资人、员工相信你。”

二、深度分析

张华的经历生动的告诉我们大学生在创业过程中，一份优质的创业计划书所起到的作用。站在一个想要创业的大学生的角度，他的创业故事，可以给我们带来的启示有：

第一，对于初出茅庐的大学生而言，认真编写一份创业计划书是十分必要的，这样可以让投资者了解到你的想法和计划，为自己的创业之路添砖加瓦。在案例中，毕业于某名牌大学的张华，经过多年的业余研究，取得室内环境污染治理方面的技术突破，拥有技术的他辞掉工作准备自己创业。利用剩余的资金创办企业后，在没有创业计划书的情况下，虽然张华反复强调他的技术多么先进，应用前景多好，并拍着胸脯保证投资他的公司回报绝对低不了，但总是得不到投资者的信赖，因此也就没有办法展开业务的发展，随后得到朋友指点后从而得到了风险投资，解决了一系列难题，实现创业的成功。

第二，编写创业计划书是件费时费力的事情，但是优质的创业计划书是创业成功的“敲门砖”。如果张华就仅仅按照自己的口头表述去融资，那肯定是没有办法成功的，而且如果他的创业计划书用语晦涩难懂，让投资者不知所云，想必张华的公司也不会经营得红红火火。案例中，张华认真编写了创业计划书，从公司的经营宗旨、战略目标出发，对公司的技术、产品、市场销售、资金需求、财务指标、投资收益及投资者的退出等方面进行了分析和论证，这就使得创业计划书能被投资商理解，一份完整的创业计划书是由各个相互关联的模块组成的，每一部分都不可或缺，在竞争激烈的商业圈中，要想追求这样的结果，必须认真编写创业计划书。

第三，创业计划书的编写在很大程度上要站在投资者的角度考虑问题。在计划书中的每一部分需要写什么，提供什么信息，做哪些市场调查，很大程度上要根据投资者的关注点进行取舍，要让投资者相信你的计划书符合客观实际，能够为他的投资带来充足的回报。编制计划书的过程就是不断理清自己思路的过程。只有企业家自己思路清楚了，才有可能让投资人、员工相信你。这就充分说明了创业计划书的写作技巧。大学生在创业计划书的编写过程中，一定要注意创业计划书的编写原则和注意事项，如果条件可能的话，争取让专业人士进行指导，并对创业计划书进行修改和完善。

第七章　大学生创业团队

所谓大学生创业团队，是由一群在校或者毕业的具有创新意识、拥有共同目标、有着不同专业知识背景的朝气蓬勃的大学生组成的一个不可分割的整体。大学生创业团队的独特性在其主体“大学生”的独特性。相对于其他类型的创业团队，大学生创业团队年轻、有活力，有更高的激情，即使在困境中也不会轻易低头；创业团队成员之间彼此相互熟悉，共同的学习和生活经历让他们对彼此的性格、爱好、能力和责任感有了深入了解；创业团队的成员在专业知识和技能上的互补性强。张锐的案例则告诉我们，对于大学生来说，创业也并非一件难事，只要在创业过程中注意创业团队的组建，每一步都实实在在地做好，从团队组建开始选人，到创业成功后团队的稳定发展都是极端重要的，在创业的“长征”中一步也马虎不得。

创业与团队有着天然的联系，创业团队创业已经风靡全球。在大量创业成功的案例中，我们都可以找到团队制胜的元素。在我国大学生创业的实践中，1998 年 5 月清华大学发起的首届“清华大学创业计划大赛”，破天荒将创业计划大赛引入了国内大学校园；“挑战杯”中国大学生创业计划大赛则使“创业”的热浪从清华园向全国扩散，在全国高校掀起了一轮创新创业的热潮。发展至今天，大学校园里有各种类型的大学生创业团队，到处活跃着大学生创业团队的身影，成为我国创业领域中一道亮丽的风景线。各类企业发布的出资招募大学生创业团队的消息，全国大学生优秀创业团队大赛的举办……这些都有利促进了大学生创业团队的成长。2010 年 4 月 17 日，“创新工场”董事长兼首席执行官李开复博士出席天津市高校毕业生就业创业报告会，并为来自天津各高校 4000 余名学子开坛解惑，畅谈职场中的感悟与体会。在他送同学们的七字箴言“团队、经验、执行力”中，团队居于首位。翻开大学生创业不长的历史，我们可以看到由于缺乏团队意识而使大学生的创业功亏一篑的案例，也不乏由于组建并维持了高效的大学生创业团队而创业成功的案例。从一定意义上讲，组建大学生创业团队，成为目前大学生创业实践的最优选择和最佳途径。那么，到底什么是大学生创业团队，它有哪些优势，该怎么组建，又该怎么实现可持续发展呢？下面的内容将会对这些问题一一作出解答。

第一节　大学生创业团队

一般来说，创业团队是指拥有共同的目标，并且具有不同知识和能力的一小群人（一般在5~12人）有意识的协调行为，以实现团队创业达到盈利的工作单元，是一种应用广泛、灵活的组织形式。它通过有限的成员共同努力产生积极的协同作用，其团队成员努力的结果使团队整体的绩效远大于成员个体绩效之和，以有限资源创造出无限财富的可能。创业团队的价值就在于实现“1+1>2”的效果。现在，“象牙塔”中越来越多的学生有志于在创业领域拼搏一番，开始与创业团队相联系，他们组建成创业团队以实现创业梦想，那么，什么是大学生创业团队呢？

一、大学生创业团队的构成要素

所谓大学生创业团队，是由一群在校或者毕业的具有创新意识、拥有共同目标、有着不同专业知识背景的朝气蓬勃的大学生组成的一个不可分割的整体。这一定义包含了三层含义：一是每个大学生创业团队由两个或者两个以上的成员组成，成员人数不能太多；二是创业团队的组成是为了完成特定的任务，因此团队中应该集中完成该任务所需的各类人才；三是创业团队作为一个工作单元，各成员需要共同努力，以完成共同的任务。俗话说：“万事开头难。”大学生在创业初期，面临着资本筹集、营销、管理等方面的摸索，还有同一行业或相似业务的对手的竞争。单凭个人来应付这些方面的问题，显然是非常困难的，应该共同组成一个团队，共同迎接挑战。要深入了解什么是大学生创业团队，就要了解大学生创业团队的构成要素。一般来说，一支好的创业团队具有以下要素：

1. 具有共同的理念和愿景

理念和愿景是行动的指导，一个团队首先要有共同的理念，对所要达到的目标要有清楚的了解，并坚信这一目标包含重大意义和价值。理念使团队具有自身明确的、区别于其他企业的做事原则，愿景说明了团队希望企业将来成为什么样子，指明了公司未来的状态，在本质上是企业长远目标的集中阐释。大学生要让自己的企业有着长远追求，就要通过理念和愿景明确自身的理想，勾勒出前进的方向，将自己与其他企业相区别，展现自己在社会中存在的价值，吸引投资者、社会公众等支持企业的事业，提升团队成员的内聚力和向心力，鼓舞成员士气。理念和愿景是企业战略管理的前提，一个团队在制定战略之前必须首先将其明确，而对于不适合自身团队的理念和愿景，则需要适时的进行修订。

2. 核心创业者

对于大学生创业来说，必须有一个核心的创业者，这个人或者是发起者，或者是创意者。核心创业者的认知水平和创业技能，决定了他是否需要组建团队，组建什么样的团队，什么时候组建团队，以及与哪些人组成团队。首先，大学生创业者要在对创业动机、目标和前景进行认真的评估后，才能得出是否需要组建团队的结论。如果想要成立一个有较大成长潜力的企业，就必须有一个团队。其次，他要进一步考虑组成怎样的团队，以期获得创业成功所必备的条件和资源。联想集团总裁柳传志说过，如果有一个项目，首先要考虑有没有人来做，如果没有人做，就要放弃，这是一个必要条件。要对所需要的团队成员拥有什么专长，他们的社会关系网如何，实际工作能力怎样等进行评估，然后再决定什么时候需要引进什么样的人，才会与自己形成互补。创业者必须既有需要，又有能力领导这个团队。创业者所需要考虑的问题包括以下几个方面：需要哪些与行业、市场及技术有关的知识和经验？是否拥有所必需的社会网络资源？已有的网络能否为企业带来竞争优势？是否需要在这方面寻找合适的合伙人？是否有必要和可能吸引生产技术、市场营销、财务金融方面的一流合伙人组成一支“高效团队”？是否能够有效协调这些人和其他团队成员之间的关系？

3. 价值观和目标

大学生创业团队的成员要有一个共同认可的价值观和目标，不同的价值观会导致团队成员在企业发展过程中分道扬镳，所以团队成员必须统一团队的价值观和目标。建立在共同愿景之上的价值观和目标，既能使团队成员为之振奋而又切实可行，并激励团队成员把个人目标升华到团队目标中去。为了这个目标，团队的所有成员都会全心致力于企业价值的创造，通过各种不同的途径把创业企业这块蛋糕做大做好，从而使所有的成员都能获利，团队成员若不认同企业的目标，就不愿意为之共同奋斗。创业团队的共同目标还应着眼于为企业的顾客提供更多的价值，帮助企业的供应商等也能从团队的成功中分享价值，使团队的所有投资者、支持者以及企业的持股人获得更大的收益。

4. 外部资源

创业者在组建创业团队前还需要分析自己能利用的外部资源有哪些，哪些可以利用外部资源来做；哪些一定要由自己的团队做？比如，技术或生产能否找到合作者，市场是自己开拓还是找外部合作者来共同开拓。如果能找到合作者，就可以充分利用外部资源，而不需要由自己团队来做。创办企业尤其是初创时期的原则就是尽可能利用外部资源，特别是非战略资源，如通过兼职的方式聘请外部董事、会计师、律师、咨询顾问等，通过战略联盟将某些非核心生产技术外包等，以降低创业成本和风险。创业者需要考虑的问题有如下几个方面：一是那些专业性强、具有一次性特点或可请兼职人士提供的专业知识对于企业来说是不太重要呢，还是至关重要的？二是如果从外部获得专业技能，是否会泄露商业机密？

5. 团队成员的角色定位

团队成员的角色定位就是成员各自的职责、权限和工作程序的明确。如果创业团队各成员在企业中担任的职务和承担的责任越明确，则角色冲突的可能性就越小，对团队的稳定和企业的发展就越有利。但是，由于新创企业的变数太多，不容易很快就明确各人的职责、任务和分工，即使在开始时已经明确，但在变化不定的环境中，也无法真正做到。因此，减少团队成员的责任能力重叠。理性自我角色定位以及有效及时沟通，对于加强团队成员间的相互合作，提高决策的效率，建立互补性团队具有特别意义。角色定位不清或角色定位冲突的团队具有潜在的不稳定性和风险。许多组织发生冲突往往是由职责与权限的不确定导致的，即谁对什么事负责，或者谁有做出决策和从若干行动方案中进行选择的权力。避免这一问题发生的有效方法，就是对角色，即处在团队中特定位置的人被期望应表现出的一系列行为，进行理性定位。一方面团队成员自身的理性角色认知，客观分析自己的优劣势与企业的需要，找准自己的定位；另一方面团队要根据人尽其才、权责对等的原则对成员能行使的权力或权限进行界定。清晰的角色定位会促进创业团队工作的协调顺畅。

6. 良好的沟通

团队的成员通过畅通的渠道交流信息，使得创业团队成员之间有顺畅的信息反馈机制，并经常进行以获取超过个人水平的见解为目的的“深度会谈”，鼓励成员将他们认为最困难、最复杂、最有冲突性的问题放到团队中来讨论，自由表述各自的观点并加以论证，使彼此真诚相待，让每个人以真实的想法在交流中碰出火花。良好的沟通不仅能够保证信息的上行下效，也能够减少团队成员之间的摩擦和不必要的争执。在确保信息正确明朗的情况下，各个成员都保持一种高昂的斗志为团队做出更多的贡献。

7. 对创业团队的长期承诺

创业团队的成员朝向企业的长远目标努力，所有的团队成员都非常热爱自己的团队。团队成员立足于团队所创企业长期利益和目标的实现，正确平衡和处理长期利益与短期利益的关系，反对用牺牲长远利益的办法来换取短期利益。尤其在创业之初，每一位成员都了解企业在成功之前将会面临一段艰苦的挑战，团队成员要发扬艰苦奋斗精神，不计较眼前的短期薪金、福利、津贴，承诺不会因为一时利益或困难而退出，对企业经营成功给予长期的承诺。在他们眼里，企业的发展与每个人的利益息息相关，企业的发展进程是一场能够持续五年、十年甚至更长时间的体育竞赛，每一个队员都会深受鼓舞，都能够在其中不断奋斗直到取得最后的胜利。

二、大学生创业团队的独特优势

第一，相对于其他类型的创业团队，大学生创业团队年轻、有活力，有更高的激情，即使在困境中也不会轻易低头。在大学生创业团队中，流传着这样一句话："我们什么都没有，只有青春，所以根本就不怕输，输了这次，赢回来的还有更多更丰富的经验。"因此，他们可能会用更大的决心、更强的毅力去实现团队的创意，遇见困难就一起去想办法克服。在他们的心里有一种信念，尽管没有经验，缺少创业资金，但是就是要凭着几个年轻人的热血和努力去实现心目中的创业理想。

第二，大学生创业团队成员之间彼此相互熟悉，共同的学习和生活经历让他们对彼此的性格、爱好、能力和责任感有了深入了解。在一起创业的过程中，虽然团队内部有类似与企业的管理模式和职责分工，但是他们之间依然能够合理地处理好彼此之间的关系，大家相互信任，互相鼓励支持，保持着创业团队的和谐奋进。这就有别于一般的创业团队，因为他们很多情况下虽然组成了创业团队，但是都是为了获得回报，只允许成功不允许失败，否则也不会进行风险投资。由于团队成员彼此之间相互熟悉，所有人便都能够具有良好的合作精神，由于大学生都受到持续的教育，也都具有良好的道德品质，因兴趣走到一起，不容易像其他团队一样在创业过程中出现争名逐利的现象，没有良好的合作精神和品德，即使是具有精湛的技能也难以形成合作的团队。

第三，大学生创业团队的成员在专业知识和技能上的互补性强。在硅谷流传这样一个“规则”，有两个哈佛 MBA 和 MIT 的博士组成的创业团队几乎就是获得风险投资人青睐的保证。当然这只是一个故事而已，但是从中可以看到大学生创业团队中很强的优势互补性。在组建大学生创业团队的过程中，团队成员很注重在专业知识和技能的互补，大学当中专业设置种类多样，无论是在领导能力、调研能力和公关能力方面突出的人才，还是在市场开拓能力、谈判能力、财务能力和协调能力等方面出众的学生都能够找到，他们相互协调补充，使团队的各项工作完美无缺。高效率的大学生创业团队往往是由一群具有精湛技能的成员共同组成的。

第四，国家政策对大学生政策上的支持。目前，国家出台了一系列鼓励大学生自主创业的优惠政策，主要包括在注册登记时的简便程序和税收优惠，提供小额贷款等。在 2009 年，全国应届高校毕业生的数量为 610 万，浩浩求职大军面临严峻的就业形势，各地鼓励高校毕业生自主创业优惠措施最近陆续出台，“大学生创业”再度成为社会关注的关键词。如上海市就提出了“零首付”的创业政策，创业者无须创业资金就能拥有自己的公司。还有石家庄提出了 1 元注册公司的政策，大学生在金融危机下就业难，不如选择创业。湖北也提出了包括以下三个方面的优惠政策：一是为毕业生提供小额贷款；二是对有需求的毕业生提供创业所需的培训；三是由政府邀请成功企业对大学生进行一对一帮扶。

第五，社会对大学生创业的关注。无论是在家务农的农民、外出务工者，还是教师、医生、网络媒体及高等院校，都对大学生创业表示过自己的观点，对大学生创业表示相当的关心。不少大学生在接受调查时表示，创业最艰难的还不是资金，知识、技能和信息的缺乏才是创业的最大困难，他们希望学校能系统地开一些创业课，让大学生们在学好专业知识和技能的同时，积极参与各种社会实践，获取市场信息，扩大自己的社交圈。现在，很多学校都开始进行创业教育，在学生的心中播下创业的种子，并引导大学生把创业道路走好。这样的关注给予大学生创业一个舒适的环境，尽管这样的环境还需要改善，但是相比较以前，大学生创业已经成为一个社会关注的焦点。

第二节　大学生创业团队组建的一般程序

著名心理学家荣格曾列出一个公式：I + We = FullyI。意思是说，一个人只有把自己融入集体中，才能最大限度地实现个人价值，绽放出完美绚丽的人生。历届大学生创业计划大赛或商业比赛中，一般都是团队合作，集体胜出。这其中蕴含着这样的事实：创业已非纯粹追求个人英雄主义的行为，团队创业成功的概率要远高于个人独自创业。准备创业的大学生在捕捉到了创业机会后，有的会选择自己创业，更多地会选择组建创业团队进行创业。根据创业团队组建的一般原理，大学生创业团队的组建一般包括以下三个主要环节：

一、发布招募书，招募创业团队成员

有精湛技术和渊博学识的人聚集在一起不一定就能够取得创业的成功，但是没有技术和能力的人组合在一起一定不能成功，因此，创业者需要一个团队来和自己一起实现创业。一个团队的领导往往是最具有激情、号召力和创造力的人来充当，但仅仅如此，一个创业团队无法存活，它需要各种才能的队员来组成。组建创业团队，要由创业发起人发布招募书，招募人员。招募书要

按照一定的格式制定，并载明有关事项，包括招募序言，招募缘由、招募的对象、加入团队后的培训、报名方式等，要让有兴趣的大学生看到招募书之后能够了解创业的相关信息，并以最便捷的方式加入到创业团队当中。通过创业商机的捕捉以及正式的创业招募书的发布，创业者可以根据自己的情况，寻找那些能与自己形成优势互补的创业合作者。

创业者可以通过媒体广告、亲戚朋友介绍、各种招商洽谈会、互联网等形式寻找创业合作伙伴。如果招募的对象不是自己所熟悉的人，在选择创业伙伴时应当主要考察对象的人品和能力。当然，能力因素事实上难以直接观测到，因此，为了识别对方的能力，创业者将不得不从教育背景、工作经历等方面予以考察。也有一些学者认为，相对于能力而言，创业伙伴的人品更加重要，它是人们交往和合作的基础，也是决定一个人是否值得信任的前提。在创业团队中，一些需要关注的个人品德包括：成员是否诚信、成员的行为和动机是否带有很强的私心、成员能否对集体忠诚、能否彼此坦诚相待等。

在实际中，很多创业团队的构成是基于亲戚朋友。这些人之间能够有较大的信任，在创业初期资源匮乏、企业事务繁多的情形下，他们能够迅速团结在一起。但是随着企业进一步长大，依靠亲戚朋友构建起来的团队有可能会遇到一些权限不明、责任不清的问题，甚至由于发展目标和价值观念的不同，会给企业带来致命的分裂。因此，在联合亲戚朋友构建创业团队时一定要谨慎处理，特别是在权、责、利等方面。

二、分析创业团队成员，进行合理分工

招募到合适的团队成员之后，要认真分析团队成员，发掘他们的特长，明确他们的不足。绝大多数大学生创业团队的核心成员都很少，一般是三四人，多的也不过十来人，但这些人可能都有自己的想法、自己的观点，特别是当团队中具备领导特质的人有两个或两个以上时，团队成员在内心有不服管的想法。因此，

对创业团队中的每个成员都不能轻视。一个优秀的创业团队的所有成员都应该相互非常熟悉，知根知底。《孙子兵法》云：“知己知彼，百战不殆。”在创业团队中，团队成员都非常清醒地认识到自身的优劣势，同时对其他成员的长处和短处也一清二楚，这样可以很好地避免团队成员之间因为相互不熟悉而造成的各种矛盾、纠纷，迅速提高团队的向心力和凝聚力。同时，团队成员的熟悉更有利于成员之间工作的合理分配，最大可能地发挥各自的优势。许多创业者选择的合作伙伴多是同学、朋友或校友，但还是很快就失败了。为什么呢？因为他们选择的合作伙伴虽然都是他的“熟人”，但是他的那些“熟人”之间是缺乏交流、沟通的，说到底，团队成员还是相互陌生的。

然后，就要根据团队成员的个性进行合理的分工。一个高效的创业团队肯定有明确的分工，工作才有可能顺利地完成。例如有的成员软硬件开发能力较强，他可能会主要负责项目中主要产品的制作与开发；有的成员的市场开拓能力强，他需要做一系列有关市场调查等的工作；有的成员公关能力强，他需要积极的运作项目的各个环节；有的成员采购能力强，他便需要及时购进项目所需的各项物资。一个创业团队正是因为自身各方面的优势才组建，以及在不断地改进中发展壮大。

三、与团队成员沟通协商，签订合作协议

合理分工之后，团队成员要沟通交流，确立有效快速的沟通机制。在沟通过程中，双方就创业计划、股权分配等具体合作事宜进行深层次、多方位的全面沟通，落实创业团队成员的正式合作方式。只有前期的充分沟通和交流，才不会导致正式创业后，迅速出现创业团队因沟通不够引起的解体。优秀的团队来自于良好的团队协作和沟通，只有协作一致，沟通到底，成员之间才能够很好的配合工作。

虽然沟通是为了团队更好的发展，但是单纯的沟通并不能保证团队的稳定发展，团队需要在沟通之后签订合作协议。

首先要制定创业团队的管理规则，处理好团队成员之间的权力分配。俗话说："没有规矩不成方圆。"最初创业时就把该说的话说到，该立的字据一定要立到，不要碍于情面。要把最基本的责、权与利说得明白透彻，尤其股权、利益分配更要讲清楚，包括增资、扩股、融资、撤资、人事安排及解散等。这样在企业发展壮大后，才不会因利益、股权等的分配分歧使团队之间产生矛盾，进而导致创业团队的分散。团队创业管理规则的制定，要有前瞻性和可操作性，不仅要考虑到在创业初期的管理细则，对于企业初步成长之后的情况都应当有所考虑。这样有利于维持团队的稳定，实现团队成员的凝聚力。同时，创业者要妥善处理创业团队内部的利益关系。虽然创业团队成员参与到创业活动的时候，大都了解企业资源匮乏的现实，在薪资方面也不会像加入大企业一样提出种种要求，但是创业者仍然要注重薪酬方面的激励，尤其是创业伙伴通过创业活动所能获得的成长机会以及与企业长期绩效相关的薪酬。从长远看，创业团队能否共同努力，实现创业目标，本质上是基于物质方面的激励，依靠热情只能解决一时的问题，不会长久。

其次，应根据合作协议建立适合大学生创业团队性质、任务和行为规范的绩效评估体系。绩效考评能够为成员的奖惩、职务调整和薪资安排提供依据，为成员与领导者之间提供一个正式沟通的机会，也能让成员了解自己工作的实际效果以及公司对他的期望，使团队成员有明确的改进方向和目标。绩效考核的方式，可以采取量化或者面对面交流的方式，这两种方式各有所长，大学生创业企业可以根据实际情况采取不同方式。只有考核制度和指标体系还不够，还要有对团队成员的职业发展规划，帮助成员在工作中、企业内部培训中以及自学中不断提高自己的能力和职级。对于高新技术的大学生创业企业，这样一个职业发展规划有时候比丰厚的薪酬更能吸引和激励高素质的团队成员。除了对创业团队成员要有明确的绩效评估体系外，对员工也要有合理的分配制度，能使大家共同分享经营的成果，从而使企业能够长存。

国外企业一般是拿出10% ~20%的利润分配给关键岗位的员工。我国的一些成功创业企业，尤其是一些高新技术企业，用员工持股的办法，使员工合理享受到企业的经营成果。尽管法律或道德都没有规定创业者在公司收获期要公平公正地分配所获利益，但越来越多的成功创业者都已经这样做了。

“人是最宝贵的资源”，优秀的创业团队是新创企业的基石，将各式人才聚集起来发挥团队整体的效果，是任何新创企业存活的关键。一流的创业团队能够带来出色的知识、经验、技能和对公司的承诺，团队成员间强烈的、有效的工作关系对任何新创企业来说都是一笔宝贵的财富。因此，创业者应当组建好一支优秀的创业团队。

第三节　大学生创业团队的可持续发展

尽管大学生创业团队有很多独特的优势，但是如同婚姻一样，尽管你在事前考虑得很好，结果也可能出人意料。组建团队有诸多走向，常常是由情感决定的在团队成员之间可能有一定程度的迷恋，有一种钦佩、尊敬和常常是狂热的忠诚氛围。正如孩子的出生给婚姻带来的影响一样，随着企业的创立和成长，创业团队也经历着复杂的心理变化。在一个大学生创业团队组建之后，就不仅要对创业团队进行维护，防止团队分裂，更要实现团队的可持续发展。

一、大学生创业团队建设的全景透视

如前所述，大学生组建创业团队进行创业是一种普遍形象，大学生创业团队确实是创业领域的一道亮丽风景线。不可否认的是，大学生创业团队的人员流失率高也是一种普遍的现象。据一家管理咨询公司2007年的调查，在我国100家由大学生创办的成长较快的中小企业中，其中一半的创业团队无法顺利熬过公司创立的头5年，在12个创业团队的个案中只有2家在创立后的5

年内团队保持初期的完整。考察各类大学生创业团队的发展史不难发现，大学生创业团队分裂最容易发生在企业从创业阶段向集体化阶段过渡的时期。那么，同学们一定会问，为什么一个好好的创业团队会出现不稳定甚至走向分裂的情形呢?

从总体上看，集体化阶段的特征是企业已经度过了生存期，开始提出明确的目标和方向。部门也随着权力层级、工作分派及劳动分工而建立。随着创业规模的不断扩大，创业团队成员的能力与发展方向和组织要求可能会不完全适应。企业从不规范过渡到正常经营管理状态，创业团队中的很多矛盾很容易由此暴露出来，而这些矛盾正是创业团队分裂的主要原因。展开来说，主要有如下几点：

第一，创业成员之间因为性格、理念不合，导致目标和策略价值观有冲突。在这种情况下，团队成员的性格差异和处理问题的不同方式就容易被掩盖。有些团队从表面上看，好像大家都在努力工作，但真正全身心投入者只有一到两个人，同时团队内又缺乏真正的沟通，那么该团队实际上并未形成真正的团队，而若团队成员间目标不一致，那么造成的结果就是“1 +1 <2”了，势必会导致创业团队的解散。这种情况是非常普遍的，一个典型的例子就是联想的倪光南和柳传志。柳传志是一位有科技背景的企业管理者，而倪光南是一名科学家，他们的分歧是经营理念的不一致。柳传志是市场导向，而倪光南是技术导向，这一根本的分歧导致了曾被誉为“中关村最佳拍档”的联想创业组合的分裂。因此，创业团队在组建之时一定要明确整个团队的价值观，选择理念相同的人作为自己的团队伙伴，而且，创业团队的每一个成员要坚信组织能够健康发展下去，相信创业团队一定能够获得成功。不要一开始就想着失败，尤其不要用那些“经典”的理论，如“只能共苦，不能共甘”“天下没有不散的宴席”等支配自己的思想和行动。

第二，团队在创立初期无明确的利润分配方案。很多大学生创业团队在企业发展初期，或者是没有考虑到，或者是碍于面子，没有明确提出未来具体的利润分配方案，等到企业规模扩大的时候就开始为利润怎么分配而发生争执。正所谓是“财聚人聚，财散人散”。因此，在团队创立初期要明确创业企业的利润分配方案，给成员一定的股权，股权是团队成员根本利益关系的体现。公平合理的利润分配及其机制，关系着团队的团结稳定和公司的治理结构，也直接决定了团队的效率。所谓公平合理，就是要体现成员的贡献与其所持有的股权相匹配的原则。利润分配不一定要均等，但需要合理、透明与公平。平均分配利润并不能体现权、责、利的统一，无助于企业的发展和团队成员积极性的发挥。如果创业者碍于面子，不根据团队成员的才能、贡献分配利润，或没有一个合理的利润分配机制，就会挫伤团队成员的积极性，也会导致团队的分裂。因此，好的创业团队需要有一套公平弹性的利润分配机制，来弥补上述不公平的现象。由于贡献大小在事前只能做一个大概的估计，而且意外和不公平的情况往往在所难免，因此，必须随时做相应的增减调整。

第三，随着企业规模的增长，创业团队成员的能力不足。这一点在我国众多的大学生创办企业中体现得很明显。一方面是很多企业的创业元老缺乏持续的学习精神与吃苦耐劳的品质，当初的成功往往是因为有创业激情，敢拼敢干，但随着企业进入一个规范发展的时期，他们自身意志和能力的制约反而会成为企业发展的阻力，在这种情况下，创业团队很有可能走向分裂。另一方面，创业团队的成员的能力不足导致不能正确的分析市场形势，造成对企业的盲目自信。比方说，如果核心创业者不愿或是不能指出自己的缺陷和弱点，并增补合适的团队成员来弥补，甚至他都不真正了解将一个团队发展成一家新创企业所必须具备什么，那他们就已经陷入险境了。有些团队不能认识到创建并发展企业是一个动态过程。因此，他们想不到最初的协议过了一段时间后就不再适用了，随着企业业务的增加，规模的扩大，这些协议不能再反映团队成员的实际贡献了。没有动态发展观念的创业团队，是不可能建立起一套完善的机制，让团队随着企业的发展进行必要的内部调节。投资人、未来团队成员或创业核心人物的破坏性动机会给团队带来很大的麻烦。如果团队对某些破坏性动机不够警觉，如某一成员很早就十分关心权利和控制力，那团队就要遭殃了。

二、大学生创业团队可持续发展的支持系统

对于大学生创业团队来说，创业团队的分裂所带来的后果是不可承受的，因此，就要对自身的创业团队建立一个可持续发展的支持系统，以建设一个稳定和高效的团队，保障创业目标的顺利实现，这样的支持系统主要包括以下几个方面：

第一，建章立制。要重视公司章程作为公司运作的“根本大法”的作用，对于涉及团队成员最根本的权利关系诸如股权、期权和分红权，以及增资、扩股、融资、撤资、人事安排、解散等以公司章程的形式予以确定。同时要及时协调立据。任何事情都不可能在最初计划周全，事情是随时都有可能变化的。合作运营过程中，遇到新问题、新矛盾一定要先说清楚，立下字据再行动。所谓在商言商，“先小人后君子”，千万不要先干再说，“打死狗论价钱”，因为人们一般倾向于事情发生后都是朝着利己的方面考虑。先干再说看似快了，其实埋下了祸患的种子，将来就不是速度快慢的问题，而是风起云涌、成为企业组织涣散的根源。团队成员之间的相互关系，团队的奖惩制度、考核标准、激励措施以及各种重要决议，要以规范化的书面形式确定下来，以免带来不必要误解和纷争。

第二，积极有效沟通。要保证团队成员间的沟通渠道通畅，进行持续不断地沟通。团队开始工作时要沟通，遇到问题要沟通，解决问题时也要沟通，有矛盾时更要沟通。沟通的时候要多考虑团队的目标和未来的远大理想，多想有利团队发展的事情。沟通不畅也会导致不公平感的产生。实践中，创业者常常以一种让对方生气或恼怒的方式进行沟通，这是一种不适当的反馈形式，属于消极反馈。当然，这种消极反馈产生的环境是非正式

的。研究表明，这种反馈可以采取两种截然不同的形式：一是建设性批评，旨在帮助对方改进。二是破坏性批评，被视为是一种敌意或者攻击。建设性批评考虑对方的心理感受，不包含威胁，不把责任归咎于对方，并提供具体的改进意见。相反，破坏性批评则是刺耳的，包含威胁、不够及时、把消极结果归咎于对方、内容不明确、没有提供具体的改进意见。破坏性批评能够让对方产生强烈的消极反应，并形成愤怒、报复的欲望，以及随后的冲突恶性循环。因此，团队创业者之间的有效沟通是一个必要的组成部分，在合作创业者之间尽量努力实现良好的建设性的沟通是十分有益的。

第三，积极开展有益的团队建设活动。开展团队活动，使得团队成员之间能够经常交流接触，也对团队维护起着不可估量的作用，可以定期举行团队工作会议，如布置工作会，宣讲团队的任务，提出具体目标，总结工作会，总结团队工作的成绩和问题等。另外，会议可以由团队成员到工作场所外举行，如果条件允许，可以考虑到那些环境适宜的地方开会，使团队成员感到身心愉悦，以达到激励团队成员和积极开展讨论的目的，使团队活动更有效益。当然也要安排好办公室里的工作，使团队工作不至于中断。其次，组织整个团队或团队成员积极参与社会活动，既加强了团队的凝聚力，又为社会做了有意义的工作。特别是保持大学生团队的创造力和学习力。所谓学习型组织，是指通过培养弥漫于整个组织的学习气氛、充分发挥员工的创造性思维能力而建立起来的一种有机的、高度柔性的、扁平的、符合人性的、能持续发展的组织。这种组织具有持续学习的能力，具有高于个人绩效总和的综合绩效。当企业形成一定规模后，企业要发展，必定会扩大团队队伍，可能会出现原有团队成员退出和新成员加入的情况，这时候保持原有创业团队的学习力和创造力是非常重要的。

第四，扩充团队。高效和优秀的团队是既能保持稳定，又能吐故纳新、海纳百川的团队。随着事业的发展，面对不断出现的新挑战，需要团队有更多的经验和能力。一流的创业团队能够带来大量的知识、经验、技能。同时，创业团队规模越大，团队成员的经验越是各不相同，企业成功的可能性就越高，企业存活下来的概率也就越高，其成长也越快。当然，团队的扩充不一定都是全职的，通常兼职也是有益的补充。

第四节　典型案例研究
——张锐：精英团队造就高效创业

一、案例回放

张锐，万学教育集团总裁，2006 年 7 月中国人民大学管理学博士毕业，2006 年 8 月创办万学教育开始创业生涯。

校园曾是张锐的重要舞台。在人民大学攻读管理学博士时，任研究生会主席和党支部书记的张锐同时在海文教育集团兼职做管理咨询。两年内，张锐的身份从管理咨询师到校长助理，再到公司副总、兼职 CEO。做兼职做到 CEO，不仅让学生时代的张锐演绎了一个小小传奇，还为他提供了一个实践思路的操练平台。他为海文设计了一套新的管理方式，帮助海文将分支机构从 2 家扩大到 20 多家，使海文在北京地区的考研培训业务做到第一。

海文的经历让偶然进入教育领域的张锐深刻发现，这个遍地开花、看似一片红海的民办教育行业制造了一个让大多数人都迷惑的假象。“当你对这个行业深入了解之后，你就会明白，其实这里是一片蓝海。” 2006 年 7 月，从人民大学管理学博士毕业的张锐，毅然决定以考研为突破口切入成人高端教育市场。

1. 看准教育培训市场的发展潜力

2005 年中国高校参加研究生入学考试的人数为 117 万，2006 年已经超过 120 万，而 2007 年考研大军网络报名人数则突破 170 万人，正是这每年数以百万计的考研大军孕育了巨大的考前培训市场。

2006年7月，外人眼中所有令人羡慕的工作机会都构不成对张锐的诱惑，他专心开发教育行业这片亟待开发的沃土。当时，考研培训市场尚处于行业发展早期，市场前景广阔，但由于绝大多数机构的开发能力低下，且行业鱼龙混杂，其潜力远没有被挖掘出来。由此，他萌生了一个大胆想法——通过一定的技术和管理方式，把几家考研培训机构和教学研究机构整合到一起，把看似无序的教育培训过程用更精细的科学方式控制和管理。整合现有的教育培训资源，创建中国教育行业的一个优秀企业。

2. 组合精英创业团队

毛主席说过："政治路线定了之后，干部就是关键因素。"

创业不能单打独斗，必须团队携手并肩才能成功。直到今天，张锐打造他的创业团队的经典案例还是会被人们一次又一次的提起：2006年，取得博士学位之后，张锐利用11天的时间，从人民大学酒吧到北京大学，再到清华大学万人食堂，一直到南开大学，他说服了自己原有团队里的五个朋友：和张锐一样都曾是全国研究生主席联合会中的成员，他们全部放弃现有的高职高薪就业机会，一起选择了创业之路。

张锐所带领的团队全部毕业于北大、清华、人大、南开等名校。"要做什么层面的事情，就要用什么层面的人。"张锐如是说。

精英团队不仅仅是万学最宝贵的资源也是投资人所看重的资产。红杉资本中国基金副总裁谢娜表示："万学教育的团队不仅有着国际化的视野，对教育行业的深刻理解，对教育技术有着透彻与前瞻性的研究，而且拥有丰富的业务经验和成熟的管理能力。"而一向以"人和事相匹配"作为投资要诀的联想投资董事总经理刘二海也相当满意万学教育的团队组合，他说"不论是这个团队所掌握的先进教育与服务技术、成熟的管理机制与能力，还是全国市场份额和渠道格局都显示出其独特的优势。"

2006年8月，张锐带领着精英团队创立万学，开始他们的创业生涯。

3. 合理的分配机制

教育行业是典型的轻资产业务，在初创时期，所有的资源都在核心人员的脑子里。如果没有合理的分配机制，自立门户是正常的结局。

张锐说："六名创始伙伴都是很高素质的人，创业意味着高机会成本、低工资的状况下，需要用股份来弥补大家，所以创始伙伴都持有公司的股份。"在公司注册之前，八名创始人民主讨论，根据各自的能力与贡献确定股份比例，在法律上大家都成为真正的股东。如果有人出不起现金，就采用私人借钱的方式解决。

因为国内的公司法律中不支持期权的做法。张锐还决定，在公司创办之初，就请公司的独立董事代持相当部分的股份，为后来进入的管理层预留了股份。

确立了股权，也就确立了利益分配规则，关键是，各自的利益预期也就清晰了，谁辜负了谁的问题将不复存在。万学运营总监张强也是创始人之一，他坚持"无条件信任原则""玻璃瓶原则""吵架不过夜原则"使组织纪律在万学得到了有效执行。

精耕细作：产品研发占行业垄断优势。

为打造公司的核心竞争力，万学团队提出，万学必须具备前瞻性的教育理念，研发出自己的服务模型和教育技术，形成独特的教育产品和成熟的运作模式。与市场上一些"速食"教育培训机构相比，万学教育精耕细作，在同质化竞争中寻求差异。

教学体系——个性化辅导。与常规考研辅导中介仅仅提供课程补习的方式相比，万学不仅提供各复习阶段的辅导课程，还为每个学生制定全程复习计划和一套完整的个性化教学体系，并进行全程监控和调整。

服务模式——量身定制学习方案。从选择报考院校和专业辅导方面，我们就可以看到万学服务模型的独到之处。很多大学生在选择考研学校和专业时并不是非常清楚和理性，相当一部分学生最终学习的是自己不喜欢的专业。"可以想象，这些将身处中国学术最前沿，创造中国最高端生产力的未来研究者、学者们之中，如果很大一部分人学的自己不喜欢的专业，所产生的后劲和战斗力会怎样？这是一个民族的隐患。”万学教育就是要帮助学生进行合理的定位和选择，既能找到自己适合的方向，又能规避竞争风险提高成功率，同时也为国家节省了教育资源。为此，万学教育将学生的初始状态和能力素质从高到低分为 8 类，这样就会形成 64 种情况，但实际上比较集中的只有 40 种情况，每种情况所需要的服务是不同的，万学教育会有专业的教师和咨询师组成的顾问团队为不同的情况量身定制最优化的整体学习方案。

利用教育技术整合资源——模块化、量化。万学教育的培训完全是一种个性化服务，而个性服务是难以大规模复制的，面对这个问题，张锐用一个简单的例子来说明技术能将复杂事务简单化。清华电子工程系被公认为是最难的研究生考试。假设一个民办高校的文科生已毕业十年想考这个专业，也就是说水平跟目标相差最大的一种。如果用 1 年来复习，他所要经历的所有步骤如果是 200 步，那么其他所有的人的考试步骤都包含在其中，将这 200 个模块量化、细化，就能覆盖所有的考生模块。事实证明，应用这套技术培训的学员升学率远远超过了普通培训机构。

凭着独特的运作模式，万学教育迅速成长起来。

“我们的成长是惊人的。”对于万学的这种飞速发展，连他的创始人张锐都始料不及。除了考研培训，万学的产品线现已经延伸至学历考试以外的行业教育。2008 年底，已整合国内 30 余家教育类机构的万学，针对中国大学生的需求形成了集考研辅导、公务员辅导、职业规划、出国留学游学和国际勤工俭学、专业实习、出国就业于一体的全方位高端培训和咨询服务体系。万学的快速发展所取得骄人成绩得到了社会各界和消费者的充分肯定。近些年，在国家教育部门、教育协会、权威投资机构、知名品牌协会、著名媒体及公众对教育培训界的所有评选中，万学教育荣获了“品牌中国金谱奖——中国教育行业年度十佳品牌”“中国最具上市潜力企业 50 强”“中国教育培训行业突出成就奖”“中国创业投资价值榜·潜力企业50强·最具投资潜力企业”等多项嘉奖。人民日报、光明日报、经济日报、参考消息、经济观察报、湖南日报等国内各大著名媒体也争相对万学的成功发展进行相关报道，这不仅是公众对万学业绩的肯定，也是对所有万学人努力的肯定。

二、深度分析

张锐创办万学教育集团的案例，给我们展现了大学生创业过程中创业团队合作的重要性。

第一，对于大学生来说，在具备创业激情和条件之后，组建一支高素质的创业团队是必不可少的。在案例中，2006 年 7 月从中国人民大学毕业的管理学博士张锐，在看准教育市场的发展潜力之后，2006 年 8 月创办万学教育开始创业生涯。在创业初期，张锐深深地明白，虽然有市场有经验有能力，但是创业不能单打独斗，必须团队携手并肩才能成功。于是张锐利用 11 天的时间，从人民大学酒吧到北大，再到清华大学万人食堂，一直到南开大学，他说服了自己原有团队里的五个朋友放弃现有的高职高薪就业机会，一起选择了创业之路。他们之间彼此相互熟悉，而且有共同的工作经历，在专业和技能上具有互补性，在很大程度上弥补了作为刚毕业的学生所欠缺的全面性，因此成了一支很优秀的大学生创业团队。

第二，高效成功的创业团队组建不是单纯地把人凑在一起，创业团队的组建有很多的技巧需要注意，否则就算是由最优秀的人组合在一起也无法实现创业目标，这就是为什么有的足球队全部是由足坛球星组成，却依旧打不出精彩的比赛。案例中，张锐带领的团队成员全部毕业于北大、清华、人大、南开等名校。他说，要做什么层面的事情，就要用什么层面的人，项目所需要的精英是团队所需要的最宝贵的资源，这是组建团队时最基本的层面。组建团队的时候也必须把股权进行平等公平合理的分配。所谓公平合理，就是要体现成员的贡献与其所持有的股权相匹配的原则。股权分配不一定要均等，但需要合理、透明与公平。平均分配股权并不能体现权、责、利的统一，无助于企业的发展和团队成员积极性的发挥。案例中，张锐在公司注册之前，就由 8 名创始人民主讨论，根据各自的能力与贡献确定股份比例，取得一致后根据股份比例实际出资，在法律上大家都成为真正的股东。如果有人出不起现金，就采用私人借钱的方式解决。张锐还决定，在公司创办之初，就请公司的独立董事代持相当部分的股份，为后来进入的管理层预留了股份。

第三，对大学生来说，高效的创业团队在组建之后，对团队进行细心地维护是极端重要的。就算是平时买的家用电器，在一定时期的使用之后，要进行定期的检查，以使电器能够持续高效地运转，而由高能力的人组成的团队，更是需要对其进行耐心地维护。在案例中，作为创始人之一的张强介绍了“无条件信任原则”“玻璃瓶原则”“吵架不过夜原则”等组织纪律，这些纪律就像润滑剂一样，协调着团队的和谐。团队成员之间进行合理的搭配，尤其是在公司进入正轨之后再招收股东，也要选择适合组织文化的投资者。一个高效的创业团队，在角色搭配上，至少应有人分别承担各类角色，如果开始搭建某个创业团队时，该团队缺乏能够承担某些职能的人员，在日后的创业实践中也没有进行补充和完善，那就有可能导致团队功能缺失，出现团队内部的不协调，工作不合拍，甚至引发团队的散伙。维护团队最好的方式就是打造自己的特色。案例中，万学团队为打造公司的核心竞争力，研发出自己的服务模型和教育技术，形成独特的教育产品和成熟的运作模式。包括个性化“配菜”的教学体系；量身制定学习方案的服务模式；模块化、量化的利用教育技术整合资源等，凭着独特的运作模式，万学迅速成长起来，实现创业团队的可持续发展。

◆ 思考题

1. 大学生创业团队有哪些独特优势？

2. 结合实际，分析大学生创业团队组建的一般程序。

3. 大学生创业团队建设中有哪些常见问题，如何实现大学生创业团队的可持续发展?

第八章　创 业 资 金

创业资金从哪里来，是创业者面临的一个首要的基本问题。随着创业的发展和现代金融手段的创新，大学生创业融资的渠道不断增多，主要包括个人资金、亲友资金、风险投资、民间资本、商业融资和合作融资等，而各种类型的大学生创业基金是大学生创业融资的新渠道。尽管如此，创业融资仍是一道看上去难以逾越的障碍。基于对不同融资渠道的比较分析，大学生创业应该选择最有价值的、最适合自己发展的融资渠道，让融资之路越走越宽；同时应做好创业融资前的准备、测算资本需求量、确定融资来源和融资谈判等环节。当前，大学生创业融资中存在只要获得启动资金就行、所有的投资商都是救命稻草和烧别人的钱圆自己的梦等误区。面对这些误区，大学生在制订融资方案之前要准确评估自己的有形和无形资产的价值，千万不要妄自菲薄，低估了自己的价值；融资过程中要做好融资方案的选择；如果采用出让股权的方式进行融资，则必须做好投资人的选择；创业不仅是实现理想的过程，更是使投资者（股东）的投资保值增值的过程。王丹玲巧融资成就创富奇迹的故事告诉我们，在个人资金不充裕的情况下，亲情融资往往是最初的和最简单有效的融资选择；民间资本蕴含着十分丰富的能量，但要想更多地吸引民间资本，就必须有新鲜的创意和独到的眼光；吸引投资者的兴趣焦点是获得风险投资的最重要环节。

这是一个创业的时代，无数人心目中都编织着属于自己创业的梦想。但是，除了一个或许是不现实的梦想或者创意外，初始的创业者们往往是一无所有，尤其缺乏将创意变为现实的资本。对于在校的大学生或刚刚走出校园的大学生来说，更是如此。2009 年 3 月 14 日，参加“北京市大学生成功创业座谈会”的中国传媒大学大学生创业团队负责人熊丽娜在接受采访时这样表示："我们创业的目标是建立中国最优秀而又独立的编剧团队，但是目前最大的困难是融资出现了问题，导致整个团队的凝聚力也下降了不少。现在，团队的生存最重要，我必须尽快找到融资渠道。"她的这番话，道出了这样一个逼真的现实：对于大多数想自主创业的大学生来说，启动资金问题往往是一道看上去难以逾越的障碍，大学生创业被有的人喻为一朵镶有金边儿却"好看难摘"的刺玫瑰。在实践中，有些大学生的创业计划因此搁浅。那么，该怎么办呢？这一章将告诉你有关创业融资的知识、方法和策略，并通过典型的大学生创业融资案例的深度分析，与同学们分享大学生创业融资的点滴体会和经验。

第一节 创业资金从何而来

也许你有一项高科技的成果，正想创办企业，将成果转化为经济效益；也许你有一个高利润的项目，打算兴办工厂，借机开创自己的事业；也许你正看好某一行业，而你又有着丰富的从业经验，很想自己单干；也许你是什么优势也不具备的普通毕业生，只是想开个小店自己养活自己……但是，你们都面临着同样的一个问题，那就是创业资金哪里来。日本创业家中田修说："有钱谁都会创业，关键在于没有钱怎么创业。"没钱创业，恐怕是绝大多数创业者的写照。那么，创业资金究竟从哪里来？

一、个人资金

个人资金是创业者通过积累、继承而形成的资本。对大学生创业者而言，个人资金往往来源于父母的资金支持以及自身资金的积累。这一融资渠道受家庭条件的影响很大，容易让人产生"啃老"的感觉。与其他的融资渠道相比，这一渠道也有两个突出的优势：一是避免了从外部寻找投资者所占用的大量的精力、时间和费用；二是避免了一味地遵循投资者的标准而降低创业者创办新企业时的灵活性，有利于创业大学生最初的创意得以实现。尽管有些创业者没有动过个人资金就办起了自己的企业，但这种情况很少。这不仅因为从资金成本或企业经营控制的角度来说，个人资金成本最为低廉，而且还因为在试图引入个人外部资金，尤其是获得银行、私人投资者以及创业资本家的资金的时候，绝对必须拥有个人资本。

从企业的长远发展来看，如果创业者自己没有资金投入，就可能对企业经营不那么尽心尽力。就像一位投资家说的那样："我要创业者在企业有足够的注资，只有这样，当企业陷入困境时，他们才会设法去解决问题，而不是将公司的大门钥匙交到我的手里。个人资金的投入水平，关键在于创业者的投入占其全部可用资产的比例，而不在于投入资金的绝对数量。外部投资者要求创业者投资全部的可用资产，认为这就标志着创业者确实对自己的企业充满信心，并将为了企业的成功付出必要的努力。"

二、亲友资金

亲友资金又叫亲情融资，就是向身边的亲人或朋友筹措创业启动资金。对于大学生创业而言，新创企业早期需要的资金具有高度的不确定性，但由于需求的资金量相对较少，因此，对银行和其他金融机构来说缺乏规模经济性；除了一些特殊情况，机构的权益投资者和贷款人几乎不涉及这一阶段的新创企业。从这个意义上讲，新创企业融资，除了创业者本人的资金外，亲戚或朋友借款是最为常见的资金来源。

亲情融资的优点是显而易见的：没有烦琐的手续；出于他们与创业者之间的亲情关系，也由于他们易于接触，他们是最可能进行投资的人，成功率相对较高，而且没有高额的投资收益要求；为你投资的亲人会在你创业的其他方面全力支持你，为你获得资金之外的高附加值服务。虽然获得的资金金额较少，但如果这是以权益资金的方式注入，家庭成员或朋友就获得了企业的股东地位，享有相应的权益和特权，这可能会使他们觉得他们对企业的经营有直接的投入，从而对雇员、设施或销售收入及利润产生负面的印象。此外，亲情融资的额度通常较小。如果你准备创业的项目是个“大项目”，那么亲情融资就不适合了。

三、风险投资

风险投资是一种融资和投资相结合的全新投资方式，是一种向极具发展潜力的新创企业或中小企业提供股权资本，以期在投资对象发育成熟后以股权转让方式实现高资本增值收益的资本运作方式。简而言之，就是创业者通过出售自己的一部分股权给风险投资者获得一笔资金，用于发展企业、开拓市场，当企业发展到一定规模时，风险投资者出卖自己拥有的企业股权获取收益，再进行下一轮投资。许多创业者就是利用风险投资使企业度过初创期。

风险投资家最关心的是投资安全性与资本回报，所以他们常常花很多时间来权衡投资的风险和收益，特别是对产品或服务的潜力以及管理方面的能力的衡量。因此，创业大学生寻求风险投资的关键点，在于个人信用保证以及项目发展前景究竟能不能吸引风险投资家的眼球，令其信服。一位多年致力于风险投资研究的专家说得好：“在许多人眼里，风险投资家手里都有一个神奇的‘钱袋子’，从那个‘钱袋子’掉出来的钱能让创业者坐上阿拉丁的‘神毯’一飞冲天。但风险投资是一种高风险高回报的投资，风险投资家以参股的形式进入创业企业，为降低风险，在实现增值目的后会退出投资，而不会永远与创业企业捆绑在一起。而且，风险投资比较青睐高科技创业企业。风险投资家虽然关心创业者手中的技术，但他们更关注创业企业的盈利模式和创业者本人。因此，‘等闲之辈’很难获得风险投资家的青睐，只有那些优秀的、能够吸引和打动风险投资者的创业‘枭雄’，才有机会接近那些金光闪闪的‘钱袋子’。”

这一段富有诗意的语言向我们阐明了风险投资对于大学生创业的重要意义以及寻求风险投资的难度。立志争取风险投资的大学生创业者可以通过创业大赛、委托专门的风险投资公司、在网上或其他媒体发布寻资信息寻找投资人；此外，可以参加创业培训班，在导师的帮助下通过制订科学严谨、可操作性强的“创业计划书”来说服风险投资者，甚至可以争取到“大学生创业基金”。

四、民间资本

民间资本又称民间资金，是指掌握在民营企业以及股份制企业中属于私人股份和其他形式的所有私人资本的统称。我国的民间资本是伴随着改革开放的进程而不断积累和发展起来的，从改革开放之初“让一部分人先富起来”的政策效应，到邓小平南方谈话以后产权制度改革步伐的加快；从党的十五大明确肯定非公有制经济是社会主义市场经济的重要组成部分，到随后陆续出台的一系列鼓励民营经济发展，加快“国退民进”的政策，扶植了一批又一批个体和民营企业；同时，党和政府的富民政策使城乡居民收入的平均水平不断提高。随着我国政府对民间投资的鼓励与引导，以及国民经济市场化程度的提高，民间资本正获得越来越大的发展空间。目前，我国民间投资不再局限于传统的制造业和服务业领域，而是向基础设施、科教文卫、金融保险等领域“全面开花”。这对正在为“找钱”发愁的创业者来说，无疑是“利好消息”，民间蕴藏着丰富的资本，给大学生创业带来了巨大的融资空间。

民间资本的投资操作程序较为简单，融资速度快，门槛也较低，而且投资方不参与管理，对风险企业的审查也并不严格，它更多的是基于投资人的主观判断或者是由个人的好恶所决定的，这对创业者来说是较为理想的选择。但是，很多民间投资者在投资的时候总想控股，因此容易与创业者发生一些矛盾。为此，双方应把所有问题摆在桌面上谈，并清清楚楚地用书面形式表达出来。

五、商业融资

商业融资即创业者在创业初期以申请贷款或以典当、股份、租赁等形式从市场或商业机构中获得资金。主要包括银行贷款、典当融资、股权融资和融资租赁等形式。银行贷款被誉为创业融资的“蓄水池”。由于银行财力雄厚，而且大多具有政府背景，因此在创业者中很有“群众基础”。从目前的情况看，银行贷款有以下四种：抵押贷款，指借款人向银行提供一定的财产作为信贷抵押的贷款方式；信用贷款，指银行仅凭对借款人资信的信任而发放的贷款，借款人无须向银行提供抵押物；担保贷款，指以担保人的信用为担保而发放的贷款；贴现贷款，指借款人在急需资金时，以未到期的票据向银行申请贴现而融通资金的贷款方式。银行贷款的优点是利息支出可以在税前抵扣，融资成本低，运营良好的企业在债务到期时可以续贷；缺点是一般要提供抵押（担保）品，还要有不低于30%的自筹资金，由于要按期还本付息，如果企业经营状况不好，就有可能导致财务危机。

除了银行贷款，融资租赁也是创业大学生常见和实用的融资形式。融资租赁是由承租人选定租赁资产，出租人（租赁公司）出资购置并出租给承租人，租赁期内承租人按期支付租金，租赁物所有权归出租人，使用权归承租人，租赁期满承租人可选择留购租赁资产。选择融资租赁方式融资，可以使大学生创业者在没有足够资金，或者通过其他方式筹集不到资金的情况下，能完成必要的固定资产投资。

六、合作融资

合作融资也叫合伙融资，是指按照“共同投资、共同经营、共担风险、共享利润”的原则，直接吸收单位或个人投资，建立起一支紧密的创业团队，合伙创业。合作融资的对象通常是创业者的同学、朋友、亲戚，其中又以同学居多。合作融资与其他融资方式相比，有三个特点：创业者不再拥有公司全部股份，而是合伙人共同持有；合伙人共同参与决策、经营和管理，当然合伙人之间应有明确的分工；公司的收益如何在合伙人之间进行分配，由合伙人协商制定，而不一定根据公司股份分配。

一根篱笆三个桩，一个好汉三个帮，优秀的创业团队是创业成功的条件之一。采用合作的融资方式，既能有效筹集到资金，解决资金难题，还可以充分发挥人才的作用，并且有利于对各种资源的利用和整合，能尽快形成生产能力，降低创业风险，一举多得。“生意好做，伙计难做。”老板多了也容易产生意见分歧，降低办事效率，也有可能因为权利与义务的不对等而产生合伙人之间的矛盾，不利于合伙基础的稳定。

除了以上六种主要的融资渠道之外，随着创业的发展和现代金融手段的创新，各种类型的大学生创业基金在创业融资过程中发挥着越来越重要的作用。

第二节　大学生创业融资的可行性选择

明确了创业融资的主要渠道后，一系列问题又接踵而至。选择什么样的融资才是有价值的？如何让创业融资更有助于自己的创业？如何根据创业发展的需要，灵活地选择适合自己的融资策略，或者进行融资策略的最优组合？这就涉及创业融资的可行性选择。

一、让融资之路越走越宽

不同的创业者、不同的行业和不同类型的企业是和不同的融资渠道相匹配的，而选择不同的融资渠道所需注意的问题也是各不相同的。如何选择正确的融资渠道，进行行之有效的创业融资，是创业大学生在融资方面需要解决的问题。下面对几种主要的融资渠道进行比较分析，并对应注意的问题进行阐述，让大学生的创业融资之路越走越宽。

个人资金由于其数量规模较小而适合于很小型的传统企业，这种企业一般是根据市场需要来创办，短期内就能实现一定的收益，而且一般规模不大。例如，开办一个服装店、一个饭店、一个理发店等，很多不需要采用高投入的现代技术的企业。

亲友融资被称作“成本最低的创业贷款”，成为创业初期最受欢迎的融资形式。但大学生创业者在引入亲友资金时应深入思考，对任何可能发生的问题防患于未然，通过书面文件、严格企业管理规避亲友融资可能出现的风险；而且每一笔亲友投资也应该不是强迫或误导的结果，而应让他们认为这是一个好的投资机会。

一般来讲，风险投资申请条件非常严格，但贷款资金额度比较高，投资项目以高新技术和新兴行业为主，主要包括电脑、网络和软件产业、医药、医疗保健产业、通信产业、生物科技产业、航天科技等；相比之下，民间资本则没有风险投资这么高的门槛和要求，但资金额度也相对较低，主要倾向于传统的低风险项目。大学生投资者可以根据自身的条件和需要来选择不同的方式。不过有一点则是两者所共有的——大学生创业者必须要有足够的理由让投资者愿意为你出资。这就对选择这两条融资道路的大学生提出了比较高的要求，创业者要不断提高自己的创业素质和能力，不断加强各方面能力的培养，并做好充分的准备工作，努力争取投资者的青睐。专家建议，可以通过下列方式来吸引投资者的兴趣焦点：①网罗尽可能多的潜在的投资者团队；②确定投资者是否从事初期的种子融资；③确定投资者早期融资的定义；④确定潜在投资者是否拥有投入早期融资的资本和投资者做出投资的时间安排；⑤如果新企业不在一个潜在投资者的投资范围之内，确定这个投资者是否愿意将这个企业介绍给其他更适合于早期创业融资的投资团队。在选择潜在投资者之前，创业者应该明白的很重要的一点是，投资者除了可以给企业带来初始资金外，还带来经验、专长、思想、合作伙伴和订单，以增加新企业的价值。因此，选择投资者就如同选择企业管理团队一样，需要给予同等重要的关注。

大学生申请商业贷款的途径主要有三种：直接向银行申请贷款、申请科技型中小企业贴息贷款和利用新的技术成果或知识产权、专利权进行担保贷款。但是因为银行在对个人申请贷款方面的审核非常严格，特别是注重申请贷款人的偿还能力。大学生刚刚开始创业时，在银行的贷款审核部门看来大学生几乎不具备偿还能力，所以直接向银行申请贷款较为困难。创业者从申请银行贷款起，就要做好打“持久战”的准备。因为申请贷款并非与银行一家打交道，而是需要经过工商管理部门、税务部门、中介机构等一道道“门槛”，而且任何一个环节都不能出问题。

银行贷款作为“人气最高”同时也是最为烦琐的融资形式，一直受到创业者的广泛关注，许多专家学者以及一些有经验的“过来人”经过研究和体会，总结出了针对这一融资渠道的几条行之有效的小窍门，主要包括：第一，巧选银行，贷款也要货比三家。按照金融监管部门的规定，各家银行发放商业贷款时可以在一定范围内上浮或下浮贷款利率，比如许多地方银行的贷款利率可以上浮 30%。其实到银行贷款和去市场买东西一样，挑挑拣拣，货比三家才能选到物美价廉的商品。相对来说，国有商业银行的贷款利率要低一些，但手续要求比较严格。如果你的贷款手续完备，为了节省筹资成本，可以采用个人“询价招标”的方式，对各银行的贷款利率以及其他额外收费情况进行比较，从中选择一家成本低的银行办理抵押、质押或担保贷款。第二，合理挪用，住房贷款也能创业。如果你有购房意向并且手中有一笔足够的购房款，这时你可以将这笔购房款“挪用”于创业，然后向银行申请办理住房按揭贷款。住房贷款是商业贷款中利率最低的品种。如果创业者已经购买有住房，也可以用现房作抵押办理普通商业贷款，这种贷款不限用途，可以当作创业启动资金。第三，精打细算，合理选择贷款期限。银行贷款一般分为短期贷款和中长期贷款，贷款期限越长利率越高。如果创业者资金使用需求的时间不是太长，应尽量选择短期贷款，比如原打算办理两年期贷款可以一年一贷，这样可以节省利息支出。创业融资也要关注利率的走势情况，如果利率趋势走高，应抢在加息之前办理贷款；如果利率走势趋降，在资金需求不急的情况下则应暂缓办理贷款，等降息后再适时办理。第四，用好政策，享受银行和政府的低息待遇。创业贷款是近年来银行推出的一项新业务，凡是具有一定生产经营能力或已经从事生产经营活动的个人，因创业或再创业需要，均可以向开办此项业务的银行申请专项创业贷款。创业贷款的期限一般为 1 年，最长不超过 3 年。按照有关规定，创业贷款的利率不得向上浮动，并且可按银行规定的同档次利率下浮 20%；许多地区推出的下岗失业人员创业贷款还可以享受 60% 的政府贴息。

融资租赁比较适合需要购买大件设备又极度缺乏办公场所的初创企业，它尤其能为立足于科技型创业的大学生创业者提供很多的优势。不过，创业者在选择时最好挑选那些实力强、资信度高的租赁公司，且租赁形式越灵活越好。

合伙融资者既可以成立有限责任公司，也可以成立合伙企业。专家建议准备采用合作融资的大学生建立股份制公司。公司是企业发展到市场经济阶段日趋成熟的组织形式，在公司制度中，所有人、经营管理、分配机制等重要方面结构清晰、层次分明、责权明确。采取这种形式，使得在创业伊始就有科学的组织机构，也为日后的发展与再融资打下良好的基础。同时，在创办公司时，应当把合作创业者的股份分配、职权分工、收益分配等基本问题以书面形式写进公司章程或公司内部管理的核心文件中，以此避免由于合伙人之间可能的分歧造成对公司运营管理的不良影响，并解决公司盈利后的效益分配问题。

二、踏实做好融资每一步

创业融资是一个复杂的过程，尤其对于刚刚走出校门的大学生来说，几乎每一个环节都包含着许多棘手的问题和若干不确定的因素。因此，大学生创业融资需要遵循一定的步骤和规律，循序渐进，稳扎稳打，踏实地做好每一步。总的来说，大学生创业融资主要包括融资前的准备、测算资本需求量、确定融资来源和融资谈判四个阶段。

融资前的准备，主要包括建立个人信用和积累人脉资源两个方面。第一，创业者因为具有创业精神和创新意识，可能在思维方法和行为方式上会有不同之处，显示出异质型人才资本的特征，但信任是一种市场规则，谁违背了，信息就会在社群内通过口碑传播，而创业最初的融资往往来自自己的亲人、朋友和同事，如果口碑太差，信任度太低，融资难度就会加大。正如罗马的建立不是一日可以完成的，个人信任也不是在创业融资时才建立的，需要创业者平时注重自己的道德修养，培养良好的信用意识。诚实守信一度是中华民族的优良传统，是中国各个商帮兴旺发达的基础，但由于缺乏约束机制和惩罚机制，在市场经济改革的进程中，我们正在丢失这种传统。据统计，大学生的助学贷款，由于种种原因，还贷率只有50%左右。无论是在国家助学贷款第一批试点城市之一的北京，还是在高等学校较多的江苏；无论是在高等教育发达的山东，还是在改革开放前沿阵地的广东，助学贷款都面临着同一个问题：高违约、高风险。尽管有很多原因导致以上现象出现，但一部分大学生的恶意拖欠，不仅毁损其自身的诚信，对大学生群体也是一种形象的损害。所以，勿以恶小而为之，勿以善小而不为，建立个人信用，势在必行。第二，据斯坦福大学研究中心发表的一份调查报告显示，一个人赚的钱，12.5%来自知识、87.5%来自于关系。比之于西方，中国社会不是个人本位，也不是社会本位，而是一个关系本位的社会。费孝通用“差序格局”来解释中国社会以个人为中心的社会关系网络，他认为，社会关系网络以自身为中心，以血缘、亲缘和地线等“五缘”为纽带，就像把一块石头丢在水面上所产生的一圈一圈的波纹一样，不断扩展。创业者的关系网络形成了新企业的社会资本，许多研究表明，创业者的人脉关系对创业融资和创业绩效有直接的促进作用。因此，在校大学生要善于建立良好的同学关系和师生关系，勤于参加社团活动和社会实践，广结善缘，建立健康、有益的人脉关系，创造和积累基于同事关系、师生关系和亲友关系的社会资本。

测算资本需求量。每一个创业者在融资前都需要明确资本需求量，资本需求量的测算是融资的基础。对于创业者来说，首先需要清楚创业所需资本的用途。主要包括估算启动资金，测算营业收入、营业成本和利润，编制预计财务报表，以及结合企业发展规划预测融资需求量四个方面。第一，估算启动资金。企业要开始运营，首先要有启动资金，用于购买企业运营所需的资产及支付日常开支。对启动资金进行估算，需要具备足够的企业经营经验，并对市场行情有充分的了解。创业者在估算启动资金时，既要保证启动资金能够满足企业运营的需要，又要想方设法节省开支，以减少启动资金的花费。在满足经营要求的情况下，可以采用租赁厂房、采购二手设备等方法节约资金。第二，测算营业收入、营业成本和利润。对于新创企业来说，预估营业收入是制定财务计划与财务报表的第一步。为此，需要立足于市场研究、行业营业状况以及试销经验，利用购买动机调查、推销人员意见综合、专家咨询、时间序列分析等多种预测技巧，估计每年的营业收入。之后，要对营业成本、营业费用以及一般费用和管理费用等进行估计。第三，编制预计财务报表。新创企业可以采用营业百分比法预估财务报表。这一方法的优点是能够比较便捷地预测出相关项目在营业额中所占的比率，预测出相关项目的资本需求量。但是，由于相关项目在营业额中所占的比率往往会随着市场状况、企业管理等因素发生变化，因此，必须根据实际情况及时调整有关比率，否则会对企业经营造成负面影响。主要包括预计利润表、预计资产负债表和预计现金流量表等。第四，结合企业发展规划预测融资需求量。上述财务指标及报表的预估是创业者必须了解的财务知识，即使企业有专门的财务人员，创业者也应该大致掌握这些方法。需要指出的是，融资需求量的确定不是一个简单的财务测算问题，而是一个将现实与未来综合考虑的决策过程，需要在财务数据的基础上，全面考察企业的经营环境、市场状况、创业计划以及内外部资源条件等因素。

确定融资来源。测算完融资的需求量之后，接下来的工作就是确定资金的来源，即融资渠道和融资对象。此时，创业者需要对自己的人脉关系进行一次详尽的排查，初步确定可以成为资金来源的各种关系。同时，需要收集各方面的信息，以获得包括银行、政府、担保机构、行业协会、旧货市场、拍卖行等各种能够提供资金支持的资料。现在政府出台了很多政策，其中有一些好的政策，很多创业者不了解，失去了获得有关支持的机会。同时，创业者也应对企业股权和债权的比例安排进行考虑。

融资谈判。无论创业计划书写得有多好，但如果创业者在与资金提供者谈判时表现糟糕就很难完成交易。因此要做好充分准备，事先想想对方可能提到的问题；要表现出信心；陈述时抓住重点，条理清晰；记住资金提供者关心的是让他们投资有什么好处。这些原则对融资至关重要。此外，向有谈判经验的人士进行咨询，或翻阅一下关于谈判技巧的书籍，对于谈判的成功都有帮助。

第三节　大学生创业融资的误区

被称为女大学生创业第一人的华中科技大学新闻系学生李玲玲，获得武汉世博科技项目投资公司的 10 万元风险投资，在武汉开办了自己的天行健公司，但就在公司开办一年之后，她却悄然离开，这件事在武汉市引起轩然大波。据一些媒体披露，李玲玲领导的天行健公司“陷于瘫痪，人去楼空，账面上只剩 100 多元钱”，李玲玲已“另谋高就”。耐人寻味的是，就在此事发生后不久，湖北大学生科技创业风险基金管理公司作出规定，在校大学生将不再是大学生创业风险基金的投资对象，投资对象限定为具有一定科研能力的大学毕业生。无独有偶，上海一家在校大学生公司最近也关门散伙，原先的公司负责人先后回归“毕业渠道”各奔前程。初出茅庐的大学生在初次创业的道路上由于社会经验、管理能力等方面的不足，在创业融资方面常常走入误区，最终使自己的努力功败垂成，这样的事例并不罕见。那么，创业大学生在创业融资过程中常常会陷入什么样的误区，有什么样的解决方案呢?

一、只要获得启动资金就行

人们往往都有这样的倾向，在企业不值钱时大家都不会太在意个人股份的多少，可一旦企业发展壮大了股份值钱了每一个人都会很在意。作为一个企业来讲，如果前期股份设置不合理，就是一个定时炸弹，企业发展越迅猛炸弹的杀伤力会越大，后患无穷。许多大学生创业者和下岗职工创业者急于得到启动或周转资金，往往在融资时急于求成，给小钱让大股份，轻易地贱卖技术或创意，只要能获得启动资金就行。在这种思想的指导下，有不少核心技术的拥有者廉价地把自己的技术或创意随随便便的出卖了。在公司运营一段时间后，才感悟到当初的技术卖便宜了，开始对当初的投资协议不满。这时，有的人又会轻率的提出毁约，这样做只会使我们在资本市场上失去商业信誉。

当初的投资协议不合理，导致后来企业发展尤其是股权分配上出现严重问题的事例有很多，闹得沸沸扬扬的达能收购娃哈哈股份的纠纷就是这样的实例。在合作初期双方签过一份商标使用合同，其中有这样一条“中方将来可以使用（娃哈哈）商标在其他产品的生产和销售上，而这些产品项目已提交给娃哈哈与其合营企业的董事会进行考虑……”这一条款简单说，就是娃哈哈要使用自己的商标生产和销售产品，需要经过达能同意或者与其合资。签过之后，宗庆后建立了一批与达能没有合资关系的公司，到2006年，这些公司的总资产已达56亿元，当年利润达10.4亿元。达能看着眼红，便以当年商标使用合同中娃哈哈集团“不应许可除娃哈哈达能合资公司外的任何其他方使用商标”为由，要求强行收购这几家由娃哈哈职工集资持股成立的公司，欲强行以40亿元人民币的低价并购杭州娃哈哈集团有限公司总资产达56亿元、2006年利润达10.4亿元的其他非合资公司51%的股权。也有人说达能之所以敢理直气壮地提出这个非分的要求，是因为在合作之初早已给宗庆后在合同上下的套。

对于这一误区，专家给出了两点建议。第一，在制订融资方案之前要准确评估自己的有形和无形资产的价值，千万不要妄自菲薄，低估了自己的价值。拿网易公司来说，网易公司经过多轮融资和上市，目前丁磊还拥有超过60%的股份，这说明丁磊在每轮融资的过程中用了少量的股份就达到了自己的目标，是我们学习的榜样。当然，前提是你的项目（包括你的团队）确实是一座金矿，对投资者有着很强的吸引力，吸引力越强，单位股权获得的投资和回报也就越大，自己的控股权越能有效地掌控。一个对自己项目有信心的人是不会轻易出让自己的股份的。第二，融资过程中要做好融资方案的选择。尽管国内的融资渠道还不是很健全，但方式比较多。多渠道的比较与选择可以有效降低融资成本，提高效率。

二、所有的投资商都是救命稻草

大学毕业生初入社会，虽满腹豪情却两手空空，投资人对他们来说无疑是救命稻草。一旦找到投资人，便紧紧抓住不放，其他的根本无暇去想，即便投资人不能提供增值性服务和指导，仍与其捆绑在一起。这是不可取的，这样做不但会给后续工作带来很多麻烦，而且我们也应当明白，投资绝不仅仅是钱，还包括人脉、管理经验等的投资。还有非常重要的一点，就是双方理念一定要一致。

报纸上曾经报道过这样一件事，一个计算机专业的大学毕业生在经营他的第一个创业项目的时候，苦于没钱病急乱投医，找了一个做饭馆起家的投资商，这位投资商对于互联网一窍不通，却又抱有很高的幻想，因为他觉得这种高科技的“新鲜玩意儿”将来肯定能狠赚一笔，而且来钱快，效率高，恨不得投入50万元一年赚回5000万元。项目进行了半年，刚开始有了点盈利的眉目，这位投资商突然停止继续投资了，原因是他觉得这个项目赚钱太慢，并不像他想象的那样迅猛，于是认定这是一个没有发展前途的项目，便义无反顾地撤走了资金。而这时还仅仅花了投资的40%，本来大有前途的项目就这样付诸东流了。由此可见，并不是所有的投资商都是救命稻草，选择合适的投资者至关重要。

只有同自己经营理念相近，其业务或能力能够为投资项目提供渠道或指导的投资才能有效支撑企业的成长。现实情况是，大学生很难找到融资对象，找到一个就像发现了救命稻草一样，根本就没有讨价还价的余地，这样的融资肯定会给后续工作带来很多麻烦。出现这种问题的主要原因是信息不对称，因此创业者一定要加强对融资市场的信息收集与整理，在掌握大量信息的前提下做出最优的选择。

三、烧别人的钱圆自己的梦

对风险投资或者其他形式的投资不负责任地使用，烧投资者的钱圆自己的梦，这说到底是信用问题，品质问题，持这种思想的人不会成为一个成功的创业者。用自己的钱（尤其是用自己辛苦赚来的钱）和用别人的钱心态完全是不一样的。拿别人的钱来做实验，好像是自己拣了一个大便宜，但其实是损失了更多。拿别人钱做实验的人，会偏离一个创业者所必需的踏实谨慎的轨道，会比较容易像一个赌徒一样草率的做各种决策，可以想象赌的代价必定是失败。虽然没有损失自己的钱，但是损失了自己的时间，损失了自己在投资圈中的口碑，更可怕的是很有可能会滋长自己不务实浮于表面的恶习。

来看一个正面的例子：中关村有一个企业叫时代集团，该企业近几年累计向银行贷款200多笔，没有一笔不良记录。今年5月，一笔2000万元贷款眼看就要到期，而公司一时又抽调不出资金。副总裁千方百计，连找了20家企业拆借资金，终于在最后一天还掉了贷款。确保了资金来源链条不断裂。时代公司的良好信息，获得了多家银行的赞许。工行、中行、民生银行等多家银行平均每年以20%的速度增加对它的贷款。公司由小变大，已连续7年与“联想”“方正”等企业一起被评为“中关村科技园区 20 强”。事实上，每一轮融资中的投资者都将影响后续融资的可行性和价值评估。对于尚处于早期的创业公司来说，应引入一些真正有实力、能提供增值性服务、与创业者理念统一的投资者，哪怕这意味着暂时放弃一些眼前的利益。

创业不仅是创业者实现理想的过程，更是使投资者（股东）的投资保值增值的过程。创业者和投资者是一个事物的两个方面，只有通过企业这个载体发展的过程，才能达到双赢的目标。只有能为股东创造价值的企业家，才能得到更多的融资机会和成长机会。创业者不仅要提升自身的技术能力，还需要加强道德修养，培养和具备企业家的道德风范。金钱不是万能，没有金钱万万不能，大学生创业者只有解决好了融资问题，才能将自己的技术和创意转化为赢利的工具，才能在激烈的市场竞争中立于不败之地；拓宽融资渠道、对投资人负责才能使自己的企业茁壮成长。

在中国各种投资体制和政策还不完善的情况下，大学生创业，首选零投资创业，其次选择小投资创业，这样可以通过家人亲戚解决，很多创业者的第一笔资金就是借来的，最后，如果你有足够的经济背景或者有足够强的推销自己的能力，可以试着去做高投资的创业。这样可以最大限度地避免由于企业发展的问题而造成的信用缺失。万丈高楼平地起，先做起点低来钱快的项目，会对以后做起点高来钱多的项目很有帮助。

◆ 思考题

1. 创业融资的形式和渠道有哪些？
2. 结合实际，谈谈如何把握创业融资的技术要领。

◆ 实训模拟

根据本章内容，自行设计一个融资方案，填写中国工商银行借款申请书、借款合同和借款凭证。

第九章　大学生创业基金

大学生创业基金，又称大学生创业“种子基金”，是大学生创业融资的新渠道，主要是指支持大学生自主创业，拓宽大学生就业渠道的专项基金。根据基金设立的主体，可将大学生创业基金划分为以下五种类型：以政府名义设立的大学生创业基金；以高校名义设立的大学生创业基金；以企业名义设立的大学生创业基金；以个人名义设立的大学生创业基金和以联合形式设立的大学生创业基金。根据联合的主体不同，又可分为由政府牵头，与高校、企业联合设立的大学生创业基金；由共青团牵头，与企业联合设立的大学生创业基金；社会组织与企业共同设立的大学生创业基金。大学生在申请创业基金时要注意按照一定的程序，并把需要的材料准备齐全。在申请过程中应当注意认真仔细地阅读所申报创业基金项目的管理规定、办法等相关文件；根据申请支持的项目所处的阶段和个人的具体情况，明确选择一种相应的基金支持方式；认真撰写创业项目申请书，提高申请的成功率。大学生钱俊冬通过创业基金圆了创业梦的故事告诉我们，大学生创业基金的设立对于处在困境中的当代大学生创业者来说是一场及时雨；成功获得创业基金源于有价值的创意；获取创业基金并不等于已经创业成功。

大学生创业基金是大学生创业融资的新渠道，而且在大学生创业过程中发挥着越来越重要的作用。随着国家对大学生创业支持力度的加大，各类大学生创业基金纷纷设立，一个政府、社会、高校相结合，良性互动的国家大学生创业支持体系正在形成。如何准确认识和把握这一大好形势，如何找到适合自己的基金类型，如何在申请中技高一筹？本章通过对大学生创业基金及其申请过程的梳理，帮助你吃上这个“免费的午餐”。

第一节 大学生创业基金

创业基金又称风险资本，是指由专业投资人提供的快速成长并且具有很大升值潜力的新兴公司的一种资本。原来的创业基金主要是指对企业或者社会失业人员进行的，随着时代的进步和社会的发展，创业基金的概念引入到大学生创业者，大学生创业基金的设立由此而来。最早的创业基金产生于美国，1994 年末美国就有 591 家创业基金，总投资额达到 340 亿美元。下面着重介绍我国大学生创业基金的设立及其意义。

一、大学生创业基金

大学生创业基金，又称为大学生创业“种子基金”，旨在帮助大学生创业者解决创业资金难题，为有创业梦想但资金缺乏的大学生提供启动资金，以最低的融资成本满足大学生创业者的最大资金需求。从 2002 年起，国家教育部、原劳动与社会保障部、人事部、财政部等部委以及许多地方政府就相继出台了有关政策，政府有关部门和社会各界有识之士纷纷出资，帮助大学生及创业青年提供创业启动资金，从各方面鼓励大学生走出象牙塔，突破传统就业理念，强化自我创业意识。2005 年，上海在全国率先筹资 5000 万元，设立了“大学生科技创业基金”，2006 年基金投入扩大到 1 亿元。此后，随着大学生自主创业工作的推进，大学生创业基金的设立越来越多，不仅表现在种类和数量上，也表现在设立主体上。

设立大学生创业基金的一个直接背景，就是解决大学生就业难问题。由于我国经济体制改革的不断深化、高等教育事业的快速发展以及高校扩招和教育资源的限制，大学生就业难成为当前人们普遍关注的热点问题。2010 年我国普通高校毕业生达 630 万人，在世界金融危机的背景下，大学生就业形势异常严峻。要成功创业的首要条件是有创业资本，创业资本是包括货币、人力和信用三要素复合构成的特殊资本。其中，货币资本不仅仅是我们通常意义上讲的货币的简单构成，它是具有私募性、权益性和高收益性等三个特性的资本。对于刚步入社会的大学毕业生，同时具备上述三个要素是十分困难的。所以，大学生创业的启动和初期运营资金缺乏问题，已经严重阻碍了大学生创业的脚步，还极大地影响着大学生创业的信心和执行力。“巧妇难为无米之炊”，调查显示，绝大多数学生毕业时都是“身无分文”，他们迫切需要资金支持，渴望有关部门和企业按照国际惯例给予他们风险投资，共谋发展。

在国外，大学生创业基金以及大学生创业的相关配套支持是较为到位的，一般专门的创业基金常常与众多的社会游动资金联系在一起。一些公司、部门或个人通过将这部分游动资金投向具有发展潜力的项目，一方面，有助于需求能及时获得外来资金的介入，从而保证创业项目的顺利启动和运营；另一方面，投资方可以通过对游动资金的重新分配而获得新的收益。这样，当大学生有好的项目推出时，很快就会被社会流动的总投资方注意，项目与资金的对接非常便捷。在我国，大学生创业融资的渠道主要有银行抵押贷款、政府提供政策性扶持基金、风险投资和家庭赠予等方式。普通的政府创业基金往往存在融资效率低下、资金不足和受益面较窄等问题。而风险投资，作为一种纯市场性的经济活动，其目标是获取利润的最大化。对于刚毕业大学生的创业项目，风险巨大，无法解决大学生创业过程中的融资困难问题。设立政府投放的大学生创业专项基金，能最大限度地为大学生创业提供专项的配套政策优惠，解决大学生创业初期难以起步或者运营困难的问题。

我国的大学生创业基金经历了一个从无到有，从少到多的发展历程。但是，目前我国大学生创业基金的扶持力度还远远不够。一方面，大学生创业基金体系有待于进一步完善。大学生创业基金的设立主要是在政府的推动下，企业和社会层面设立的有一些，但是很有限。风险投资商愿意主动与大学生进行合作的较少，企业为大学生提供模拟实习基地的积极性不高。另一方面，国家大力鼓励和支持大学生创业，颁布了一系列优惠政策，设立了不同层级的大学生创业基金，但由于数额有限，所以惠及的大学生人数不多。

二、“种子基金”成就大学生创业梦

创业资金缺乏是大学生创业的瓶颈问题。如今，虽然怀有创业梦想的大学生越来越多，但创业资本，尤其是资金的缺乏迫使很多大学生毕业后不得不放弃自己的梦想，先找一份工作就业。目前我国大学生创业资金可能的来源有：个人从家庭、亲朋好友处筹款而获得创业资金；申请创业基金；从银行贷款。但是从家庭、亲属处筹款毕竟有限，而个人商业贷款的主要形式是质押贷款、存单抵押、第三方担保等，这种高门槛对于大学生来说实在是可望而不可即。在这种情况下，刚刚毕业的大学生要创建自己的事业，除了依靠家人、亲戚、朋友来借款外，就只能寻求创业基金的帮助。

面对这一现实，各地纷纷设立大学生创业基金，用来鼓励和扶持大学生用自己所学到的各种专业化技能和知识创建属于自己的事业。这些雪中送炭的基金为大学生创业提供了“第一桶金”，因此，被形象地称为“种子基金”。以上海为例，自2005年3月上海市政府正式启动上海大学生创业基金计划以来，上海市依托复旦大学、上海交通大学等高校科技园区，建立上海市大学生科技成果孵化基地和上海市大学生科技创业园区，为拥有科技成果的高校毕业生提供科技成果转化为产品的场地和服务。在创业基金的扶持下，一批科技含量高、创新性强、与生活贴近的大学生科技项目逐步破土萌芽。

“种子基金”不仅为大学生创业解决资金上的燃眉之急，还能起到引导大学生成功创业的作用。在申请基金的过程中，大学生会逐渐接触市场，接触社会，在实践中锻炼自我，提高自我。

大学生创立的企业都处于初创阶段，创业项目不仅缺乏市场前景调查，而且往往调查结果与市场具体情况不吻合，原因是大学生缺乏市场调查资金，导致市场调查有一定的难度。随着大学生创业基金的规范化程度越来越高，申请流程也越来越规范，这将促使大学生在申请前会对创业项目进行细致策划。部分基金在申请过程中，还会为大学生提供量身定做的培训，为大学生提供了一个边申请、边提高的平台。2009 年毕业于福建农林大学的薛桃就是其中一名幸运儿，她成功申请到福建省诺奇大学生创业基金会的支持。她说，基金会为她提供担保，帮助她申请创业贷款，解决了初次创业的资金难题。同时，基金会为她提供了新店开业、店铺管理、市场开发等经营所需的相关培训和指导，弥补了初次创业的经验不足。所以说，大学生创业基金的申请过程，也是一个大学生接受再教育和提升自我能力的过程，为大学生成功创业提前上了一堂有价值的教育课。

第二节 大学生创业基金的类型与分析

大学生创业基金的创立，有利于广泛整合目前有利于大学生创业的各种资源，加强创业大学生之间信息的交流和项目的合作，加强大学生创业团队和社会资源的碰触，方便他们找到好的资金支持。为支持大学生创业，国家、地方、社会以及许多创业成功人士积极成立各类创业基金，帮助大学生及创业青年提供创业启动资金。目前，大学生创业基金类型多样，各具特色，呈现出多元化和多样化的态势。根据基金设立的主体，可将大学生创业基金划分为以下五种类型：

一、以政府名义设立的大学生创业基金

1. 中国大学生创业基金

中国大学生创业基金遵照党中央“拓宽就业、择业、创业渠道，以创业带动就业”的指示精神，以“关心、扶持、资助

大学生（含归国留学生）自主创业、成就梦想”为宗旨，通过承办由全国工商联、教育部、团中央发起的，统战部、人力资源和社会保障部、民政部共同主办的中国大学生“创业大讲堂”公益行动等系列活动，为大学生创业计划实施提供资金资助，缓解大学生创业资金匮乏的问题。

2. 上海市大学生科技创业基金会

该基金会是全国首家从事推动大学生进行科技创业活动的非营利性公募基金会，成立于2006年8月，秉承“鼓励创新创业，完善创新环境；推动成果转化，促进教育改革；激发创新潜能，造就创新人才”的宗旨，基金会致力于开展创业项目资助、创业文化传播、创业教育及创业研究等相关工作。

3. 陕西省西安市大学生创业贷款基金

该基金由西安市政府出资5000万元设立，以解决大学生创业资金不足的问题。西安市金融办、国家开发银行陕西分行还将联合出台《西安市大学生自主创业投资贷款的实施方案》，为创业的大学生提供资金支持。

4. 科技型中小企业技术创新基金

该基金经国务院批准设立，用于支持科技型中小企业技术创新的政府专项基金，通过拨款资助、贷款贴息和资本金投入等方式，扶持和引导科技型中小企业的技术创新活动。根据中小企业和项目的不同特点，创新基金支持方式主要有贷款贴息、无偿资助和资本金投入。

目前，我国除港、澳、台外的省、自治区、直辖市为支持大学生创业，基本上都设立了大学生创业基金，尤其是以政府的名义设立的大学生创业基金制度已基本确立。以政府名义设立的大学生创业基金在运作过程中，不仅可以给大学生创业提供资金和技术上的支持和帮助，还可以保证基金在初创阶段充分发挥政策性示范作用，如鼓励大学生创业、建立高新技术企业等，引导大学生创业的方向。

二、以高校名义设立的大学生创业基金

1. 北京吉利大学的大学生创业基金

为全面提升大学生创新、创造、创业能力，北京吉利大学出资3000万元设立的大学生创业基金，这是国内首家“学校型创业基金”，开创了高校办基金的先河。该基金会由吉利大学、吉利集团旗下铭泰集团以及吉利大学校友会共同出资创建，基金投资对象以吉利大学学生为主，同时面向其他高校在校生。吉利大学生创业基金作为我国首家学校型创业基金，投资主体分明、投资流程简明，项目从申报到审核再到最后的投资，其时间成本和投资成本相对具有较大的优势。

2. 北京航空航天大学创业管理培训学院

北京航空航天大学的创业管理培训学院拿出300万元设立大学生创业基金,对学生的创业计划书经评估后进行种子期的融资。这说明创业教育要顺利推进并保证质量,是需要进行前期投入的。

3. 以复旦大学名义设立的创业基金

复旦大学专门拨出100万元用于资助创业学生并与张江高科技园区合作为学生设立了1000万元的创业基金。

以高校名义设立的大学生创业基金可谓是为学生量身定做的，更贴身。其对高校的直接推动性更强，将更加有效推动高等教育改革和在校大学生的创新创业，特别是创业风险意识教育帮助学生提高防范和规避风险的意识和能力，创业信息服务广泛收集创业项目和创业信息。依托大学科技园、各种科研平台等为学生提供创业场地，积极促进教师和学生的科研成果、科技发明、专利等转化为创业项目，从而为更多的大学生提供就业岗位，造就一批真正的企业家。

三、以企业名义设立的大学生创业基金

1. 诺基亚青年创业教育基金

该基金由中国光华科技基金会与诺基亚（中国）投资有限

公司合作建立。根据合作协议，诺基亚向中国光华科技基金会捐款670余万元人民币，用于设立“诺基亚青年创业教育基金”，基金分3年在经选择的全国150所高校实施“诺基亚青年创业教育计划”。

2. 远悉集团大学生创业基金

该基金是2006年由远悉（中国）集团有限公司联合全国高校管理机构为支持和鼓励在校大学生进行创业活动，推动大学生创业教育活动的深入开展而设立的，该基金由远悉集团项目管理办公室统一管理，由远悉集团大学生创业基金会专门使用，远悉集团大学生创业基金会负责基金报名者报名资格和条件的审核，并申报远悉集团项目管理办公室、远悉集团执行委员会复评并批复，确定创业项目申报人，每个项目申报人将获得1万~5万元（重点项目为10万元）人民币的基金资助，用于实质性的创业活动。

3. IBI大学生创业基金

由武汉东湖新技术创业中心2005年4月设立的，旨在支持在校大学生或应届毕业生进行创业活动的专项基金。武汉众和创业投资咨询管理有限公司负责IBI大学生创业基金的管理工作。

4. 袁亚非大学生创业基金

由江苏三胞集团有限公司设立，基金总额为350万元。基金每年颁发一次，主要颁发给积极创新、勇于创造的在校大学生和自主创业的应届毕业生，致力于培养肯干、能干、实干，具有创新精神、创业志气、创造能力的人才。

以企业名义设立的大学生创业基金的主要特点是以市场为导向，按照直接投资、跟进投资、参股创投公司等运作方式提供融资服务。近年来，大学生创业计划大赛引起了社会各界的关注，也使更多怀揣梦想的校园学子积极参与其中。众多企业和社会经济组织抓住这样的赛事，模拟真实的商业环境，对优质参赛作品给予资金扶持，这样不仅给了有创意、有技术、想创业的大学生实现创业梦想的机会，同时加快了创意转化为现实生产力的进程，对企业的可持续发展和社会的进步起到了推动作用。

四、以个人名义设立的大学生创业基金

1. 中南大学的女大学生自主创业基金

该基金由中南大学教授田红旗建议设立，制定出台鼓励女大学生自主创业的政策和办法，实施女大学生自主创业资助计划，设立女大学生自主创业基金，扶持女大学生自主研发创业。

2. 中国大学生西部创业基金

长期投资西部建设的金鹰国际集团总裁郑泽出资2000万元人民币，作为“中国大学生西部创业基金”的首期资金，同时承诺将其名下所属的宁夏银川金鹰国际CBD中心作为首个“大学生西部创业基地”，为符合条件的应届毕业生提供创业场所，并计划从“银川金鹰国际CBD中心”年经营利润中提取一定比例款项，作为“中国大学生西部创业基金”的持续性投入。郑泽称：“随着西部大开发进程的不断深入，人才问题已成为制约西部发展的关键性问题。”他号召大学生积极到西部创业，为西部大开发贡献自己的聪明才智，同时呼吁关心中国西部发展的海内外企业家和各界有识之士参与“中国大学生西部创业基金”，支持大学生投身西部建设。凡有志于在西部创业的应届大学毕业生，可凭自己的创业计划书或者以到西部边远地区从事科、教、文、卫工作申请该基金资助。

以个人名义设立的大学生创业基金，创办人不仅能够为大学生创业提供丰富的资金支持，还能够根据自己在创业或经营过程中遇到的困难、积累的经验，现身说法，给予大学生不可多得的创业经验和人生智慧，在创业的同时得到了更多的感悟和启迪，为大学生成功创业上了“双保险”。同时，基金创办人的成功案例，也往往为大学生树立奋斗的风向标和榜样，指引他们在创业的道路上走得更远，更成功。但是，以个人名义设立的大学生创业基金现在还很少。

五、以联合形式设立的大学生创业基金

相比上述四类基金，以联合形式设立的大学生创业基金更多，也更常见。根据联合主体的不同，又可分为以下三种：

第一种，由政府牵头，与高校、企业联合设立的大学生创业基金。例如，福建省设立的“诺奇大学生创业基金”是由福建省民政厅批准成立，由省公务员局、省人力资源开发办公室主管，福建诺奇股份有限公司出资200万注册成立的非营利性公益组织。基金会以“成就大学生创业梦想”为宗旨，主要为大学生提供创业项目、开展项目资助、创业指导培训、创业项目开发及创业研究。基金会为大学生创业制定了“355”发展规划，计划在3年内提供5000万元资金，帮助500名大学生实现创业梦想。由湖北省科技厅、武汉市科技局联合武汉各高校共同出资设立的“湖北武汉大学生科技创业天使基金”。其中，省科技厅、市科技局共同出资5000万元，另5000万元由各高校配套。基金规模为每年1000万元，暂定首期计划为5年。青海省人事厅、财政厅通过财政划拨和社会资助等渠道筹资，设立了青海省高校毕业生自主创业基金，并出台实行《青海省高校毕业生自主创业基金使用管理办法》。黑龙江“大庄园大学生创业创新基金”由民进黑龙江省委、东北农业大学和黑龙江大庄园集团共同发起成立，大庄园集团出资200万元人民币作为大学生现代畜牧业创业创新奖励基金，帮助大学生提高创业创新能力。杭州市设立的“西湖——星巢天使投资基金”是一个专门支持大学生创新创业的基金，基金总规模为1亿元人民币。该基金由杭州市西湖区人民政府出资1000万元作为启动引导资金，在此基础上，浙江星巢投资管理有限公司向浙江知名的浙商企业发起基金募集邀请，现9000万元私募基金全部到位。该基金主要投资早期的大学生创业项目，重点关注具有较好商业模式、科技含量高并具有良好市场可行性的大学生创业项目。江苏通州鹏欣大学生创业基金，主要由通州市财政专项拨款、社会各界资助、资助项目的分红和

退出资金等组成，面向来通州创业的专科（含职业高等学校）及以上高校毕业生。创业基金以投资资助方式，支持大学生依托自主技术成果创业（包括创办创意类、科技咨询服务类企业）。

第二种，由共青团牵头，与企业联合设立的大学生创业基金。爱登堡青年创业教育公益基金由共青团中央直属中国光华科技基金会联合成立，对所有资助对象进行全程帮扶式的协助。由中国光华科技基金会专家组进行一对一的培训，并提供创业过程中一系列的相关服务，力促青年创业者在获得资助后能够充分发挥自己的优势，获得创业成功。中国青年创业国际计划是非常重要的大学生创业基金组织，它是由共青团中央和中国青年联合会发起的一个旨在帮助中国创业青年的国际合作组织，通过借鉴和利用英国创业国际项目的模式、先进经验和国际资源，积极探索符合中国国情和文化特点的创业扶持模式，以非政府、非营利形式优化青年创业环境，帮助中国青年走上创业成功之路。山东省大学生创业基金由山东省团委联合中国联通山东省分公司设立，基金规模达3500万元。该基金计划3年内在100所高校建成200个联通未来青春创业社，力争构建一个完善的大学生创业社团组织网络。

第三种，由社会组织和企业共同设立的创业基金。如欧莱雅大学生就业创业基金，它是由中国青少年发展基金会和欧莱雅集团共同设立。该基金面向全国所有全日制高校的在校大学生。申请人可向基金评审委员会提交创业方案申请基金资助，评审委员会将就方案的科学性、市场前景、新颖性、可行性、团队构成及其他具体情况进行综合考量，共同审议决定资助的具体额度，每个受助项目将获得1万～10万元的资金资助。

以联合形式设立的大学生创业基金，可以更加充分地发挥政府、金融、高校、企业以及社会组织等各方面的力量，增强资源共享和优势互补，有助于形成合力，更好地促进大学生创业融资工作的良性发展，为大学生提供实实在在的帮助。

第三节　大学生创业基金的成功申请

大学生创业基金的设立，为立志于创业做“学生老板”的大学生开了一条快车道。那么，应该怎样进入这条快车道，进入以后又应该注意哪些问题，是大学生创业者最为关心的，这就涉及大学生创业基金的申请。大学生创业基金的申请，都要求大学生符合一定的条件。如申请人或企业法定代表人为在校大学生（含硕士、博士）；主要从事高新技术产品的研制、开发、生产和服务业务；申请人有较强的市场开拓能力和较高的经营管理水平，并有持续创新的意识；在校期间品学兼优，无不良在校记录等。要想申请成功，除了自身的实力外，还需要熟悉申请程序和相关注意事项。

一、大学生创业基金申请的程序

总体上看，大学生创业基金的申请程序大同小异，基本相似。下面以“中国大学生创业基金”的申请为例，来详细说明。

第一步，大学生可登录“中国大学生创业基金”的官方网站，认真阅读“中国大学生创业基金介绍”和“中国大学生创业基金的管理办法”。重点了解中国大学生创业基金的创立宗旨、特点、目的等相关内容。熟悉涉及“中国大学生创业基金”的政策信息。

第二步，填写个人信息，注册成为“中国大学生创业基金”网站的会员。

第三步，注册成功后，登录“我要创业”板块，熟悉“网上组团”“创业项目发布”等板块流程。在“申请基金”板块填写“项目名称”“项目城市”“申请金额”等基本信息。

第四步，准备项目附件的相关材料。一般的项目附件包括：①申请人身份证及学生证或法人营业执照（复印件）；②已经经营一定时间的企业，需提交经会计师事务所（或审计师事务所）

审计的企业上两年度的会计报表（复印件）和相应的审计报告（复印件），以及本年度最近一个月的企业会计报表（复印件）。会计报表包括资产负债表、损益表、现金流量表以及报表附注等。经过审计的财务报表应加盖审计单位印章。当年注册的新办企业，须报送企业注册时的验资报告（复印件）和本年度最近一个月的企业会计报表（复印件）。拟新设立企业的个人需提交在校期间学费已缴清的相关证明文件；③可以说明项目情况的证明文件，如技术报告、查新报告、鉴定证书、检测报告、用户使用报告等的复印件等；④能说明项目知识产权归属及授权使用的证明文件，如专利证书、产权使用授权书、产权使用认可书和技术合同的复印件等；⑤与项目和企业有关的其他参考材料，如奖励证明、用户订单等的复印件及产品照片等；⑥个人的品行证明及所在院系的推荐意见书。

第五步，将准备好的申报材料采取网上申报的形式提交申请。提交申请后，大学生申请人可及时登录“中国大学生创业基金”官方网站，查看审查和受理结果。

二、大学生创业基金申请的注意事项

申请大学生创业基金并不是一件轻松的事情，除了明确申请程序、备齐所需材料之外，大学生在申请过程中还需要注意下面三个方面的问题。

申请人要认真仔细地阅读所申报创业基金项目的管理规定、办法等相关文件。大学生申请人要认真学习所申报基金项目的管理规定和办法，熟悉申请须知、申请材料、申请流程和限项申请规定。同时，应了解所选基金项目是否与大学生申请者所在院校有合作协议等相关规定，如果所在院系有特点的基金合作项目，则大学生申请人要注意满足学部对申请的特定要求，按照各学部的具体要求提交相关附件材料，避免因不了解创业基金的有关规定而使申请被初筛。

申请人应根据申请支持的项目所处的阶段和个人的具体情

况，明确选择一种相应的基金支持方式。由于创业基金对同一个大学生只支持一个项目，大学生申请人应按照自己的创业项目选择适合自己的基金项目。例如，大学生申请人可依据户籍所在地或学校所在地，申请相应地域的创业基金项目；大学生申请人可按照自己创业项目的特点和所涉及领域，选择对应的创新创业基金项目或科技创业基金项目等。

申请人要认真撰写创业项目申请书，并注意在申请书中不得出现任何违反法律、涉及侵权，特别是违反相关保密规定的内容。虽然创投公司能够投资一个创业项目是经过严格层层选拔和审核，在淘汰率高达 99% 的情况下，基本上很难找到一个公式来套用。不过，诚实、清晰地把自己的创业经营理念与计划说清楚，是最重要的关键。大学生申请人要特别注意对所提交申请材料的真实性、合法性负责，才能成功获取创业基金。

第十章　创业启动与风险管理

“万事开头难”。创业者在做好前几章介绍的前期准备工作的基础上，可以说，基本上“万事俱备，只欠东风”了。

第一节　创 办 企 业

创办企业需要按照合法的程序，办理相关的合法手续，才能受到法律的保护。否则，新创企业会四处碰壁，步履维艰。

一、确定企业的名称：唱响自己的名号

确定企业的名称是有规范和要求的。一般来说，有以下几点：

（1）企业法人必须使用独立的企业名称，不得在企业名称中包含另一个法人名称，包括不得包含另一个企业法人名称。

（2）企业名称应当使用符合国家规范的汉字，民族自治地区的企业名称可以同时使用本地区通用的民族文字。企业名称不得含有外国文字、汉语拼音字母、数字（不含汉字数字）。

企业名称中有下列情况的，不视为使用数字：①地名中含有数字的，如“四川”等；②固定词中含有数字的，如“四通”等；③使用序数词的，如“第一”等。

（3）企业名称不得含有损害国家利益或社会公共利益、违背社会公共道德、不符合民族和宗教习俗的内容。

（4）企业名称不得含有违反公平竞争原则，可能对公众造成误认，可能损害他人的利益的内容。

（5）企业名称不得含有法律或行政法规禁止的内容。

（6）企业名称是企业权利和义务的载体，企业的债权、债

务均体现在企业名称项下。

企业申请登记注册的企事业名称不得与其他企业变更名称未满三年的原名称相同，或者与注销登记或被吊销营业执照未满三年的企业的名称相同。

二、选择企业地址：确定创业福地

在企业运营地点选择方面，很多企业遵循以下四个标准：

第一，把一次性成本降到最低；

第二，把运营成本降到最低；

第三，把潜在的风险降到最低；

第四，把机会放到最大。

当然企业除了考虑成本等因素以外，还应该考虑市场、政府等因素，并依靠产业特性和价值链环节选址。

一般的企业会着重考虑当地政府的影响因素，包括政府服务水平、政策导向、营造的投资环境、人才及教育资源的储备、风险投资的供给状况等因素，往往大城市或新兴城市在此方面相对完备，企业也就多聚集在此。

类型不同的企业对选址的要求和选址时考虑的因素也不相同。

1. 零售企业

对许多零售企业而言，位置选择十分重要，因为这类企业需要稳定的客流量来支撑，还需要考虑周围店铺的业务类型、道路交通情况和当地居民的结构等因素。当然，租金是必不可少的考虑因素，以及房屋的结构等。

2. 批发企业

批发商从制造商那里大批量采购商品，然后再小批量地卖给零售商，这类企业选择位置主要考虑两个问题：一是要有良好的交通条件，像铁路、公路；二是要适当便利，如在建筑、设备、公共设施等方面。没有这些便利条件，批发商就很难处理大量的货物。同时，批发企业要尽可能地接近它的客户。例如仓储物流行业应侧重考虑市场因素，以及仓储物流的服务目标需求量，建立适量的仓储地点，交通便捷是必须考虑的因素。

3. 服务性企业

服务性企业应尽可能地靠近大型购物中心，以确保稳定的顾客量。但像牙科诊所、干洗店、修鞋店等业务就没有必要设在高租金地段，居民住宅区附近就是非常理想的开办地点。而某些服务类企业，如会计公司、税务咨询公司等，即便是位置处于很偏僻的地方，仍可以实现很高的营业额，因为消费者愿意花时间去寻找这些企业的服务。

4. 制造类企业

生产制造类企业的选址不同于其他企业类型，要考虑到交通状况的便捷和原材料产地的远近。当然还需要考虑土地、劳动力资源是否能够容易以较低的成本获取，以及城市发展规划的影响和企业自身的运营发展等因素。例如：原材料提炼业应侧重考虑偏近原料、燃料动力的供应地；劳动密集型的制造业应侧重考虑人工供应充沛、质量高、工资低，综合运营成本低的地区；高新技术产业应关注政府是否鼓励该产业发展，是否已通过产业规划、财税政策、人才培养等多种途径保障该产业提供高效优质的服务，乃至是否有一定的政府采购市场。

三、企业登记注册：合法办企业

（一）前置审批

前置审批是指在办理营业执照前需要先去审批的项目，也就是在查完公司名称后就要去有关部门审批，审批完后或取得相应的许可证后再去办理工商营业执照。

（二）注册

根据我国现行法律，个人创业的主要途径主要有：设立有限责任公司；申请登记个体工商户；设立个人独资企业；设立合伙企业；设立一元制公司。

1. 注册资金最低限额

1）有限责任公司

注册有限责任公司，最低注册资本10万元人民币。

2）个体工商户

注册个体工商户，对注册资金实行申报制，没有最低限额。

3）私营独资企业

注册私营独资企业，对注册资金实行申报制，没有最低限额。

4）私营合伙企业

注册私营合伙企业，对注册资金实行申报制，没有最低限额。合伙人可以用货币、实物、土地使用权、知识产权或者其他财产权出资；上述出资应当是合伙人的合法财产及财产权利。

5）一元制公司

注册一元制公司，注册资本可以低至1元。

2. 注册步骤

1）注册个体工商户、个人独资企业和设立合伙企业的步骤

（1）到市工商局（或当地区、县工商局）企业登记窗口咨询，领取注册登记相关表格、资料。

（2）办理名称预先核准，取得《名称预先核准通知书》。

（3）以核准的名称到银行开设临时账户，股东将入股资金划入临时账户。

（4）到有资格的会计师事务所办理验资证明。

（5）将备齐的注册登记资料交工商局登记窗口受理、初审。

（6）按约定时间到工商局领取营业执照，缴纳注册登记费。

（7）在相关报纸上发布公告。

2）注册有限公司的程序

（1）核名：到工商部门领取《企业（字号）名称预先核准申请表》，填写你准备取的公司名称，可填三个备用名，由工商局上网（工商局内部网）检索是否有重名，如果没有重名，就可以使用这个名称，第二天核发一张《企业（字号）名称预先

核准通知书》。

（2）租房：要有房产证或居住证。租房后要签订租房合同，并让房东提供房产证的复印件。

（3）编写“公司章程”。

（4）刻法人章。

（5）到会计师事务所领取“银行征询函”，联系一家会计师事务所，领取一张“银行征询函”（必须是原件，会计师事务所盖章）。

（6）去银行开立公司验资户。

（7）注册公司：携带会计师事务所出具的验资报告、公司办公所在地的房产证复印件、房屋租赁合同、股东会决议、公司章程、股东和法人身份证复印件、公司设立登记提交材料表、企业名称预先核准申请书以及不扰民保证书等相关的证件和表格到工商局办理公司注册登记手续。

（8）办理企业组织机构代码证和税务登记。

（9）申请领购发票。

（10）去银行开基本户。

第二节　创业风险管理

市场经济条件下，创业总是有风险的，不敢承担风险，就难以求得发展。创业难，守业更难。据统计，中国企业的平均寿命是3～5年。而大学生新创企业中，“活下来”得更少，工业和信息化部中小企业司副司长王建翔近期在“聚成引进战略投资新闻发布会暨中小企业科学发展研讨会”上透露，目前我国注册的中小企业有4000万家左右，但平均寿命仅2.9岁。这样或那样的创业风险让大学生新创企业举步维艰。

如何对风险实施有效的管理，在获得高收益的同时把风险降到最低限度，这对创业企业来说至关重要。因此，正确地认识创业风险，合理地管理创业风险是每一个创业者的必修课程。

一、明察秋毫：创业风险概念及类型

1. 创业风险的概念

一提起风险，很多人马上和失败、亏损联系在一起。其实，这是不全面甚至是错误的看法。对于风险的理解，一般有两个角度，一个角度强调了风险表现为结果的不确定性，另一个角度则强调为损失的不确定性。前者属于广义上的风险，说明未来利润多寡的不确定性，可能是获利（正利润）、损失（负利润）或者无损失也无获利（零利润）；后者属于狭义上的风险，只能表现为损失，没有获利的可能性。

"风险"一词，相传起源于远古的渔民。渔民出海前都要祈求神灵保佑自己出海时能够风平浪静、满载而归。现代意义上的"风险"一词，已经大大超越了"遇到危险"的狭窄含义。

无论如何定义风险一词的由来，但其基本的核心含义是"未来结果的不确定性或损失"。如果采取适当的措施使破坏或损失的概率不会出现，或者说智慧地认知，理性地判断，继而采取及时而有效的防范措施，那么风险可能带来机会，由此进一步延伸的意义，不仅仅是规避了风险，可能还会带来比例不等的收益，有时风险越大，回报越高、机会越大。因此，如何判断风险、选择风险、规避风险继而运用风险，在风险中寻求机会创造收益，意义更加深远而重大。

创业风险是指企业在创业过程中存在的各种风险。由于创业环境的不确定性，创业机会与创业企业的复杂性，创业者、创业团队与创业投资者的能力和实力的有限性而导致创业活动结果的不确定性，就是创业风险。

2. 创业风险的类型

1）按创业风险产生的原因划分

按风险产生的原因进行划分，可分为主观创业风险和客观创业风险。

（1）主观创业风险，是指在创业阶段，由于创业者的身体与心理素质等主观方面的因素导致创业失败的可能性。

（2）客观创业风险，是指在创业阶段，由于客观因素导致创业失败的可能性，如市场的变动、政策的变化、竞争对手的出现、创业资金缺乏等。

2）按创业风险产生的内容划分

按创业风险产生的内容划分，可分为技术风险、市场风险、政治风险、管理风险、生产风险和经济风险。

（1）技术风险，是指由于技术方面的因素及其变化的不确定性而导致创业失败的可能性。

（2）市场风险，是指由于市场情况的不确定性导致创业者或创业企业损失的可能性。

（3）政治风险，是指由于战争、国际关系变化或有关国家政权更迭、政策改变而导致创业者或企业蒙受损失的可能性。

（4）管理风险，是指因创业企业管理不善产生的风险。

（5）生产风险，是指创业企业提供的产品或服务从小批试制到大批生产的风险。

（6）经济风险，是指由于宏观经济环境发生大幅度波动或调整而使创业者或创业投资者蒙受损失的风险。

3）按创业过程划分

按创业过程划分，可分为机会的识别与评估风险、准备与撰写创业计划风险、确定并获取创业资源风险和新创企业管理风险。

创业活动须经历一定的过程，一般而言，可将创业过程分为四个阶段：识别与评估机会；准备与撰写创业计划；确定并获取创业资源；新创企业管理。

（1）机会的识别与评估风险，指在机会的识别与评估过程中，由于各种主客观因素，如信息获取量不足，把握不准确或推理偏误等使创业一开始就面临方向错误的风险。另外，机会风险的存在，即由于创业而放弃了原有的职业所面临的机会成本风险也是该阶段存在的风险之一。

（2）准备与撰写创业计划风险，指创业计划的准备与撰写过程带来的风险。创业计划往往是创业投资者决定是否投资的依据，因此创业计划是否合适将对具体的创业产生影响。创业计划制定过程中各种不确定性因素与制定者自身能力的限制，也会给创业活动带来风险。

（3）确定并获取资源风险，指由于存在资源缺口，无法获得所需的关键资源，或即使可获得，但获得的成本较高，从而给创业活动带来一定风险。

（4）新创企业管理风险，主要包括管理方式，企业文化的选取与创建，发展战略的制定、组织、技术、营销等各方面的管理中存在的风险。

二、落到实处：大学生创业应防范哪些风险？

1. 风险一：项目选择

大学生创业时如果缺乏前期市场调研和论证，只是凭自己的兴趣和想象来决定投资方向，甚至仅凭一时心血来潮做决定，一定会碰得头破血流。

大学生创业者在创业初期一定要做好市场调研,在了解市场的基础上创业。一般来说,大学生创业者资金实力较弱,选择启动资金不多、人手配备要求不高的项目,从小本经营做起比较适宜。

2. 风险二：缺乏创业技能

很多大学生创业者眼高手低，当创业计划转变为实际操作时，才发现自己根本不具备解决问题的能力，这样的创业无异于纸上谈兵。

一方面，大学生应去企业打工或实习，积累相关的管理和营销经验；另一方面，积极参加创业培训，积累创业知识，接受专业指导，提高创业成功率。

3. 风险三：资金风险

资金风险在创业初期会一直伴随在创业者的左右。是否有足够的资金创办企业是创业者遇到的第一个问题。企业创办起来后，就必须考虑是否有足够的资金支持企业的日常运作。对于初创企业来说，如果连续几个月入不敷出或者因为其他原因导致企业的现金流中断，都会给企业带来极大的威胁。相当多的企业会在创办初期因资金紧缺而严重影响业务的拓展，甚至错失商机而不得不关门大吉。

另外，如果没有广阔的融资渠道，创业计划只能是一纸空谈。除了银行贷款、自筹资金、民间借贷等传统方式外，还可以充分利用风险投资、创业基金等融资渠道。

4. 风险四：社会资源贫乏

企业创建、市场开拓、产品推介等工作都需要调动社会资源，大学生在这方面会感到非常吃力。

平时应多参加各种社会实践活动，扩大自己人际交往的范围。创业前，可以先到相关行业领域工作一段时间，通过这个平台，为自己日后的创业积累人脉。

5. 风险五：管理风险

一些大学生创业者虽然技术出类拔萃，但理财、营销、沟通、管理方面的能力普遍不足。要想创业成功，大学生创业者必须技术、经营两手抓，可从合伙创业、家庭创业或虚拟店铺开始，锻炼创业能力，也可以聘用职业经理人负责企业的日常运作。创业失败，基本上都是管理方面出了问题，其中包括：决策随意、信息不通、理念不清、患得患失、用人不当、忽视创新、急功近利、盲目跟风、意志薄弱等等。特别是大学生，知识单一、经验不足、资金实力和心理素质明显不足，更会增加在管理上的风险。

6. 风险六：竞争风险

寻找蓝海是创业的良好开端，但并非所有的新创企业都能找到蓝海。更何况，蓝海也只是暂时的，所以，竞争是必然的。如何面对竞争是每个企业都要随时考虑的事，而对新创企业更是如此。如果创业者选择的行业是一个竞争非常激烈的领域，那么在创业之初极有可能受到同行的强烈排挤。一些大企业为了把小企业吞并或挤垮，常会采用低价销售的手段。对于大企业来说，由于规模效益或实力雄厚，短时间的降价并不会对它造成致命的伤害，而对初创企业而言则可能意味着彻底的毁灭。

因此，考虑好如何应对来自同行的残酷竞争是创业企业生存的必要准备。

7. 风险七：团队分歧

现代企业越来越重视团队的力量。创业企业在诞生或成长过程中最主要的力量来源一般都是创业团队，一个优秀的创业团队能使创业企业迅速地发展起来。但与此同时，风险也就蕴含在其中，团队的力量越大，产生的风险也就越大。一旦创业团队的核心成员在某些问题上产生分歧不能达到统一时，极有可能会对企业造成强烈的冲击。

事实上，做好团队的协作并非易事。特别是与股权、利益相关联时，很多初创时很好的伙伴都会闹得不欢而散。

8. 风险八：核心竞争力缺乏的风险

对于具有长远发展目标的创业者来说，他们的目标是不断地发展壮大企业，因此，企业是否具有自己的核心竞争力就是最主要的风险。一个依赖别人的产品或市场来打天下的企业是永远不会成长为优秀企业的。

核心竞争力在创业之初可能不是最重要的问题，但要谋求长远的发展，就是最不可忽视的问题。没有核心竞争力的企业终究会被淘汰出局。

9. 风险九：人力资源流失风险

一些研发、生产或经营性企业需要面向市场，大量的高素质专业人才或业务队伍是这类企业成长的重要基础。防止专业人才及业务骨干流失应当是创业者时刻需要注意的问题。对那些依靠某种技术或专利创业的企业而言，拥有或掌握这一关键技术的业务骨干的流失是创业失败的最主要风险源。

10. 风险十：意识上的风险

意识上的风险是创业团队最内在的风险。这种风险无影无形，却有强大的毁灭力。风险性较大的意识有：投机的心态、侥幸心理、试试看的心态、过分依赖他人、回本的心理等。

值得一提的是，大学生在创业过程中所遇到的阻碍并不仅此十点。在企业发展过程中，随时都可能遭遇如灭顶之灾的风险。因此，大学生因保持积极的心态，多学习，多汲取优秀经验，结合自身既有的特长优势，我们相信，大学生一定能在创业道路上越走越远，越走越稳。

三、独具慧眼：创业风险的识别

既然创业风险是创业过程中不可避免的现象，那么直面风险并化解之，是创业过程中的重要任务。

风险识别是应对一切风险的基础，只有识别了风险才可能有化解的机会。同时风险也是一种机会，应该开拓、强化其积极的作用。

创业风险识别是创业者依据企业活动，对创业企业面临的现实以及潜在风险运用各种方法加以判断、归类并鉴定风险性质的过程。创业者必须掌握风险识别的能力，并不断提高这种能力。

1. 掌握风险识别的基本理念

创业者应该掌握识别企业风险的基本理念，并具备以下条件：

（1）有备无患的意识。创业风险的出现是正常的，带来一些损失也是正常的，既不能怨天尤人，也不能骄兵轻敌。关键是要密切监视风险，减少损失，化解不利，甚至将其转化为盈利的机会。

（2）识别风险的能力。发现和识别风险，是为了防范和控制风险。如果创业者在企业未发生损失之前就能够识别风险发生的可能性，那么这个风险是可能被管理的，因此，风险识别是进行风险管理的基点。

（3）未雨绸缪的观念。创业风险需要创业者通过创业活动的迹象和信息归类，认知风险产生的原因和条件，不仅要识别风险所面临的性质及可能产生的后果，更重要的是（也是最困难的）识别创业过程中各种潜在的风险，为采取有效措施提供依据。

（4）持之以恒的思想。由于创业风险伴随着整个创业过程，同时风险具有可变性和相关性的特点，所以创业者必须要有打“持久战”的准备。风险的识别工作应该连续地、系统地进行，并成为企业一项持续性、制度化的工作。

（5）实事求是的精神。虽然风险识别是一个主观过程，但是必须遵循客观规律。风险识别是一项复杂而细致的工作，要按特定的程序、步骤，选用适当的方法逐层次地进行分析。

2. 掌握风险识别的基本途径

掌握创业风险的识别途径，重点从风险的来源上入手，即自然因素和人为因素两大方面。

（1）自然因素。比如说，关注地震多发区、台风多发区和炎热地区的情况。这与企业的选址、项目有着密切关系。又如许多行业必须关注影响其原材料供应的矿产、能源、农产品以及交通等问题。

（2）人为因素。主要应了解一个国家或者地区的政治经济制度、法律政策、民情民俗以及企业周边的营运环境等。

3. 了解识别风险的方法

风险识别的具体方法主要有以下几种：

（1）业务流程法。以业务流程图的方式，将企业从原材料采购直至送到顾客手中的全部业务经营过程划分为若干环节，每一环节再配以更为详尽的作业流程图，据此确定每一环节需要重点预防和处置的地方。

（2）现场观察法。通过直接观察企业的各种生产经营设施和具体业务活动，具体了解和掌握企业面临的各种风险。

（3）财务报表法。通过分析资产负债表、损益表和现金流量表等报表中的每一个会计科目，确定某一特定企业在何种情况下会有什么样的潜在损失及其成因。由于每个企业的经营活动最终要涉及商品和资金，所以这种方法比较直观、客观和准确。

（4）咨询法。以一定的代价委托咨询公司或保险代理人进行风险调查和识别，并提出风险管理方案，供经营决策者参考。

四、防微杜渐：创业风险的防范

为避免造成重大经济损失和社会不良影响，每个创业者都应花大力气进行风险预防。创业者应选择那些发生概率大、后果严重的事件进行重点的防范。

1. 降低现金风险的防范措施

降低现金风险的对策有：向有经验的专家请教；经常评估现金状况；理解利润与现金以及现金与资产的区别，经常分析它们之间的差额；节约使用现金。现金管理上应注意接受订货任务要与现金能力相适应；不将用于原材料、在制品、成品和清偿债务的短期资金移作固定资产投资。

2. 降低开业风险的防范措施

降低开业风险的对策有：在你最熟悉的行业办企业；制订符合实际的，而不是过分乐观的计划；在预测资金流动时，对收入要谨慎一点，对支出要留有余地，一般要留出所需资金10%的准备金，以应付意外；没有足够资金不要勉强上项目，发现问题时要立即调整。

3. 降低市场风险的防范措施

降低市场风险的对策有：以市场及消费者的需求为生产的出发点；时刻关注市场变化，善于抓住机会；广泛收集市场情报，并加以分析比较，制定有效的市场营销策略；摸清竞争对手底细，发现其创业思路与弱点；对各种成本精打细算，减少不必要的开支；健全符合自身产品特点的销售渠道网络；充分了解各主管机关职能及人员构成情况；以良好诚信的售后服务赢得顾客青睐。

4. 降低人员风险的防范措施

降低人员风险的对策有：建立完善的雇员选择标准，综合考虑技术能力和合作能力两个因素；建立合理的信息沟通及汇报制度，使创业者能充分掌握员工及企业动态；制定有效的投资方案，从长计议，加强员工内部凝聚力。无论人员来源，寻找最胜任工作的人选；记录并跟踪新雇员情况，熟悉各个职员素质及发展情况，做到人尽其才；友好对待并鼓励新雇员，使其早日适应新环境，进入工作角色。

5. 降低财务风险的防范措施

降低财务风险的对策有：为了应对财务风险，领导班子要有适当分工，密切监控和防范财务风险；向专家和银行咨询，选择最佳的资金来源以及最合适的时机和方式筹措资金。

6. 降低技术风险的防范措施

降低技术风险的对策有：综合考虑企业自身技术能力、资金量和所需时间，选择技术获得途径；若选择引进技术，则要在引进技术前对所引进技术的先进性、经济性和适用性进行评价；加强对职工的技术培训，提高员工对高科技设备的操作熟练度，减少不必要的风险损失。

提醒创业者们，在技术开发的过程中应加强技术管理，建立健全技术开发和管理的内部控制制度，对科技人员实行特殊的优惠政策，保证技术资料的机密性，以防范因技术人员的离职和外调而引起核心技术流失，导致公司的利益受到极大的损失。

五、拓展阅读：2015 年度 8 大由盛及衰案例分析

创业不易，无论成或败，真正的创业者都值得尊敬。而在那些有迹可循、轰然倒下的企业背后，还有许多黯然关闭、不为大多数人了解的企业。旁观者常可见马云志得意满、刘强东抱得美人归，而那些一次次重新创业的创业者们的足迹则更是常态。本教材无意冒犯，只为总结、追思。资料主要取自网络，有不实之处，欢迎联系作者修改。

（一）案例汇总

这 8 大典型衰落案例分属于出行、媒体、汽车、教育、智能

硬件、零售、社区和金融，以下按关停或收缩的时间顺序一一展示。

1. 爱拼车

爱拼车成立于2013年9月，联合创始人杨洋，总部位于杭州，是基于手机的P2P智能拼车服务平台。鼎盛时期，用户量曾达到2000万。2014年8月获IDG领投1000万美元A轮融资。2015年6月，宣布“死亡”。死因：巨兽的疯狂补贴，无力抗衡。创始人杨洋表示：“我见了200多位投资人，主流投资人都见了一遍，但没有人愿意投，不会有人在两家资产高达百亿美金的企业打得火热的时候再去投资一家小公司。我绝对不会再碰那种纯玩钱的项目。”

2. 大旗网

大旗网成立于2004年11月，创始人王定标，是新媒体及论坛内容聚合门户，浓缩论坛、博客、SNS精华等。鼎盛时，大旗网全站PV（页面浏览量）近5000万，每月用户数1.2亿，Alexa全球最高排名位居前300位，中国社区排名位居第一。2010年4月获美国中经合集团、IDG资本B轮融资。但随着微博、微信等新媒体的影响力不断扩大，用户对传统BBS论坛失去兴趣，转身投向移动社交媒体，最终导致大旗网逐渐走向没落。加之，李连杰状告大旗网编造“利用壹基金贪腐”等涉嫌严重侵犯其名誉权一案，朝阳法院一审判决李连杰胜诉，被告“大旗网”须向李连杰公开致歉七日，并赔偿其经济损失、精神损害抚慰金等共计10万余元。2015年7月，宣布关闭。

3. E洗车

E洗车上线于2014年11月，创始人段东仁，总部位于北京，是互联网预约到店洗车、上门洗车服务平台。上线3个月后，用户上百万，合作商家3000家，日均订单突破1.5万，峰值达到3万，移动端下单占比达到七成。高速增长时，有40%的订单源自于二次以上消费。2015年3月，获中国平安2000万美元A轮融资。2015年9月，E洗车宣布关闭上门洗车业务，到店业务仍在运营中。洗车 O2O 行业的预期盈利模式：补贴圈完用户向其他业务转化。E 洗车也推出过“1 分钱洗车”活动。但其实很多补贴烧出来的用户都不是真用户，这样的需求是在补贴下的伪需求。

4. 老师来了

老师来了成立于2014 年 7 月，创始人虞益栋，总部位于杭州，是基于网站和移动 APP 的家教服务网站，提供教师认证、用户评价、地域判定等，实现学生与教师的有效匹配。2015 年 3 月获 200 万美元 A 轮融资。B 轮融资失败。2015 年 9 月，宣布项目即将结束。

5. 一丁集团

一丁集团成立于2000 年，2015 年向 O2O 转型，创始人吴建荣，总部位于福州，是智能家居、物联网相关的技术研发、生产、销售及运营服务商平台。当地知名 IT 企业、员工人数超 2000 人，2008 年获得苹果销售代理权，2012 年全国线下门店达 391 家。2015 年 12 月宣告破产，在全国的数百家分店已经关闭。副总裁林德志表示：“只有大的布局，才能讲出大的故事，才会有银行和厂商继续支持这个不赚钱、靠借贷维持的体系。而最终，这个故事被识破了。”

6. 拍拍网

拍拍网上线于2005 年 9 月，腾讯旗下项目，总部位于南京，是电子商务交易平台。在中国，2C 电商中淘宝一家独大，拍拍网是在淘宝占领了市场绝对优势后才跟进的，虽然创造过运营百天进入全球网站 500 强的最短时间纪录，但从整体来看基本处于半死不活的状态。2014 年，腾讯与京东达成电子商务战略合作，把所有电商部门全部并给了京东，包括拍拍网。刘强东曾在内部会议指出，京东未来将会为拍拍网投入大量资金扶持其成长。外界也一直认为，京东此番调整意在弥补 C2C 缺口，从而对标淘宝。在京东，拍拍官网的网站 PV 值（3 月平均）曾达到六十几万的数值。尽管如此，京东集团在 2015 年 11 月发布公告称，到

2015年12月31日停止提供拍拍网的电子商务平台服务，每年将损失百亿级的潜在交易额。官方理由是为了更好地杜绝C2C电商平台出现的商品假冒伪劣。原拍拍网团队将并入京东集团其他部门，将转型并专注于移动社交电商等创新业务。

7. 社区001

社区001成立于2012年3月，创始人邵元元，总部位于北京，其业务曾覆盖北京、上海、广州、深圳、重庆、武汉、沈阳、杭州等近20个一、二线城市。跟大型零售商合作，向5公里以内的社区居民提供配送服务，并承诺一小时送达。2014年4月，获A轮融资。2015年8月开始，曝出拖欠工资、员工离职、用户卡里余额不能消费也不能退费等问题。在社区001上选择配送地址，仅限于北京地区。配送团队全部自建，属于重资产运营模式，再加上没有自己的供应链，只能依附于合作的超市，而且合作的超市品牌过多，不能得到某一家的全力支持，结果沦落为超市免费“搬运工”。

8. MMM国际慈善互助系统

MMM国际慈善互助系统成立于2011年，创始人谢尔盖·马夫罗季，总部位于俄罗斯，2015年4月进入中国。其模式是投资额在60元到6万元之间，每次必须以10的倍数买入。经过15天冻结期后，等待他人来买，才能套现。买家由系统自动匹配，在等待期间，每天都有1%的利息，30天就能赚30%的利息，年收益23倍，无手续费。此外，参与者如发展他人加入，还可获得推荐奖、管理奖（根据会员等级确定相应比例）等额外收益。从投资到收益，整个操作过程都是通过服务器位于国外的网站，而每位投资者在全程也只接触过一名介绍人。项目违背价值规律，任何庞氏骗局总归有崩盘的一天。当流入的资金不足以维持庞氏骗局的运转之时，崩盘也就随之而来。近日，银监会、工信部、中国人民银行、工商总局四部委发出预警，提醒广大投资者，注意打着“金融互助”的名义，承诺高收益、引诱投资的行为。

（二）衰落原因分析

公司关闭的原因，说起来常常是融资失败和资金链断裂。但又是什么导致投资者不愿意追投，公司仅靠自身难以为继呢？品途商业评论根据本次盘点，总结了八大衰落原因：

1. 进入时机

“领先一步半步成为先驱，领先两步三步就成为先烈。”智能硬件开发生产企业一丁集团副总裁林德志这样总结道。智能硬件领域一直被看作是未来发展趋势，但行业内能带来革新的新技术、新产品还未出现。自认为走在前沿的一丁集团，最后被人们看到的只是吹大的故事和靠借贷维持的体系。

2. 战略摇摆

2012 年底，龚海燕从世纪佳缘“急流勇退”。2013 年初，成立在线英语口语 1 对 1 视频网站 91 外教网；2013 年 11 月，推出涵盖中小学 K12 阶段的全学科教学资源共享平台——梯子网。2014 年 7 月，又推出那好网，主打 K12 领域“互动直播”，实质上是一个“在线补课 + 在线家教“平台。2014 年下半年，梯子网、那好网相继倒下，龚海燕一度将战线缩短到 91 外教网，但半年之后还是卖掉了。“我二次创业最大的失误就是不聚焦，由于自己犯了一些错误，到最后这些错误导致的不顺影响了心态。我已经没有这种勇气和决心继续坚持了。”她说。

3. 行业壁垒低，产品同质化

如洗车 O2O、美容按摩 O2O、社区 O2O 领域的众多创业企业，融资很难。创业的方向在哪里？安芙兰资本董事长周伟丽表示：“在这个资本的寒冬，很多人怀疑互联网创业项目是否还有投资机会？我们认为未来有巨大机会，特别在未来的 5 到 10 年。一方面，移动互联网的核心思想，如标准化、去中心化、信息透明、大数据技术等，从本质上提高了整个社会的劳动效率；另一方面，像微信这种跨越时间和空间的交流，建立了多维度的互动渠道，如果能够抓住这种新维度的平台，必然会产生巨大的商业价值。”

4. 大公司的入局

如滴滴进入班车领域后，考拉班车让位；进入代驾领域后，全国新开 55 城，连续两周免费，烧钱过 10 亿，逼得 e 代驾转投神州租车，寻求庇护。

5. 盈利模式不清晰

“首先要做的是业务扩张而不是盈利模式”，这样的话，如果放在 2014 年，听起来会很有道理。可现如今，越来越难以被投资人接受。烧饭饭创始人张志坚在公司关闭时表示：“很遗憾，经过 11 个月的努力，我们没有能力把‘烧饭饭’变成一个盈利模式并且能规模化扩张的业务。”同样的问题也发生在社区 O2O 企业，如“嘿客”和还在苦苦挣扎的“社区 001”。

6. 盲目烧钱

以洗车为例。洗一台车的成本至少是 30 元，包括：洗车工人提成、固定工资、保险加中介费摊销、物料消耗及税款等。综合成本算下来，上门洗车的定价会比到店洗车更贵。而进入这一领域的 O2O 公司长时间做活动，1 元洗车，甚至是零元洗车屡见不鲜。烧钱买来的用户并不具有黏性，多数是因为便宜而使用的非目标用户，一旦补贴停掉，大部分客户就流失掉了。

7. 股权结构不合理

千夜旅游联合创始人冯钰曾撰文表示，对于千夜来说，实际上最大的问题是股权结构的问题，给执行团队留的股份太少，导致在融上一轮融资时就非常费力。投资人会觉得，执行团队在早期的时候股份这么少，有风险。最终，导致公司的 A 轮融资进不来。

8. 大公司病

如拍拍网。市场反应迟钝，决策力弱。一味地模仿，力图通过庞大的用户群战胜对手，结果自己失败了。

当然，还有一些纯靠讲故事、布骗局的项目，特别是在互联网金融领域，接连不断跑路事件中体现出来的，则只有一句话可说：潮水退去，终会知道谁在裸泳。

（三）给停不下来的创业者的建议

眼看他高楼起，眼看他楼塌了。这样由盛及衰式的盘点总让人唏嘘。但在收集资料时，品途商业评论记者欣喜地看到，停掉的是项目，停不下来的是创业者。

爱拼车 2015 年 6 月关闭，9 月，原创始人杨洋的新项目“魔厨”宣布获 803 万元 Pre – A 融资。

厨师上门做饭项目“烧饭饭”2015 年 10 月关闭。早在关闭前，7 月，原创始人张志坚上线了“味蕾”，依旧是主打厨师做饭，不过这一次变成了自建中央厨房，把五星级水准的厨师集中在自己的厨房为白领提供放心盒饭。

无论是这些可敬的重复创业者，还是活跃在一线的投资人，大家不约而同地提出了以下创业建议：

1. 抓住核心价值

不管市场是夏日或寒冬，抓住核心价值才能产生持续的生命力。什么是核心价值？许小年教授在近期的一次演讲中说：“我经常问我的学生，你的企业的核心竞争力到底是什么？课堂上一半的人跟我说是资源整合。资源整合是什么意思？在过去十几年，资源整合第一叫政府资源，第二叫银行资源。你所谓的资源整合不就是从政府那能拿到资源，银行那能拿到贷款吗？所谓的资源整合的能力不就是拉关系的能力吗？这不叫核心竞争力。新常态下企业的关键在于创新能力。我们在传统的商业模式中不能自拔，总是习惯性地去寻找风口。认为过去的成功可以去保证未来的顺利发展。我想跟大家讲，已经不可能了，因为市场环境发生了根本的变化。”当然，做深服务、培养创新能力的过程会非常困难，需要长期的坚持和思考。

2. 把赢利问题解决好

一丁集团副总裁林德志认为，所有靠烧钱维持运转的 O2O 企业需要思考的问题是：“究竟是先把规模做大，还是先把赢利问题解决好？”

3. 把握发展和融资的节奏

爱拼车创始人杨洋说，我们错过了最后一轮拿钱的机会，如果再早两个月，市场形势还没那么清晰，可能还有机会。还有的创业公司拿到钱后，对外夸大融资额，对内也不敢说实际额，然后整个团队都觉得很有钱，花钱和经营的方式都变成非常有钱的公司的状态。一开始觉得没什么问题，觉得下一轮还可以融到更多的钱，但一遇到问题，这一状况就严重了。

（四）结语：不离场就没有输赢

一个坏的消息。

乐搏资本创始合伙人杨宁在近期的一次分享中表示，创业本身是一个非常低概率事件，我见过太多太多创业者，大多都倒下了，99.9%的人都是炮灰，但不幸的是：所有人都不觉得自己是炮灰。

一个好的消息。

融资额在下降，估值在下降，投资案例数也在下降，确实是资本寒冬。但市场的复苏一触即发。因为机构的仓位还可以吃很多的货，只不过现在不太想吃，现金的储备还在那儿。

对比2000年科技泡沫，美国VC死了一大半，不是VC投资的公司倒闭了，而是VC本身就倒闭了。这次机构都活着，而且机构里面的钱还都在那儿。

不离场就没有输赢，下一位马云也许此时正站在创业的入口处。

参考文献

[1] 彼得－F. 格鲁克．创新与创业精神［M］．张炜，译．上海：上海人民出版社，2002.

[2] 彼得·德鲁克．创新与企业家精神［M］．蔡文燕，译．北京：机械工业出版社，2009.

[3] 吉姆·斯坦塞．创业融资［M］．上海：邹琪，译．复旦大学出版社，2009.

[4] 罗玲玲．创新能力开发与训练教程［M］．沈阳：东北大学出版社，2006.

[5] 唐殿强．简明创新能力教程［M］．石家庄：河北科学技术出版社，2007.

[6] 高振强．大学生创业管理教程［M］．北京：科学出版社，2009.

[7] 白静，陶韶菁．赢在“挑战杯”——全国大学生创业计划竞赛指南［M］．北京：清华大学出版社，2009.

[8] 邓超明，刘杨，代腾飞．赢道：成功创业者的28条戒律［M］．北京：清华大学出版社，2009.

[9] 杨一波．零起点［M］．北京：北京理工大学出版社，2009.

[10] 李萍、朱玉丽．大学生创业问题实例探析［M］．沈阳：沈阳出版社，2009.

[11] 叶虹．大学生创业法律实务［M］．北京：清华大学出版社，2009.

[12] 张春霞．机会只给有准备的人［M］．北京：北京理工大学出版社，2009.

[13] 张志胜．创新思维的培养与实践［M］．南京：东南大学出版社，2012.

[14] 张正华．创新思维、方法和管理［M］．北京：冶金工业出版社，2013.

[15] 刘莹，艾红．创新思维与技法［M］．北京：机械工业出版社，2014.

[16] 罗庆生，韩宝玲．大学生创造学·技法训练篇［M］．北京：中国建材工业出版社，2001.

[17] 董青春，孙亚卿．大学生创业基础［M］．北京：经济管理出版社，2012.

[18] 邓建成. 大学生创新与创业 [M]. 湘潭：湘潭大学出版社，2008.
[19] 冯林. 大学生创新基础 [M]. 北京：高等教育出版社，2017.
[20] 辛显荣，王芳. 探索大学生创新创业能力的培养 [J]. 中国校外教育，2014.
[21] 呼艳芳. 提高民办高校大学生创新创业能力水平的对策分析 [J]. 南昌高专学报，2010.
[22] 郎瑞. 大学生“互联网+”创新创业背景下的高校德育管理 [J]. 计算机教育，2016.
[23] 史晓华，曹敏. 试论创新创业教育对大学生就业能力的影响 [J]. 才智，2016.
[24] 赵丽，陈曦. 大学生创新创业教育体系研究 [J]. 当代教育理论与实践，2016.
[25] 吴宏. 大学生创新创业教育的困境与对策 [J]. 湖南城市学院学报：自然科学版，2016.